社会学家的窍门：

当你做研究时你应该想些什么？

霍华德·S.贝克尔（Howard S. Becker）

著

陈振铎

译

重庆大学出版社

作译者介绍

霍华德·S.贝克尔（1928— ），美国当代社会学家，学术领域为越轨研究、社会学方法论、艺术社会学、教育社会学、音乐社会学。其作为社会学芝加哥学派传人，致力于田野调查和符号互动论传统。他在爵士钢琴乐演奏、创作以及摄影领域也颇有斩获。已译成中文的著作有《局外人：越轨的社会学研究》《艺术界》《社会科学学术写作规范与技巧》。

陈振铎，社会学研究者，都市人类学写作者。现阶段主要领域为中国水库移民、中欧穆斯林移民以及街区。马赛一大社会学硕士毕业，目前供职于杭州师范大学，现为法国社会科学高等研究院（EHESS）社会学博士生。

序言

这本书大部分内容来自我的教学经验。为了向学生解释研
究，就促使你找些简单的方式来告诉他们你在做什么。比如，对
抽象的概念举一些形象的例子，给学生布置一些练习，使他们用
新方式思考，并将所学运用到研究中去。当你听到学生说他们在
练习中好像发现了特殊问题，你会看到这些问题中的家族相似性
（family resemblances），这就像接地气的电脑高手一样，通过解
决一个个问题积累知识。你学着把特殊问题看作一些普遍问题的
变异。但是每个新问题又跟其他问题有所不同，它会增进你对
常见难题的了解。

一段时间以后，我开始记录追踪我的那些不期而遇的创新，
这些创新要么是为某天的课所做的准备，要么就是用来回应某
个学生的研究问题。接着，在写了一本关于学术写作问题的书
（Becker，1986b）之后，我决定接着写一本关于"思考"的书，
就采用我早已记录下来的那些关于"窍门"的资料。这些想法中

的某些已经在我之前在各种场合发表过的文章中出现过，我自由地借用了这些早期构想（这篇序言最后部分会列出慷慨允许我这么做的出版机构）。

我大部分作品都带有自传性质，有些很明显有些则不然，但这本书尤其明显，我在书中大量重复地运用自己的经验。或许最重要的原因是，我回想起了自己受教育的方式，想起了那些前辈社会学家，他们教给我社会学工作是什么，以社会学为业又是什么样的生活。就某些方面而言，这本书是向教过我的人致敬，这些人有的是我读书时的老师，有的是我离开学校后（但不是结束学习）教导我的人。我表示敬意的方式，是把我想说的东西和教给我这些知识的人联系起来，用他们的思想作为我思考的跳板。这么多年来，我明白了大部人会明白的一件事情——老师们通常不像我有时以为的那么笨。

【x】

我也向阅读我过去几年所写文字的很多人学习，他们对我的作品在欣赏之余也不吝批评。其中几位阅读过本书的早期草稿，感谢他们深刻的评论，即使那意味着我得花更多功夫去修改（我要是能从他们那儿直接听到就更好了！）。因而我要谢谢凯瑟琳·艾德尔森（Kathryn Addelson）、艾略特·弗赖森（Eliot Freidson）、哈维·摩洛奇（Harvey Molotch），以及查尔斯·拉金（Charles Ragin），他们具有洞察力的批评让我受益。

道格·米切尔（Doug Mitchell）是每个作者都梦想一起共事的编辑。他一直耐心地等待这本书完稿，一直向我提出有趣也很有用的意见，在我兴趣摇摆不定或信心动摇时鼓励我，让出版这部书的计划最终实现。

黛安娜·哈加曼（Dianne Hagaman）和我共组家庭，共享知性生活。我们共同探索各种各样的研究和概念问题，它们贯穿了这本书的始终，不可分割且潜移默化。另外，她几乎倾听了我的全部想法：语无伦次的独白，随口而出的评论，甚至还有高声朗读。她的回应和想法，帮助我完成了最后定稿。

我很感谢以下这些人和出版社允许我使用已经发表在其他刊物的材料。

本书一些内容最开始发表于我的文章《社会学家的窍门》（*Studies in Symbolic Interaction*，Norman K. Denzin，New York：JAI Press，1989，10B：481-490.）。

第 2 章勒内·布莱（Rene Boulet）的照片，出自布鲁诺·拉图尔（Bruno Latour）的文章（The Pedofil of Boa Vista，*Common Knowledge*，4（1995）：165.）。

第 2 章部分文字来自我的文章《这是一种巧合：概念化偶然》（出自 *Sociological Quarterly*. 25〔1994〕：183-194.），《质性调查的认识论》（出自 *Ethnography and Human Development*，Richard Jessor，Anne Colby，and Richard A. Shweder. Chicago：University of Chicago Press，1996:53-71.），《案例、原因、偶然、故事和意象》（出自 *What Is Case*?.Charles C. Ragin，Howard S.Becker. Cambridge University Press，1992：205-216，这部分经剑桥大学出版社同意授权在本书中再版）。

第 3 章部分内容来自我的文章《致查尔斯·西格的信》（出自 *Ethnomusicology*. 33 （spring-summer 1989: 275-285，引用得到 *Ethnomusicology* 的许可）。

第 4 章部分内容来自我的文章《从案例研究概推》（出自 *QualitativeInquiry in Education:The Continuing Debate*，E. W.

Eisner and A. Peshkin. New York: Teachers College Press，Columbia University，1990：233-242，引用得到出版社许可）。

第 5 章部分内容来自我的文章《我是怎么发现疑神疑鬼病人之真义的》（*Journal of Contemporary Ethnography*，22［April 1993］：28-35.）。

另外，第 1、3、5 章摘录了埃弗里特·C.休斯（Everett C. Hughes）的言论（*The Sociological Eye* . New Brunswick，N.J.: Transaction Books，1984，引用得到许可）。第 3 章摘录了詹姆斯·阿吉和沃克·埃文斯的言论（James Agee and Walker Evans，*Let Us Now Praise Famous Men*. Boston: Houghton Mifflin，1941:125-126，162-165，引用得到 Houghton Mifflin 出版公司许可）。第 5 章引用了阿瑟·丹托（Arthur Danto，The Art world，*Journal of Philosophy*，61［1964］：571-584，引用得到 *Journal of Philosophy* 许可）。

社会学家的窍门：
当你做研究时你应该想些什么？

目录

第
1
章

窍 门

【1】　　　　我是在芝加哥大学念的本科。那时，学生一遇到困难的概念性问题，就爱模仿学术权威的口气说："这个问题嘛，取决于你如何定义术语。"这话说得没错，但对我们没什么用，因为我们还不知道怎么下定义。

后来，我留在芝加哥大学读研究生，认识了埃弗里特·C.休斯（Everett C. Hughes）先生，他成了我的导师，最后我俩还成为研究伙伴。休斯是罗伯特·E.帕克（Robert E. Park）先生的学生，学界公认帕克是社会学芝加哥学派（Chicago School）的开山鼻祖。休斯使我明白，我的社会学血统，顺着他和帕克，可以追溯到格奥尔格·齐美尔（Georg Simmel）先生。这位伟大的德国社会学家，曾是帕克先生的老师。我至今仍以这条谱系为傲。

休斯对抽象的理论没有好感。有一次，我们一群学生在课后围着他，提心吊胆地问他如何思考"理论"。他气呼呼地瞪着我们，反问："关于什么的理论？"他认为世上有和特定事物相关的理论，比如有关种族、民族（ethnicity）或工作组织的理论，但没有放之四海而皆准的"理论"。虽说如此，但当整个班或某位同学陷入我们认为的"理论性"困境，比如如何定义想法或概念这类问题时，他也知道如何帮我们解围。比如，我们想知道如何定义"族群"（ethnic group）这个概念，我们该怎样判断一个群体是不是"族群"？休斯写过一篇讨论加拿大民族关系的论文，其中就指出了我们长期以来所犯的错误：

几乎所有使用"族群"这个术语的人都会认为，族群可以用下列一个或多个要素，和其他群体区分开：生理特征、语言、宗教、习俗、制度或"文化特质"。（Hughes，[1971]1984:153）

也就是说，我们认为可以用一个群体不同于其他群体（比如"非民族"群体）的"特质"来定义它是"民族"群体。一个群体之所以是族群，正是因为它和其他群体不同。 【2】

但是，休斯解释说，我们颠倒了定义的顺序，只要用一个简单的窍门就能解决这类定义难题，那就是把解释的顺序倒过来，并将差异看作身处群体关系网络中的人们所下定义的结果。

一个族群之所以是族群，不是因为它和其他群体之间的那些可测量或可观察的差异水平。恰恰相反，是因为群体内部和外部的人，都知道它是族群，所以它才是族群；还因为群内人（ins）和群外人（outs）在言谈、感觉和行动时，都俨然把它当成是独立的群体。（Hughes，[1971]1984:153-154）

因此呢，法裔加拿大人是一个族群，不是因为他们说法语而其他加拿大人说英语，也不是因为他们通常是天主教徒而加拿大人一般是基督教徒。他们之所以是一个族群，是因为法裔和英裔加拿大人都认为他们是两个彼此不同的群体。我们用语言、宗教、文化以及其余要素来界定族群的差异，这毫无疑问是重要的，但这些要素的差异只是因为这两个群体视彼此为不同，而必须要"有方法可以分辨出谁属于这个群体，谁不属于这个群体，并且如果一个人很早很深刻地知道自己属于哪一个群体，这种归属一般是不可改变的"。这个定义窍门可以应用于其他所有定义问题（比如我在本书后面部分将会讨论的越轨问题），其核心在于，我们要认识到，研究族群不能只单独地看族群，而必须要从它与其他群体的关系网络中，探索来自关系网络的"族群性"（ethnicity）。休斯说：

> 要形成族群关系，需要有一个以上的族群团体。我们无法只研究一个群体或者只通过其他群体来了解群体关系。这就像研究化合物不能只研究当中的一个元素，或是看拳击赛时不可能只观察一个拳击手就窥知全貌。（Hughes，[1971]1984:155）

这就是窍门：通过简单的小策略，帮助你解决大难题（在上述例子中，策略就是寻找定义生成和被使用的人际网络）。每个行业都有其解决问题的特有窍门。这些问题，外行人百思不得其解，对内行人来说则是小菜一碟。社会科学这一行和管道工、木匠活一样，也有自己的窍门，用以解决行内的特殊问题。有些窍门是从经验总结出来的法则，比方说在回邮信封上贴一张色彩鲜艳的纪念邮票，这个小举措会吸引更多调查对象将问卷寄回。有【3】些窍门则来自对问题形成情境的大拇指规则[1]，就像朱利斯·罗斯（Roth，1965）所建议的，研究者不要把调查访问员的作弊看成需要报案的问题，或者想方设法查出不负责任的员工。调查出现问题，可能只是因为调查访问员对工作没兴趣，或这工作和他没有利害关系，接这工作的唯一动机是为了经济报酬。

本书中的窍门，都是为了帮助我们解决思考上的难题，也就是社会科学家通常视之为"理论性"的这类问题。通过寻找一个术语在生成这个术语的关系网络里的意义，对这个术语下定义，就是我要谈的一种窍门，但它不是通常用来解决理论问题的方法。社会科学家经常用玄奥的方式讨论"理论"，把理论看成是有其

---

1 从19世纪英国普通法判定时形成的"大拇指规则"（rules of thumb）演变而来，当时是指用比一根大拇指细的棍子殴打妻子，便不属于虐待妻子行为。现在将这种简单得近似愚蠢的法条引申为一种研究的经验法则，要求决策者不要把获得的所有信息都引入决策模型，而只是考虑重要信息，可以更快地形成判断或决策。——译者注

社会学家的窍门：
当你做研究时你应该想些什么？

独立合理性的主题，这和我们做研究的方式相一致，可是又并不真的相关。默顿（Merton，1957:85-117）的两篇经典论文，概述了他提出的观点，他认为理论和具体的研究密切联系，但实际上做研究的学者很少采用这种观点，反倒是为考试而读书的学生经常会用这些观点。休斯把自己的方法论研究定位在世态人情这类应用问题上，他总嚷嚷着要写一本"理论小书"，囊括他理论立场的精华，而且还会和那些分散在他各篇论文与著作中的、关于社会学的概推的东西有所不同。

休斯的学生，包括我在内，都希望他把那本理论小书写出来。因为我们知道，当我们听他讲课、阅读他的著作时，我们就是在学习理论，即使我们无法用语言说出理论是什么（后来 John Michel Chapoulie[1996] 敏锐地分析了休斯关于社会学的基本观点）。可是他从来没写。我想，是因为他不像塔尔科特·帕森斯（Talcott Parsons）那样有系统性理论。更确切地说，休斯有的是理论处处在的研究方式。他的理论不是为了把真实世界填充进去的各种概念组合。相反，休斯的理论是他用来思考社会形成的窍门集合，这些窍门帮助他解释资料，并找出这些资料的一般性意义。这种窍门集合在休斯的论文（Hughes，[1971] 1984）中得到很好的体现。由于他的理论由诸如此类的分析性窍门，而不是抽象性的理论组合而成，学生们需要通过围绕着他，学习运用他的窍门才能习得。这种学习方式就像徒弟跟着师傅学艺，学徒看着【4】师傅如何熟练运用各种窍门解决遭遇的问题，边看边学。

我和休斯一样，对抽象化的社会学理论也持很深的怀疑态度。我以为它至多是必要之恶，是为了完成研究而需要的一些手段。但同时，这个工具很可能会失控，导致出现许多脱离社会生活日常的、非具体的论述，但扎根社会生活日常恰恰是社会科学的立足点。我自己也试着去驯服理论，把它看作窍门的集合，看作帮助研究者面对具体研究问题时让研究有所进展的思维方式。

我再详细地说一遍，窍门是一种专门操作，这种操作为某些共同困难指明出路，并提供一个相对简易的程序，解决看似棘手且顽固的问题。以下这些窍门可以处理社会科学研究工作领域的许多问题，我把它们大致分为：意象（imagery）、抽样（sampling）、概念（concepts）与逻辑（logic）。

我经常援引各种实例来描述这些窍门。这些实例的作用，就像库恩学派（Kuhnian）所说的"原范"（examplar），在你遇到相似问题时，可以依葫芦画瓢运用这些原范。我的教学经验使我更偏爱引用实例，而不是一般化的定义。在写《艺术界》（Art Worlds）（Becker，1982）这本书时，我正好承担艺术社会学的教学工作，我迫不及待和学生分享这本书的理论立场，这种立场将艺术理解为一种社会产物。为了充实上课的时间，我当然要讲很多故事。其中最棒的一堂课是关于华兹塔（Watts Towers）的讨论。1930年代，一位从意大利移民到美国的石匠，在洛杉矶造了这座不可思议的建筑，等建好了，他就撒手不管，任它自生自灭。我边播放建筑的幻灯片，边讲述他的故事。我指出，就艺术作品的社会特征而言，这是个有局限的案例。西蒙·罗迪阿（Simon Rodia）是真的自己独立完成华兹塔的建造，没有任何人帮忙，也没依靠任何艺术理论、观念、艺术史、艺术品供应店、博物馆、艺廊，或任何与艺术有关的机构。我分析了这件作品是如何展现独立这一特性的，并展示了如何观察大多数艺术品在创造过程中依赖上述那些因素的痕迹。对于我而言，观点就是我们辅以一个案例去分析其他案例的方式。所以，之后当学生告诉我，他们这堂课真正记住的东西是华兹塔时，我有点挫败感。一些学生记住了这个故事，也记住了我以华兹塔为例费力阐述的观点，但大部分学生只记得有这么一座华兹塔，以及这个疯狂的家伙和他那疯狂艺术作品的故事。这件事教会我，故事和例子才是人们爱关注并且能记住的。所以这本书中也到处是故事和例子。

【5】

社会学家的窍门：
当你做研究时你应该想些什么？

（一些读者会注意到我引用的很多案例不是最新的发现和想法。这是我有意为之的。因为我很吃惊过去这么多好研究就这样被遗忘了，不是因为它不够好，而是因为学生从来没听说过，也没注意过。所以我经常从三十、四十甚至是五十年前的研究中挑选案例，希望为它们注入应有的新生机。）

其次，这些窍门是我们探求已知或欲知事物的思考方式，它们可以帮助我们理解资料，基于我们已发现的事物形成新的问题。这些窍门揭示出的我们正在研究之现象的多面性，让我们不局限于已知之事物，而且还能从资料中挖掘出更多内涵。

科学社会学家（比如 Latour and Woolgar [1979] 与 Lynch [1985]）已告诉我们，自然科学家做研究时从不正式陈述他们做研究时所使用的方法，在谈到他们所做的研究时，也藏着他们真正在做的事——"台下功夫"不说。社会科学家也是如此，当他们实际上在做社会研究时，并不大谈"理论"，而是使用那些听起来平淡无奇的理论性窍门。本书对社会科学家使用的窍门——也就是社会科学的"台下功夫"进行归类分析，处理我们通常认为的理论性问题。我会讲一些我最喜爱的，以及从休斯那儿学来的窍门，接着指出这些窍门的理论关联。有时我会给它们一些好记的名称，所以你会看到诸如机器窍门（Machine Trick）、维特根斯坦窍门（Wittgenstein Trick），以及其他许多诸如此类的名字。

这本书名为《社会学家的窍门》，意思应该在此澄清。这个表达有很多潜在意义，大部分都不是我想说的。有些人也许希望我在书里讲一些在学界生存的窍门：比如说如何找到工作、如何取得终身教授职位、如何得到更好的工作、如何让文章发表。我一直很乐意讨论这些事情。我做了很多年所谓的"研究游民"，后来以全职教授身份进入学界，这段不寻常的学术生涯也许会让我有一些不那么主流的特别观点。但时代变了，大学的财政和政策状况已完全改变，我怀疑在这种不确定的进程中我也不再有什么内幕信息可以提供。但不管哪种情况，传统的学术生涯，并不是我所说的专业[2]。（在这方面，Aaron Wildavsky [1993] 的论文谈了很多。）

有些人也许会认为我所说的窍门是诸如写作、计算机的运用、方法论或统计（虽然没有多少人会期待我谈统计窍门）等技术性窍门（technical tricks）。我已在另一本书里谈过我所知的写作技术性诀窍（Becker，1986b），在社会科学其他实践领域里，大概也可以写出一本类似的民间偏方合集。这些偏方虽然是我们社会科学行当的小秘诀，但太专门，适用范围不够广，也不适合长篇大论。它们更适合口耳相传。

所以，我在本书中要谈的是社会学家这一行，或说研究社会的行业，不论该行业依托于何种名号的专业（因为我"帝国主义式"地把一些人的研究看作社会学研究，尽管他们自认为是其他专业的社会科学学者或是人文学者）。我心目中的窍门能够帮助他们做这类研究，不论他们的专业名称是什么。因此，我有点随意地交互使用"社会学"和"社会科学"，即使那样偶尔会和某些边缘学科比如心理学产生混淆。

还有另一个问题，是我希望大家清楚明了的，有必要在此说清楚，即我的思考并不局限于所谓的"质性"研究。我做的是质性研究，但我这么做不是因为观念，而是出于实际需要。我知道怎么做质性研究，也乐在其中，所以我就一直这么做下去。但我非常关注使用其他方法的可能性（只要它们不像宗教信条一样强加于我）。同时我也发现，运用诸如调查研究或数学模型的研究方式来思考我所做的事，也非常有益。所以，本书的思想理念，并不仅仅是写给做人类学风格田野研究的新人。我希望他们觉得这些内容亲近。本书也写给以当代社会科学各种风格和传统做研

---

2 这里的专业，指书名 *Trick of the trade* 中的 trade。——译者注

究的人。

　　"窍门"一词经常意味着：我们所描述的这些策略或操作会让研究变得更容易上手。这是种误解。事实上，这些窍门在某种意义上反而会让研究者的工作更难做。这些窍门不仅不会让惯常的工作更容易完成，相反，它们会干扰学院生活所提倡和支持的那种轻松的学术套路（学院生活正是通过将这种套路奉为"研究方式之圭臬"来鼓励运用这种套路）。在这种情况下，"正确"【7】是做好研究的敌人。窍门的作用正是在于能换个角度，让我们从不同的角度看事情，为我们创造新的研究问题、提供比较案例的可能性、形成新的研究范畴等等。这些都是需要我们去做的工作。这个过程很有乐趣，但是对比不需要动脑筋、按照日常的方式做研究，工作量不会更少，只会更多。

　　克利福德·格尔茨（Clifford Geertz）曾经很好地描述过这些窍门的作用[3]：

　　　　支撑或者否定（用于描述民族志成果的形象式表达）的，就是其本身所引发的更多的形象。这些形象会引发更为详尽的描述，并能在与关于其他事物的表达发生交集时，拓展描述的内涵，加深其意蕴。我们总是能够轻而易举地找到其他发生的事情，或者仅是惊鸿一瞥的体验，或者是间接见证的事件。但我们无法依靠的是：研究对象出现时，我们是不是能找到有用的方法去描述它们。现实（reality）取之不竭，符号（signs）则经常会用尽，至少旧符号会在我们手上枯萎而死。事后分析，也就是回到生命的过去追溯事情发生的经过，是人类意识的天性——一般事实发生在前，观念形成在后——这在人类学中经常出现，你必须不断努力去设计各种论述体系，这或多或少可以让我们和发生的事件保

---

　　3 此书已由北京大学出版社出版，克利福德·格尔茨：《追寻事实》。本段翻译参考了北大版译法。下文引用来源同该段。——译者注

持步伐一致。（Geertz，1995：19）

因此，本书每个章节都把约定俗成的惯例——社会惯例和科学惯例——视为社会学思考的主要敌人。已有很多研究者用自己的各种观点研究过了我们研究的每个主题，他们对于那个主题究竟是什么，以及研究的对象和具体事件意味着什么，都有自己的看法。进一步说，这些主题是他们的研究"地盘"。这些因专业或圈子而成为专家的人，垄断了对于"他们的研究对象"的看法，这些看法通常都未经检验，也很少遇到挑战。新手研究这些主题，很容易被诱导在研究中采用这些专家的惯例，将其视为不需要检验的前提。"文献综述"这种颇受推崇的研究方式，向来甚合学位论文答辩委员会的心意，更是让我们深陷上述诱导。

因此，我们需要一些方法，来拓展我们的思考范围，看看我们还能怎么思考、怎么提问，提高我们的思维能力，来应对世界上发生的各种事件之多样性。我所描述的许多窍门正是致力于此。

【8】

本书的各章节讨论社会科学研究工作的主要面貌。"意象"这一章处理的是在正式的研究工作开始之前，要如何设想我们将要研究的对象，并思考社会世界的那个局部是什么样，社会科学学者的工作又是什么样，以及我们如何形成我们的图像。这一章讨论关于社会各种形式的意象，并且提出掌控我们理解事物方式的机制，使我们不会在不知不觉中沦为传统观念的传声筒。

接下来的"抽样"一章指出，形成我们的一般性概念的代表性个案往往就来自那些已经被认定为同属一个类别的个案中。这就带来了一个问题——我们如何选择自己真正要看的那些个案，那些在头脑中帮助厘清自己的一般性概念的个案。这就提示了尽最大可能去选择，能让我们去撼动我们的固有观念、去质疑我们的自以为知的个案（哪怕只有几个）的必要性。

社会学家的窍门：
当你做研究时你应该想些什么？

"概念"是本书第3章，讨论观点如何形成。我们应该如何整合从样本中学到的东西，以形成更一般性的观点／概念？我们如何使用世界的多样性（这一在改进意象和抽样能力时就已传导给我们的概念）去创造更好、更有用的思考方式？

最后，"逻辑"这部分将讨论如何用形式逻辑的方法（只用一点点）操控观念的生成。这章大量借用其他人建构和传播的著名理论（尤其是保罗·拉扎斯菲尔德、查尔斯·拉金与艾尔弗雷德·林德史密斯的见解，不可思议的三重奏啊！）。这里有一个主题是从拉金那里借来的，即把注意力集中在案例的多样性而不是变量的广泛性上（在"逻辑"一章会进一步说明此处这个简单的表达方式），这点很有用，比只看变量的变异有用多了。我不想为这种借用做辩解，只说一点：我选用了最好的部分，并且会尽我所能把能记住的都注明出处。

读者很快就会发现这本书的主题安排有些随意，所以我最好先坦白承认这点。大部分主题可能会不止提到一次（有的的确如此）。按章节分类，只是作为章节内容的粗略导引。我的这些看法并不是一张完美拼接的网——网里面各种命题都逻辑井然地联结在一起（我也不希望这样！），但它们仍是有机整体。也就是说，它们互相映照。本书是一张网络或网格，而不是一条直线。

这些章节看起来好像是依照先后顺序安排的，所以你也许会认为，研究者在研究工作开始时，对研究的对象会有各种意象，然后以这些意象为基础，形成如何进行内容研究及样本选择（也就是设计抽样机制）的想法。你也许会进一步认为，选好案例并研究过这些案例，研究者接着就会发展分析案例时要使用的概念，并且运用逻辑，把这些概念应用在案例上。你可能会想当然地认为这个顺序才是"正确的路"，因为大部分关于理论建构和方法研究的书都是这么说的。但是，如果你这么做，你就可能会出错。各种研究的操作都有它们自己的逻辑联系——在某些意义上，意

【9】

象当然是抽样基础，甚至决定了采取什么样的抽样方法——但那并不表示你一定要照上述顺序做研究，如果你想要得到严肃的研究成果，你就不能照本宣科地做研究。

严谨的研究者会不断往返于这四个思考领域。每一个领域都会影响其他领域。我选择的样本可能会基于我对研究对象所构思的意象，当然我也会依据样本传递给我的信息，修正我的意象。部分研究成果经过逻辑推证的操作以后，可能也会迫使我修正概念。诸如此类把研究过程想象得有条不紊、步步紧扣，是没有意义的。再次引用格尔茨的说法：

一个研究，不管是有意为之，还是某刻的灵光一闪，会把三个星期的屠杀和千年的历史，把都市生态学与国际冲突拼凑在一起。大米或橄榄油经济、民族或宗教政治、语言或战争的运作方式，必然某种程度上被焊接成最终的结构。地理学、贸易、艺术与科技也同样如此。这样，就无法避免出现难以令人满意的、笨拙的、不扎实的、奇形怪状的结果——伟大的玩意儿（contraption）。人类学家，或者是其他想把他的玩意儿复杂化的人，若不能秉要执本，就会像是一个任由自己的想法发挥的疯狂的修补匠。（Geertz，1995：20）

在打造这样一件玩意儿的进程中，本书中涉及的窍门全都没有"固定的位置"。只要它们看起来似乎可以推动你的研究，就请用吧——不管是在你研究的开始、中间或将近结束时，用吧。

第
2
章

意 象

【10】　　我在芝加哥大学的另一位老师是赫伯特·布鲁默。他以前是橄榄球队队员，又高又壮，仪表堂堂，当他对一些抽象的理论观点兴奋起来时还会发出刺耳的尖叫。他教我们社会心理学和他独创的方法论课程，其中一个观点已经成为他的习惯，甚至有些着魔——他特别让我们留意社会学家接近研究现象时所带有的潜在意象。他们认为自己在观察什么？它的特征又是什么？最重要的是当确定下来了这个特征后，他们研究现象、阐释发现的方式，和这些特征一致吗？他经常铿锵有力地强调：

　　我们只能透过对经验世界的一些设想或形象来理解它。研究时所使用的潜在经验世界的图像，引导和塑造着科学研究的所有技艺。这套图像导致问题的选择和问题的形成，决定了什么是数据、取得数据的方法、在数据之间寻找何种关系及所提命题的形式。考虑到经验世界的初始图像无处不在，科学的所有研究技艺也处处受到图像的影响，忽视它的存在是非常荒谬的。经验世界的潜在图像可从研究者设置一系列前提的形式看出来。研究者赋予构成图像的关键对象或明或暗的性质，正是这些性质组成了前提。我们在真正的方法论上不可回避的工作，就是辨识与评估这些前提。（Blumer，1969：24-25）

　　布鲁默的主要兴趣在于批评社会学家，批判他们研究基于的意象公然背离人们的认识，他们关于社会的意象甚至和日常经验告诉他们的道理相互矛盾。作为布鲁默曾经的学生，我学到这一点的重要性，是通过他在课堂上要我们做的练习：从你自身经验中挑出任意十分钟，试着用任何一个时下流行的社会心理学理论去解释、去理解。当你试着用当时非常流行的"刺激—反应"心理学理论去解释日常活动，比如起床、吃早饭，你就会明白，你根本找不到刺激，也无法确定是否能和你所知道的"反应"关联起来。我们很快就知道，任何现成的理论都无法给你词汇、想法和意象，让你恰如其分地理解组成你生活中所见、所闻、所感和所做之事的多样性。

但是，一旦你接受了我们所说的一般的社会科学意象有缺陷的观念，你要做什么？为何我们的意象如此糟糕？我们要怎样改进？我和其他学生一样，我们知道了问题所在，却百思不得其解。布鲁默就让我们困在那里。他毫不客气地展示了社会学家的失败之处，就是他们根本不尊敬，也不愿多了解布鲁默常说的"社会生活'作为'自我互动的过程的固有特性"。

几乎所有做研究的学者对于他想研究的社会生活领域都没有第一手知识。他很少是这个领域的参与者，对于在这个领域里面的人的行为和经验几乎没有接触。他几乎一直都站在局外人的位置；他对于所研究生活领域内发生的事情也仅限于简单的知识。研究犯罪、拉丁美洲学生动乱或非洲政治精英的社会学家，或研究青少年吸毒、黑人学校儿童的志向或犯人社会评价的心理学家，都显示了研究者不可避免地对生活领域缺少第一手的了解。（Blumer，1969：35-36）

布鲁默没有循着这条思考路线去探究并找到补救方法。除了在最抽象的层次略提一二外，他也从未详细地告诉我们什么是做研究的好意象、如何创造这些意象。他只告诉我们，对于自己感兴趣的社会生活，要取得第一手知识。这毫无疑问非常必要，但对于我们来说，光是那样的引导并不够。在这一章，我将试着弥补布鲁默的不足，讨论社会学家使用的意象，观察他们源自何处，并且提供一些改进意象的窍门。

【12】　真实存在的意象（Substantive Imagery）

再从头开始讨论。我们和布鲁默一样认为研究社会的基本要领就是：始于形象，终于形象，也就是生产和提炼我们所研究的事物社会的形象。我们对感兴趣的事物知道的就那么一点点（也可能知道很多）。就基于这个"一点点"，我们把现象建构（或想象）成一个相当完整的故事。假设我决定研究城市邻里关系，我可能会从参考当地的统计鉴志（比如《芝加哥社区实情》[*Chicago Community Fact Book*]，或与普查相关的出版物）开始，看一看哪几类人居住在这里。有多少男人？多少女人？他们的年龄多大？平均教育程度如何？平均收入有多少？根据这些基本资料，我脑海里就可以临时画出一幅关于邻里关系的完整图像，也是邻里关系的形象。然后根据收入和教育的图表判断这是一个工人阶级邻里，并运用年龄分布去猜测他们家庭生活的性质，看看这个地区是否有很多已退休者或即将退休者，或者反过来看看是不是以刚开始组建家庭的年轻人为主。若我再增加种族和族群的变量，图像可以变得更详细。

我的图像不只是统计资料的汇总，它还包括了所参考的统计书籍和表格中找不到的细节，那些我基于书本知识构想出的细节。这把我们带入了布鲁默对社会科学家意象的第二项批评：

尽管研究者缺乏第一手知识，他仍会不知不觉地从所要研究的社会生活领域形成一些图像。他会把既有的信念与形象带入，并对所要研究的生活领域形成一个或多或少比较明了的看法。在这方面他和普通人没两样。不管我们是外行还是专家，都必须透过我们已有的形象来观察我们不熟悉的群体的生活。我们也许没有关于犯罪人群、工会、立法委、银行经理人或宗教狂热分子的第一手资料，然而，只要有少许线索，我们就很容易想象出关于这些人的生活图景。我们都知道，这就是刻板印象的形象进入并控制一切的地方。我们所有人，包括学者，也有共同的刻板印象，以经验来看待我们不了解的社会生活领域。（Blumer，1969：36）

因而，只要收集少数和我想研究的邻里有关的初始事实以后，我就会"知道"这些人住什么样的房子。我还几乎可以"看到"，【13】就像在相片里看到的那样，他们整齐的草坪上摆着塑料火烈鸟，从分期付款家具店购买"整套"家具，以及其他从我对那些居民的刻板印象所产生出来的想法。以上这些印象没有一个是基于我对这个地方的真实了解。这是我靠想象建构的意象，就如布鲁默所说，我会根据少数的事实与从自身社会经验得来的大量刻板印象来建构这个意象。假如我想象力足够丰富的话，这个图像还会包括街道的样式与厨房的味道（"意大利人？大蒜味！"）。假如我的社会科学知识再渊博一点，我甚至可以在这个邻里图像中再加入一些想法，例如晚餐餐桌上聊天的样子（工人阶级？那词语就有限啦——咕咕哝哝的声音、一堆单音节的字眼，就像巴兹尔·伯恩斯坦所描述的那样）。

富有想象力且博学的社会科学家，只要有一点事实就能洋洋洒洒挥毫千里。但是，既然我们都自称社会科学家，我们就不能像小说家或导演那样只停在想象与推断上。因为我们也知道我们的刻板印象会是什么样子，它可能精确，也有可能错得一塌糊涂。但在这里布鲁默又批评了我们：

社会科学的研究学者有另外一套事先建构好的形象备用。这些形象是由以下因素构成：他的理论知识、他自己的专业学术圈的既有信念，以及他关于经验世界是如何组成的观念，而这些观念让他在研究过程中可以有所遵循。任何一个细心的观察者都无法否认这种事实的存在。我们可以看清楚，一个人如何为了满足他的理论而形成他的经验世界图像，如何根据自己所共事的那群同事当前共同接受的概念和信念组织这些图像，又如何塑造图像以求吻合科学规约的要求。我们必须坦诚地说，社会科学研究者在研究某些社会生活领域却无第一手知识时，他们就会用预构的形象来塑造那个领域的图像。（Blumer，1969：36）

就如布鲁默所言，我们的意象在这个层次上决定了我们的研究方向——也主导了开始做研究时的想法、欲检验这些想法的问题，以及我们找到的那些貌似正确的答案。这些统统都发生了，但我们基本上感觉不到这些意象，因为它们存在于无形，我们几乎意识不到自己"知道"它们的存在。它们只是日常生活这个行李箱中的一部分，是我们成为科学家之前就知道的东西，那时我【14】们还不觉得有必要用那种可以让我们在知名学刊发表论文的科学方法来了解事物。

说到这份上时，有些社会科学家会跳出来不让我说下去了，并表示他们没有数据绝对不会空口说白话。我不相信他们。让我们想想布鲁默以及他的继承者曾经花了大量精力讨论的一个案例：社会行动者意义和动机的插补。（同样的问题也发生在一些看起来并不那么难说清楚的事情、事件或其他更言之凿凿的事实上。我在后面的章节会讨论。）我们社会科学家一直或明或暗地，将某些角度、观点与动机注入我们所要分析的对象的行动。比如我们经常会去描述，我们所研究的人赋予他所参与事件的意义，因此，问题不在于我们该不该那么做，而是我们做得有多精确。我们可以像许多社会科学家那样，收集人们对事物赋予的意义的有关数据。我们会去探索人们对于在做的事会怎么想，人们如何解释他们生活与经验中的事物、事件和人，结果不会非常精确，但总比没有要好。我们通过和人们交谈、正式或非正式的访谈，或在参与观察其日常行为时的匆匆交流，或在他们处理事情时在一旁观察与聆听，甚至通过给他们发问卷让他们在我们预置的可能性中选择，来使他们"说出"他们的意义是什么。我们越接近人们赋予意义的事和物的实际环境，我们对那些意义的描述就会越正确。

但如果我们无法直接发现人们赋予事物、自身与他人活动的意义，那怎么办呢？我们的科学禁欲主义会不会发作？严禁讨论动机、目的与意图？不会吧？不太可能吧？我们仍会讨论那些意义，但由于无知，我们会开始胡编乱造，用来自日常生活经验的知识（或者连这点知识都没有）替自己辩护，说我们正在写的人，一定有这个或那个意思，否则他们不会那么做。但是，对本可以更直接获知的事用猜测来代替，这当然是件危险的事。危险之处在于我们会猜错，对我们而言的合理，对他们则不一定。我们经常会遇到这种危险，比如布鲁默所指出的，多半是因为我们不是他们，我们也没有生活在他们的环境里。正因为如此，我们很可能会图便捷，在他们身上强加我们对他们处境的理解。这种情况【15】在研究青少年行为的学者（多半已届中年，且大部分是男性学者）身上发生过。比如他们做怀孕率对比，或研究其关联因素时，就对这些怀孕的年轻妇女妄下断语——她们"一定"是如何如何想的，才会导致自己陷入怀孕的困境。当我们缺乏真实的了解时，想象就取而代之了。

吸毒研究也充斥这种错误。专家和外行人一样，都经常把吸毒解释为吸毒者因为觉得现实十分压抑或不堪负荷而产生的"逃离"。他们以为毒瘾是这样一种经验：痛苦的、令人厌恶的现实变得不再重要，也不用再去面对。吸毒者妄想用虚妄的梦取代现实，梦里充满了显赫与自在、无忧无虑的愉悦、堕落的色欲兴奋及幻想。而现实呢，当然被理解为潜伏在吸毒的人背后，随时准备在他们清醒过来时踹他们一脚。

这类意象在文学上有悠久的历史，可能可以追溯到德·昆西的《瘾君子自白》（*Confessions of an English Opium Eater*）（De Quincey, 1971）。（这本书在美国的精彩翻版是19世纪费茨·休·勒德洛 的《吸大麻的人》［*The Hashish Eater*，Ludlow，1975］。）这些作品演绎了爱德华·萨义德剖析东方时的意象，他认为，东方就是神秘的他者（the Orient an Mysterious Other）（Said，1978）。更新、更科幻、较不东方且不温和的版本，可以在威廉·巴勒斯（Burroughs, 1996）的《裸体午餐》（*Naked Lunch*）中找到。

其实历代愿意探究的研究者都发现了，这种对吸毒者的描述完全是幻想，是某些研究者（借助我上述所说的文学作品）发明并发表出来的幻想。这些幻想与吸毒者或亲身试毒的研究者的经验并不一致，而是出自某种有意而为的无知。对人们的经验与意义进行错误的诠释是司空见惯的情况，尤其是在研究越轨、犯罪、性行为，以及超出传统学院派研究者自身经验和生活方式的各种行为时。

正因为外行意象对我们的研究影响至深，我们更应注意精确性问题。但要怎样才能精确？意象进入我们的脑袋，已经成为日常生活经验的一部分，为了取得更好的意象，我们就必须想办法了解日常生活的特质。这就是布鲁默既费力又抽象地在暗示的东西。

哈维·摩洛奇（Moloth, 1994）心领意会，遵照布鲁默的分析与指示，进一步拓展了这种特质。他首先引用帕特里夏·利默里克的说法——学者都是没人想和他在高中舞会跳舞的人。他还加上了自己的理解，认为学者也是上体育课时体操队和球队最不想要的人。他描述自己年轻时的社会学形象，就像是一种混合了C. 赖特·米尔斯、杰克·凯鲁亚克、兰尼·布鲁斯与亨利·米勒

【16】

等"所有那些从边缘（通过越轨、吵吵嚷嚷、和 / 或满嘴脏话）来了解世界的英雄"的研究。也就是说，如果你想要写有关社会的事，你必须要有第一手的了解，尤其是必须要去了解那些体面的人不会有的经验："出租车舞厅[1]、住宅计划、抗议游行、青少年帮派，还有与我们大多只能些许感觉到它们存在迹象的黑暗之处。"

但是，摩洛奇说，社会学家不再只是凯鲁亚克，甚至也不是路易·沃思（Louis Wirth）[2]或赫伯特·甘斯（Herber Gans）（他们俩分别研究过犹太裔与意大利裔聚居区），他们甚至无法"拥有和外面普通人一样的生活模式。社会学家常常除了学术与家庭，就没有其他世界的生活；他们不会在商品交易厅、摇喊教派（holy roller）的教堂或会员制高尔夫球俱乐部溜达。学术研讨会、教学任务、同行评价以及论文写作等才是他们的任务，这没有给他们留下任何空间可以让他们到外面走走"。如果不能更深地投入到社会中去（摩洛奇论文的题目就是《出去走走》["Going Out"]），不掌握第一手资料，就会犯下愚蠢的错误。

摩洛奇提出了另一个有趣的观点，虽然和我在此所要提的观点离得有点远，但仍值得一说。如果没有第一手的经验知识来纠正我们的意象，那就不仅不知道去哪里寻找有趣的事，也无法知道哪些事不再需要进一步调查和证明。由于个人亲身体验性知识的匮乏，许多再平常不过的事也会被认为是伟大的社会科学之谜，需要大型研究和大量数据才能解谜。摩洛奇早期的分析将社会学家定义为"花费十万美元研究卖淫问题，却发现任何一位出租车司机都可以告诉他们结论"的人。我自己也有一个精彩的案

---

1 出租车舞厅（taxi dance hall）是美国 20 世纪二三十年代流行的一种舞厅，主要由男主顾买舞厅的门票，邀请年轻的女舞者（taxi dancer）跳一支曲，女舞者根据收集到的票根从舞厅老板处抽取佣金。——译者注

2 对于作者在索引中未标注的人名，我们在文中标注出原名。——译者注

例。多年前，我向一个杰出而且非常聪明的社会学家描述麦考尔和我想要做的美国地方剧院研究（Becker，McCall and Morris，1989），他凑巧是在纽约城出生、长大的人。当我解释说，我们想要研究已经取代了纽约成为剧院中心的地区剧院网络，他坚持【17】 我们一定要做个预备研究，看看纽约是否已经被取代。他的地方自豪感告诉他，那不可能是真的。我举出大量难以反驳的统计数据才让他松了口：1950 年代前后，美国剧场的雇员几乎全都在纽约，但到 1980 年代末期，有一半的付薪戏剧工作在纽约以外的区域。纽约客不甘心承认他们的城市正在走下坡路。

科学意象（Science Imagery）

我们不会只满足于对研究对象仅有一个日常生活的意象，不管那个意象多么详细、多么富有想象力。毕竟，我们是社会科学家。我们会做个小检验，看看我们有没有搞错。我们做研究，收集数据，构建假设与理论。

尽管如此，现在我们要进入意象中更抽象的领域，布鲁默将其源头追溯至专业生活和我们所嵌入的专业群体。这就是"科学的"意象。也许说成"专业的"更不会让人觉得霸道。科学意象和我前文提到的根植于一般人刻板印象里的意象（"意大利人？大蒜味！"）不同。它是专业群体共有的意象，群体成员出于教育或供同行评价的目的，研究与书写这些东西，并以此谋生。

专业意象并不像大蒜味那样和某个特定对象联系得那么紧密。当然，有些社会科学意象确实很明确（"工人阶级？那词汇就有限啦！"）。但是我最关心的还是抽象的意象。这种意象想象的不是像伦敦工人阶级那种特定的对象，而是一种抽象的存在，只有受过训练并能够用专业方法看世界的人才能认识。我们使用这些形象去呈现，帮助我们生产知识和理解，这些知识和理解是

社会学家的窍门：
当你做研究时你应该想些什么？

对于广泛和精确的各种对象而言的，而不单单只是这些对象的其中一种。社会科学家经常认为这些形象是某某事物的理论或解释，或是关于某些类型的人和事怎么变成现在这样的故事。（这么说似乎有点抽象并且有点不真实，这是因为我直接模仿了我正在谈的这类知识。）目前我暂用"故事"这个词来表达这类解释与描述，因为这些解释与描述几乎都可以理解为某种叙事，关于事件在过去如何发生、现在如何、未来又会怎样的叙述。因为这些故事是针对专业听众说的，就会有些一般性特征与问题。（我在后面会用"故事"或"叙事"来描述一些特定的科学意象。）

讲科学故事（Telling Scientific Stories）

对于某些现象，要创造出让人接受的科学理论或解释，故事必须按两种方式来说。首先故事必须能成立，不管选择什么方式，也就是故事必须可以自圆其说、浑然一体，细节各处应该衔接得当，并且在结束时得让我们由衷表示赞同这一点。据此我们试着建构一个关于我们研究主题的故事，这个故事包含了所有必备要素（否则在某些关键之处会出现漏洞），并串联起来"使它看起来合情合理"。所谓"看起来合情合理"在此的意思似乎不太明确。我指的是这个故事至少必须包含某种原则，或依据某种原则组织故事，让读者（以及作者）都能够接受这种联结事物的方式是合理的。罗伯特·E. 帕克说了一个关于种族关系循环（race relation cycle）的故事，这个故事讲述了黑人和白人之间不同类型的关系是怎样此起彼伏出现的。我们能接受这个故事，部分是因为循环的概念看起来是有道理的，循环在这里是指前一阶段的事件为下一阶段事件的出现创造了条件。

另一个限制是故事必须吻合我们已经发现的事实。关于故事要符合事实的含义，我估计也会有争议。托马斯·库恩告诉我们，我们的观察并不"纯粹"，因为我们的概念会塑造它——

我们看得见我们对其已有想法的东西，但却看不到还没有语言描述、对其没有任何概念的事物。因此，严格来说，任何"事实"都无法独立于我们用来描述这些事实的概念。这是事实，但和我们在此所要讨论的事情并不相关。我们承认概念会塑造我们的感知，事实上，我们所看到的东西，原则上来说并不是概念的全部。例如在普查资料中，我们只能"看见"男性和女性，普查资料只提供两性的类别概念，导致我们看不到其他性别类型所能看到的多种性别概念。普查资料不承认"跨性别"（transgender）这种复杂的分类。但如果我们按照人口普查的方式来测算，说美国人口是由 50% 的男人与 50% 的女人所组成，那么普查报告会告诉我们这肯定是错的。我们不接受与既成事实不符的故事。

"不接受这个故事"是说，我们相信这个故事中，关于这件事真实情况的意象在某些重要的环节有错误——如果我们无法理解这个故事，或知道它不是真的，那是因为某些事实不巧就是和这个故事不符。若发生这种情况，我们不能逃避或讨巧，而应该试着去改写这个故事。

改写故事让故事变得更有逻辑，与改写故事以更符合事实，这两种做法会有些冲突。那么什么是该做的？什么是我们在做的？这其实是一个伪问题：因为两者我们都该做，都在做。这个问题比较合理的提法是：我们在什么时候应该先做哪一个？有时候我们想制造一个非常复杂的故事，而且不担心结局交代不清或者故事连贯性不足。这时，我们会沉浸于各种事实——阅读大量的神经病理学书籍或访问剧场人员，或观察匈牙利裔的钢铁工人团体——从而知道了和研究主题相关的许多零散事实。这就意味着以后任何时间，当我们想认真观察时，我们就会发现那些和我们已有的神经病理学、钢铁行业劳动或其他任何图像有出入的地方。当我们这么做时，我们会促使自己扩展原先的观念与形象，

社会学家的窍门：
当你做研究时你应该想些什么？

把更多所谓"真实世界"的情况包含进来。

然而，有时候我们想要有科学的感觉，这时我们会寻找简洁而精致的故事，用它来表达我们对于这个世界的思考。我们试图把我们发现的东西看成同行的科学家已经发现并已命名的，甚至把其中的交互关系已整理成故事的案例。然后我们只需说，这是已知的故事的另一个案例。就这样，每一个人都会很开心，尤其是我们自己。用这种方式做研究，我们把自己变得很机灵，把所要谈的东西用巧妙的方式联结在一起，并移除不正常的部分，让基本图像变得简单、干净，靠直觉就可以理解，也就是让它看起来是"明了的"。如果我们说的是这种故事，我们只需引述一些事实，每个人就会相信；我们自己也会相信，然后松一口气，以为自己终于发现了世界运作的法则。我们拥有了完美的故事或形象。但很不幸，这样的故事很容易被不相符的事实揭穿。

即使解决这些问题的办法出现这些限制，我们仍有很多种意象可以选择。一般来说，专业的意象和我们认为在这些意象里运作的因果关系有关联。如果我们认为所研究的现象完全受概率支配，那么随机模型会是适当的吗？如果我们认为概率只能决定一部分，另外的部分则是注定的？我们是不是认为采用讲故事的方式是最合适的？换句话说，在思考现象时，我们会把建构出来的【20】概念纳进图像中，这些概念是关于我们所绘制的图像的各种结论，以及我们所吸收的思考范式。这些范式进入我们的思考，源于专业社会科学家的参与。（很明显，在此我借用了 Kuhn[1970] 的说法。）

上述这种专业化的世界，给我们提供了很多关于社会世界一般是如何运作的形象。比如布鲁默关于社会的概念，是指社会是由互动的自我（interactive selves）组成的。其他的意象则认为世界是由随机支配活动组成的；也有些人认为社会世界是一种偶然

/ 巧合；还有人把社会世界看成机器，或有机体，或故事。每一种形象都会帮助你得到一些东西，也会使你无法看到另外的一些东西。我将按照顺序讨论这些形象，举例详细说说它们的特点，并描述对这些意象所实现的分析性窍门。

零假设法窍门（The Null Hypothesis Trick）

我们的意象不一定要精确，这一点布鲁默说错了。只要最后能和真实对比，不精确的形象仍是很有用的，如果我们确定事情不会变成怎样，它就可以告诉我们事情可能会变成怎样。

随机分配（Random Assignments）

这个窍门的经典版本是零假设，即研究者提出一种他相信不为真的假设。然后只要证明零假设是错的，就证明其他什么东西一定有对的，尽管这种方法并没有告诉我们其他是什么。统计学家和实验科学家对此都很熟悉，零假设最简单的形式是：假定两个变量的相关仅由偶然形成。你可以用两种办法想象：一位蒙眼的人从放了号码球的缸中取出球，每一个号码球都有同等机会被选中。或者想象微粒在密闭空间里，互相碰撞的机会相等。任何操作都不会使结果产生"偏差"（bias）。任何其他影响也不会造成不一样的结果。

做实验的科学家宣称零假设，并不因为他们认为它为真。他们用两种不同的方式随机处理相同的事物来产生不同的结果；他们还假设他们引入实验环境中的"处理变量"（treatment variable）没有作用。恰恰相反，他们希望并且相信他们的假设是【21】 错的，并且他们的零假设会被否定。当他们发现某种关系的存在（一旦达到显著水平，就可因此拒绝"无相关"的零假设），不论他们在思考什么样的理论，这个相关都变成了可以推定的证据。这给研究者提供了基础，使他们在这个基础上可以说，如果他们的理论不为真，则这些结果不会出现。他们从不相信没有任何相关性存在的情况，这样说只是为了要把焦点放在调查上，并提供一个方式来陈述结果。假设世界是通过随机数字运转的，这有助于科学家进行分析，告诉大家世界如果真是如此运作的话将会怎样。实验的重要性与效用，正在于显示这个世界真不是这么一回事。

（阿纳托尔·贝克多年前曾告诉我这样做会产生一个问题：假设你的理论为真，这个方法所能告诉你的是得到特定结果的几率，但那并不是你想要知道的。你知道了你已经得到的这些结果，然后再讨论得到它们的概率，这多少有些愚蠢。你想要知道的应该是，让你得到这些结果的理论为真的概率有多少。根据贝克的说法，没有任何数学方法能够把你所能［can］得到的结果转变成你想要［like］的结果。）

我的零假设窍门是统计方法的质性或者说是理论版本。你可以从观察开始，发现任何社会事件都包括许多人共同参与活动。一般来说，我们想要了解其行为的这些人有如下几类：被挑选出来的人，自愿参加的人，或者受其他方式引导来参加的人。这些人来自更大的一群人，他们在某种意义上，是参与事件的“合格的”“能找到的”或“可能的备选者”。也就是说，在一大群人当中，只有少数人是自己选择或被选择来参与活动。

零假设的窍门是，假设活动参与者的挑选曾经是随机的，也就是在一大群可能的参与者中，每一个人被选到的机会是均等的，既不存在某些特定的人被“挑选”，也不会按社会结构的运作规则进行挑选。参与者被聚集在一起，每人分配一个数字，然后使用随机数字所组成的排列组合进行挑选。在青少年高犯罪率的社区环境中，上千个小孩，每一个小孩变成犯罪者的机会都很高。

有些人的数字被抽中了，有些人的没被抽中。就是这么一回事。

当然，在现实社会中，若要参与某一特定事件，并非每一个人都"符合条件"，且"符合条件"的程度也不同。社会生活的运作过程中，几乎总是只有很少的人会被选中，只有经过精挑细选的人才有资格入选。这个窍门的机关就在此。这和统计分析有点儿像，你假装完全是随机挑选，以便观察挑选来参与活动的人和随机挑选的人有什么不同。你假设将会（will）有不同，并想要知道如何（how）不同，然后你就可以看到，是什么社会行为或社会结构造成了和随机抽样不同的结果。

举个实例。洛丽·莫里斯、迈克尔·麦考尔和我所探究的一个问题是，剧院社群的社会组织如何生产出最后能让戏迷观赏的作品？（Morris，1989；Becker，McCall，and Morris，1989；Becker and McCall，1990）。这个过程的一个环节就是挑选剧中角色演员。我们可以使用零假设法（请记住，这只是为了论证而已！），假设导演在拍戏时随机从一张现有演员名单选角。这种"盲目"的选派演员方式，做选择的人不会考虑演员的年龄、性别、种族、体型或者其他因素。于是一个七十岁大的黑女人也可以演罗密欧。我们把上面的规则稍微修改为一种较不严格的规则，让导演可以考虑上述这些变量，但除此以外其他条件就不考虑了。

刚才粗略提到的"较不严格的规则"，实际上只是我分析的开始（因为导演选角很少不考虑这些基本的社会变量），这个规则告诉我们，导演挑选演员，事实上多少（我是真的指或多或少）会无意识地受到"哪一种社会定义下的演员可以演出哪一类戏剧定义角色"这种支配规则影响。因而，除非有特殊需要，譬如为了特殊目的，或为了创造效果（如卡里尔·丘吉尔在《云端9号》[Cloud 9] 一剧中所做的），他们不会分派男人去演女人。或让我们的分析再现实一点吧，导演之所以会挑一个"不合时宜"的人，是因为他们没有选择，也就是没有"合适的"演员可选。在薪水不怎么丰厚甚至根本没有薪水的小剧院中，年轻演员比老演员人数多，这个理由解释了为何有很多看起来太年轻的演员饰演了李尔王的角色。

碰到上述这类"定义明确"（well-definded）的问题，我们往往会忽略这种明显存在的事先（prior）选择，直到我们的研究对象意识到这当中有问题，并把问题掀开来，我们才会去注意（例如，按照社会刻板印象选角最终变成题为"非传统选角"的议题，这和种族问题有很大的关系，但也不尽然）。这就是说，所谓"定义明确的问题"意味着我们往往已经排除了对过程的考虑，但这些过程可能很有意思。

我们既然注意到戏剧选角中"定义明确的问题"，就把焦点聚集到社群组织里面自然生成的过程，以及该组织干预随机选择的方式（直到洛丽·莫里斯的田野研究 [Morris，1989] 出版，才让我们明白前述这些考虑）。在一个有组织的剧院社群里，选角的互动过程中，选角的人要"熟知"演员能做什么，知道如何与他们共事，这样一来人们会变得互相熟悉起来。这主要发生在导演与演员以前就已合作过的情况下。在选角过程中，导演可能认识的人很少（例如在组织紧密的剧院世界里，可能就只有少数人总是和同一导演合作，而该导演也不会和这个团队以外的演员合作），也可能认识很多人（例如，每一场表演都直接从预备演员里严格地挑选），当然，也有介于这两者之间的情况。

简而言之，莫里斯找到中选的演员，问他们是不是按照随机方式挑选出来的（他预先知道答案是"不是"）。答案当然是"不是"。这又推动着他进一步去探索，这里的选角方式和随机选择有何不同，以及这个结果是如何产生的。然后，研究被指向了专业社群组织的选角过程，这正是我们想要找的。

我们真的那么愚蠢吗？难道我们不知道选角并非随机，何必这么天真地再练一遍呢？不，我们当然早就知道了，以上所讲是将我们实际所为更故事化了一点儿。在现实生活中，这个窍门在做研究的任何阶段都可能用得上，甚至在你对整件事已经有了头绪以后还是可以用。我们使用这个窍门，主要不是因为它有独特的功能，能够生产出不囿于惯例的结果，而是因为这可以帮助我们将思考正式化（formalize），让你看到一些之前没注意到，或者没当一回事的关联。

到现在为止，我讨论了人们怎样被挑选出来参与社会事件——我指的是任何一种集体行动。但是这个窍门当然不只用于挑选人选。人们独自或共同决定要做什么事，而这些要做的事是人们在特定的情况下从一大堆事情中挑选出来的。有些情况下，他们心中明白那些被剔除的选择本来有可能中选，但因为一些原因而放弃。如果他们愿意，他们可以向做调查的社会学家说得清楚放弃的原因。有些可能性则是瞬间冲上心头又被快速否决，以至于都不记得曾是潜在的选项。至于其他压根就不可能的选择，想都不用想。

【24】

不管上述这三种情况如何混杂，我们都可以使用之前的窍门。我们可以从零假设开始起，在一个完整的可行事项表中，按随机方式挑选出待办事项。再次强调，我们很清楚不真实的假设并不是事情真正运作的方式，但我们借此可以知道更多的事情。

然后我们就这么做吧。就第一种情况来说，我们可以知道究竟是什么强制力促使人们下定决心，并认定这一选择一定是最佳选择，甚至是唯一（切合实际的）选择。强制是社会科学研究的主要议题之一。约瑟夫·洛曼曾说社会学就是研究人们不得不做的事，无论喜欢与否。（这不全为真，往往人们做必须要做的事，是因为他们喜欢做，但那是另外一回事了。）无论如何，这个窍门告诉我们，强调偏离随机分配的差异程度，可以告诉我们是什么强制力在作用，进而让我们知道我们所研究的社会组织的本质。

社会学家的窍门：
当你做研究时你应该想些什么？

这意味着，如果对于情境的科学分析恰当的话，就可呈现出强制力作用的全貌。而要获知全景，我们需要知道，也要能够知道所有的可能性。我们必须竭尽所能，保证发生于该领域内的各种可能性都被选入。我们需要尽力思考全部的可能性，同时防止自己不小心把那些看起来似乎不太可能或研究时太麻烦的可能性剔除出我们的分析。这个问题我会在后面"抽样"的章节中进行分析。

像你这么好的女孩，为什么在这种地方干这种事？
（What Is a Nice Girl Like You Doing in a Place Like This？）

除了随机分配模式外，还有其他有用的零假设。我们采用零假设是因为我们认为这些假设不为真，并认为找到否定零假设的原因，可以离真相更近一步。例如，人们经常把自己不喜欢或不了解的行为称之为疯狂（或者用稍微时髦一点的话说，就称之为 【25】 "心理有问题"或"社会性失范了"，两者的意思一样）。把某种行为贴上疯狂的标签，对分析者没什么好处。在有关妓女的坊间传说中，嫖客总是会问妓女，你看起来是"好"女人，为什么会做这种事？这种经典的问法反映了一种文化矛盾：一个女人看起来是好女人（不怪异也不寻常，也就是她不是另一类人），但是"好女孩"不会卖春啊。动机可以解释"正常"女人的行为，但无法解释卖春的行为，而妓院的女人言行看起来都很正常。社会学者汲汲寻找不同于正常行为背后动机的异常动机，就像买春的男人要个解释一样，暴露了他们都一样天真。

换一个例子，我们来讨论没什么益处的抽大麻行为。为了解为什么有人仍爱吸大麻，我们可以使用零假设，假设吸食大麻这种行为根本就无道理可言，这样这个例子就有趣了。如果我们深入了解有些看起来很疯狂、古怪或任性的行为，会发现这些行为多少总有些道理，以此试图证明零假设是错的。在这个例子中，我们寻找吸大麻对吸食者的意义所在。答案也许是吸大麻给吸食者提供了廉价的欢愉，又不会招来明显的社会惩罚。

不仅吸大麻的行为可以用这种方式来找到合理性，一般来说，这也意味着我们可以用好的社会学解释来替代"缘于疯狂"的零假设。我们可以假设，我们研究的行动都有各自的道理，只是我们还不知道那个道理何在而已。你也许会说，这不就是我读高中时干了傻事后用来粉饰的流行说辞嘛："当时它看起来是个好主意。"事实上，这也可能是一个非常好的假设，有些行为看似莫名其妙，当事人在做的时候却认为是一个很棒的主意。于是，分析的任务就变成了我们要去发现，在什么情境下，行动者会认为这是一个好主意。

一种不难想到的分析起点是，点子看起来非常棒只因在行动时看不到后果。当时，你可能和其他人一样坚定地认为房价一定上涨，但只有在房价跌了时，你才事后诸葛亮，认识到买这房子【26】根本不是什么好主意。我们应该记住，没有人能有把握预料到人类行为的后果，因此一个看似绝不可能有误的选择，结果却可能一团糟。理性的人，甚至包括专家在内，对一个行动的可能后果的看法，往往也有很大分歧，所以很多看起来绝妙的点子，到头来却发现是蠢到了家。

（"缘于疯狂"的零假设之所以有趣，原因之一是别的学科，尤其是某些心理学是基于另一种假设，他们坚持认为，某些行动的确是不可理喻的，而这正是心智失常造成的。看样子我们不只要对抗假设的零假设，还要与其他学科的实证假设战斗。）

事情经常看起来不可理解，只因我们离当时的情境太远，无法知道决定采取该行动的现实情况。换个夸张但很有趣的例子——变性手术。在这个例子中，我们可能这样提问：是什么原因让一个看起来还正常的美国男人，竟然想割掉自己的阴茎与睾丸？但这样一来变性行为看起来就完全无法理解了。这种问法就好像在问人家："嗨！哥们，你想阉掉你的命根子吗？"他当然会回答"不，谢了！"。

但是，就像詹姆斯·德里斯科尔（Driscoll, 1971）的研究（在变性手术出现后不久就已完成）曾指出，问题不在于它是怎么发生的。不管是否受到不为人知的动机或驱动力左右，男人不会突然决定做这种手术。最后的决定是先前一长串决定的结尾，之前的每个决定，本身看起来不会那么奇怪——这才是关键所在。我在这里提供一个典型的发展轨迹，虽然不是唯一但也是非常必要的轨迹。首先，一个年轻男人也许会发现自己特别容易受到某种同性恋活动的吸引。他最初的冲动也许（这或许可以说是一个转折点，同性恋群体中走上这一步的人，有部分是从这个点开始改变走向，我们不会进一步调查其他方向，因为我们感兴趣的只是最后做了变性手术的人）导致他进入另一个社会世界，在这个世界，同性恋活动不会受人嫌恶，也不会被认为异常。

在那个世界里，这位有可能变性的人会发现，旁人建议参加的活动，他此前可能是一无所知的，现在却开始感兴趣或是觉得愉悦。这些新同伴，能预知哪些恐惧和疑惑会导致他们的提议不会立即被接受，他们也许都有一套意识形态或合乎逻辑的套路，解释那些让他犹豫不前的想法为何是错的。他也许会决定试试看人家的推荐，从而也许会发现，他真的喜欢这些新玩意（当然也可能不喜欢）。他现在获得了新动机，有了新的爱做之事，还有了做这件事的名头与习惯方式。这些名头与习惯方式，是和其他许多人共有的。因而，参加这些活动变得容易多了，他不再害怕，也不会茫然无知了。 【27】

假如这时你问这个年轻男人想不想去做变性手术，他很可能会认为你完全疯了。如你问他是否觉得自己是个女人，他可能仍会认为你疯了。但是由于他的新能力与动机，他可能会遇到建议他这样做的新朋友，而如果他喜欢先前做的事，他也许会开始考虑，他身体内某些部分真的是女人，然后他也许会发现扮演这种角色超级有趣，甚至也许（又是一个"也许"！）会打扮得像个女人。他可能不会自己想到做这种事（即使他很清楚有人这样做），但是他现在这样做了，并发现自己正在学习一套新的技能与动机。比如他会学习怎么购买符合男人身材的较大尺寸的女人衣服。他可能会学化妆技巧，把自己的头发梳成女人常见的发式。他也许会开始观察，试着模仿他认为是典型女人味的身姿。

他也许会因此成为一个异装癖者（transvestite）。（请注意，并不是所有异装癖者都是男同性恋，也不是所有男同性恋都有异装癖。尽管在德里斯科尔的访谈中，这是一种模式。）但是现在他或许会发现新角色够有趣，进而想知道像女人一样活着会是什么样子。也许他真的会那样做，然后发现自己的处境像阿格尼丝（那个因哈罗德·加芬克尔 [Garfinkel，1967：116-185]）的研究而在社会学界出了名的跨性别者）。他接着要改造的不只是生理行为，还包括过去的全部。

在这段轨迹的每一个点上，我们这位神秘的年轻男人会发现自己现在做的事都是他前所未闻、即使听过也没想过自己会做的事。他采取的步骤也不算非常激进。每一步只是一路上从另一个小步走过来的，他也可能随时从这里转向其他道路。即使是和这位年轻人一点也不像的人，**只要让他了解曾经的情境**，年轻人的每一小步就变得合情合理了。假如我们继续陪他走下去，就会发现，一直到变性手术这个结点，这位年轻男人也只是一再跨出了一小步，和一路上其他每一小步并无多大差别。这里我就不多说了。

【28】

简而言之，他做变性手术的决定并不是一朝一夕、无缘无故就形成的，也不是因为内心深处的驱使。如真是这样，才真是令人费解呢。但事实上并不是这样。他一路上跨出了几十小步，每一步都小到根本无须多解释。假如我们真的一一调查一路上所有的情景与过程，会发现，每一小步都合情合理，且在当时看起来都是好主意。

从分析来说，这意味着当我们发现某些看起来很奇怪、很难以理解的举动，以致我们心中唯一的念头就是"他们一定是疯了才会这样"时，我们就要当心我们是不是对于这个行为的了解其实并不够多。我们最好假设，这种看似疯狂的行为其实是有其道理的，然后我们就去找为什么会有道理。

偶然（Coincidence）

另一种有用的意象是"偶然"的概念，从零假设多半不为真来看，偶然是相当真实（realistic）的存在。也就是说事情的发生并非全然随机，但也不完全是因果注定。其中的确有可称之为偶然的那种东西。尽管我们想要解释的某些特殊事件里的特殊行为，全都不是随机发生的，每个行为也都能用非常明显的社会学方式解释，但至于他们为什么会有交集，可就不那么容易解释了。比如，我那天为何决定去工作也许解释得通，因为我是公务员，那是我的工作，如果我不去，我就会像社会学家说的"受到处分"，因而我每天去工作。根据社会学的道理，我那天就和平日一样去工作了。加上另外两个人的例子来解释可能更说得清（什么是偶然）。有两个人，和我上面描述的想做变性手术的人没什么不同，经历过一系列变故，最后决定与美国政府为敌，他们认为应该把美国政府的一些建筑物炸掉，他们也有这个能力。由他们的社会生活决定的时空便利与他们自身的地域知识两者结合后，他们把我工作地点所在的那一栋建筑当作他们的目标。然而，他们选择炸毁的建筑，怎么那么凑巧刚好就是我工作地所在的那一幢？怎么解释成千上万的人中，是我变成了受害者？所有的因果社会进程都无法解释这种结果。

对此，偶然似乎是个好字眼。我对这个问题发生兴趣，是在一趟充满了巧合的旅途上。事情是这样发生的。

1990 年 4 月，我以福尔布莱特学者的身份来到里约热内卢，在国家博物馆所设的社会人类学研究生项目中任教。这是我第三次到里约市，也是第二次在该项目任职。我第一次去教书完全是机缘巧合。因为和旧金山免费诊所的各种联系，我认识了一位朋友（这本身就是一个故事），这个朋友正在负责福特基金会巴西项目处的高等教育部门。他认识在这个研究生项目里教书、研究专长是都市人类学的吉尔贝托·韦侯。而吉尔贝托曾经读过我的著作《局外人》（*Outsiders*），也有很多学生在研究越轨行为。所以里奇·克拉斯诺打电话给我，建议我加入福特基金会所赞助的在里约市的博物馆研究项目。

这有点突然，因为关于巴西我只知道巴萨诺瓦[3]而已，那还是因为我过去玩音乐的缘故。但是，为了某个我不了解、也从未尝试去了解的理由，我决定这是我应该做的事。我花了一年的时间学习葡萄牙语，读了（非常艰苦地读了）吉尔贝托寄给我的他自己写的两本书（Velho，1973，1974），然后在 1976 年秋天到达巴西。我在巴西非常愉快，后来也继续和在那边认识的人保持联系，读他们寄给我的作品，也把自己的研究寄给他们，再度去巴西，当他们来美国时我也见见他们，还和几位来美国读高等学位或只是进行一年短期进修的巴西籍学生一起做研究。

1990 年我又去了一趟里约，这对我而言像拖了很久终于成行的回归。我和吉尔贝托一起教授"芝加哥学派的社会学"，他一直以来对这个主题非常感兴趣，而这个主题在巴黎就很流行，甚至引起了里约其他研究者的兴趣。因为我使用吉尔贝托的办公室作为研究总部，所以有很多时间探索他的案头，包括大量堆在一

3　bossanova，一种巴西爵士曲。——译者注

起的杂志、学刊、报纸、书与论文。到了巴西后，我读了很多用葡萄牙文写的作品，其中有一篇是吉尔贝托给我的，作者是安东尼奥·坎迪多。以前我并不知道这个人，事实上他是巴西最重要的文豪之一。这篇文章精致而优雅，令我印象深刻，因而我想更进一步了解这位作者。

结果我发现坎迪多原来曾经接受过社会学训练。事实上，他成为比较文学教授以前，也教过很多年社会学；他的博士论文（Candido[1964]1987）是关于圣保罗州农民的生活方式。有位对巴西人类学发展感兴趣的人类学家玛丽莎·佩里诺，为了写论文对坎迪多做了访谈。吉尔贝托为了挑起我对坎迪多的兴趣，给我一篇佩里诺根据访谈写成的文章（Periano，1991：25-49），以及另一篇讨论她在做研究时发现的有趣现象的文章（Periano，1995：119-133）。

【30】

这篇文章从第一段开始就引人入胜：

11 年前，我和社会科学家们做了一系列访谈，注意到一个奇怪现象。当时目标就是厘清那时我不得其解的事，可是读了这些我认为是奠定了巴西社会科学发展基础的社会科学家们的作品，研究过这些作者的思想历程后，我仍在云里雾里地飘着。他们大部分人出生于 20 世纪，因此目前大多是五六十岁。这些人包括弗洛雷斯坦·费南德斯（Florestan Fernandes）、安东尼奥·康迪迪奥（Antonio Candidio）、达西·里贝罗（Darcy Ribeiro）以及最年轻的罗伯托·卡多佐·德·奥利维拉（Roberto Cardoso de Oliveira）。每个人的访谈都持续约两个小时，让我惊讶的是，我一次又一次听到，他们解释职业生涯中特定时刻的转变，都表示"这是偶然的"，或者"这件事是一个偶然的现象"（用葡萄牙文来说，是"foi por acaso"）。在我们的对话当中，他们都以"机缘"或是"偶然 / 巧合"来解释。（Periano，1995：119-120）

佩里诺说令她感到惊讶的是，这些作者的学术作品全都高度服从社会因果决定论模式。但若谈到自己的生活，因果决定论便失效；然而谈起其他人时，又变回传统的社会科学调调。

她举了几个例子说明这些学者的生活如何受到随机事件的影响。其中一例是巴西专业人类学发展的领衔学者罗伯托·卡多佐·德·奥利维拉成为人类学家的过程：

> 1953 年尾，巴西人类学先驱达西·里贝罗在圣保罗市政图书馆有场演讲。里贝罗要为他在印第安博物馆开的课程找助教，一位熟悉的朋友推荐了罗伯托。就这个工作来说，罗伯托看起来最有能力也最聪明。

【31】
> 然而罗伯托却有些犹豫，因为他接受的是哲学和社会学的训练，可是这个理由不能说服达西，他说列维 - 斯特劳斯（Levi-Strauss）接受完大学教育后才开始学民族学，为什么罗伯托不行？因此，由于市政图书馆这个"纯粹的意外"，罗伯托·卡多佐·德·奥利维拉从社会学转行到人类学，随达西学"土著学"课程，而扔开了跟着弗洛雷斯坦（费南德斯）学到的社会学理论训练。由此诞生了社会学风格的人类学，"族群冲突"的概念就是证据——罗伯托·卡多佐从圣保罗大学独树一帜的社会学中抽取了一根肋骨，创造出了"夏娃"。（Periano，1995）

我自己呢，因为自己婚姻的际遇，很真实地体会到社会生活中的"机缘"元素。就像很多人回想自己怎样遇见另一半那样，我非常清楚地意识到，若不是事情有变，让我到了密苏里州的哥伦比亚而不是其他地方，那天我就不会遇到黛安娜·哈加曼。那些可以让我们俩碰不到面的事多么容易发生，说也说不完。所以佩里诺的文章，引起了我很大的兴趣与注意。

我把和黛安娜如何相遇的事，和吉尔贝托唠叨了一顿，结果我留在里约的最后几个星期一直在讨论这个话题。为了让这个自我举例的跑题停下来，这么说吧，我对机缘与偶然在社会生活里所扮演的角色发生兴趣，其实也是个偶然。

当我在想这个时，首要的问题看起来是，尽管每个人都知道这样的故事就是"事情实际发生的方式"，但是我们没有概念性的语言来讨论这种每个人都知道的事。当我们以专业社会科学家的身份说话时，我们会用在日常生活里不对头的方式讨论"成因"。许多社会学家对这样的不一致并不会感到困扰，但我会。

上面的讨论，讲实际点（尽管我长年累月都在抱怨这种含糊的概念，就如同下面我要谈的），的确会让我们认为，事情不会说发生就发生，而是会有一系列的步骤，社会科学家称之为"过【32】程"，但是叫它"故事"也无妨。一个组织得好的故事可以拿来当作事件的解释，故事告诉我们事情发生的来龙去脉——这件事如何首先发生然后引起（而且我们可以看出其合理性）接下来的事……，直到最后。又假如所有这些都没有发生的话，那么我们所关注的最终事件也不会发生。我们把导致事件（事件被称为"它"）发生的必要条件描述成故事，一件事如何紧接另一件事发生，直到几乎可以确定它会发生。组合起交响音乐会所有的必要元素，并不会真的就导致音乐会的上演，且不会保证音乐会的上演。但是如果我们把音乐家聚到一块来演奏交响音乐会，并且如果观众出现了，如果没有火灾、风灾或其他无法预期的自然灾害……，那就很难再看到什么事可以阻止音乐会开场了。

再如，两个男女相遇，并不一定保证他们会坠入爱河。早得很呢。大多数的人不会跟偶然相遇的人谈恋爱。人们总爱谋算把身边的男女凑对成双，却老是计划落空。所以就算全部的先决条件都到位了，并不意味着它一定会发生。人类学家劳埃德·沃纳曾经提起他的澳大利亚土著社会调查。早期的人类学观点认为，土著社会成员不了解怀孕的生理基础。当他询问土著小孩是怎么来的，土著告诉他的答案跟以前调查者听到的一样：宝宝在家族的圣灵泉里等待，直到女人做了一个特别的梦；然后一个宝宝的灵魂就会离开家族圣灵泉，进到女人的肚子里。劳埃德继续追问："那么男人和女人做的那档事，你知道的，和这个没有关系吗？"原住民以同情的眼光看着他，好像他是一个愚蠢的小孩才会提出这种问题，接着回答说，当然，那样才会生小孩。不过他们提醒劳埃德，男人和女人总是在做爱，然而女人（他们得意地指出）只有在梦到圣灵泉时，才会怀孕。

我学到把这种后面的事件对前一个事件的依赖看成"意外"，这主要是受到埃弗里特·休斯的影响。当 A 事件发生，当事人就处在一个情境，这个情境中的任何一件事可能会接着发生。假如我从高中毕业，我可能会上大学、参军、念商校、蹲监狱……这些都是可能的下一步。下一步有很多可能性，但不会是一个无穷尽的数字，而且比较有可能的，通常只是相对的一小撮而已（尽管看似不可能的事也会发生）。在重要关头选择走哪一条路，取决于许多事项。我们可以把下一个步骤所依赖的事物称为"意外事件"，说 A 事件后面之所以跟着 B 事件，而不是 C 或 D 事件，是取决于其他因素，比如 X。我之所以上大学是因为我在测验中拿到高分，我所向往的大学因此录取了我，或者因为我有足够的钱，或者因为我非常想要上大学以致可忍受因此而来的不便，等等各种可能。

（生物学家史蒂芬·杰伊·古尔德将此描述为历史与所有历史性解释的基本特征："历史性解释并不是直接从自然法则演绎，而是依据不可预测的一连串前期状态，在这一连串的步骤中，任何一步有任何重要的改变，最终结果都会不一样。因此，最终结果由先前发生的所有偶然和不偶然的事导致——这是历史不可磨灭而具有决定性的特征。"[Gould，1989：283]）

因此，可以把导致任何事件发生的路径视作连续性事件，他们彼此是偶然关联的。你可以把它想象成一幅树状图，尽管你的

社会学家的窍门：
当你做研究时你应该想些什么？

起始点离目标点越远，到达目标点的可能性就越小，但随着不断接近 X 点，可能性就在不断增加。（Von Wright [1971] 在他的分析里就有效地运用了树状图。）

一系列事件导致了我对这个问题的关注，其中的决定性事件我想详细解释下，这涉及很多人。让我对此问题感兴趣的一连串事件，包括（而不仅是我先去了巴西这个事件）：玛丽莎·佩里诺访问了许多巴西社会科学家，他们都使用这一类的解释，之后写了相关的论文，这份论文放在吉尔贝托·韦侯的桌子上刚好又被我看到（这又必须要求韦侯认识佩里诺，然后她寄给他这份当时尚未出版的作品），等等。这当中任何一个人都有可能转而做了不同的事，因而就不会、也不能顺着这条路引起我对这个问题的兴趣。

瑞士剧作家马克斯·弗里施的戏剧《传记：一个游戏》（*Biography: A Game*）里有一幕有趣的场景呈现了上述思想。有一天，一位名叫 "记录者" 的神秘陌生人，送给主角汉内斯·库尔曼一个机会，让他的生活重来一次，并允许他任意改变过去。在戏中，他一生中的所有细节都可以通过舞台上装置的电脑终端和操作设备来获取，（我是在明尼阿波利斯看的这部戏，不过没读过出版剧本 [Frisch，1969]）。男主角重新经历他生命中的关键时刻。这出戏从他尝试改变与他妻子第一次相遇的宴会那一段开始，他知道他的枕边人安托瓦内特·施坦因会跟他结婚，最后还会被他杀死。当叫来的出租车司机按门铃要载她回家时，他们都对出租车视而不见。而现在，他回到过去，想彬彬有礼地送走她，不要再和她有任何联系，然而他发现无法改变行动，他的性格导致他显然不想这样做，他无法用这种方式改变最终结果。最后，记录者问他是否想要改变谋杀事件，他们这样对话：

【34】

库尔曼：我知道它是怎么发生的。

记录者：机缘巧合？

库尔曼：它是不可避免的。

　　这很好地表达了我想说的第一点，这段对话巧妙地表达了这种解释的本质，即事件并不是随机的，也不是命中注定的。

　　但是，库尔曼选择避开谋杀罪，免除了至少12年的牢狱之灾，却知道自己现在得了癌症，这意味着他走向死亡之途；而他的妻子，他原本想通过这次新选择给她带来新人生的妻子，现在则像做礼拜一样定期探望他。

　　到目前为止，都是偶然在作用。但是现在记录者转向询问库尔曼的妻子安托瓦内特：

记录者：弗劳·库尔曼？

安托瓦内特：是的，怎么了？

记录者：你后悔跟他在一起7年吗？［安托瓦内特瞪着记录者。］假如我告诉你，你有选择，可以重新来过，你想知道你的生命里，要做什么改变吗？

安托瓦内特：是的。

记录者：是的？

安托瓦内特：是的。

记录者：那就去做吧……你也可以重新选择。

　　然后他们重复了她第一次遇见库尔曼的那一幕。然而这次，当出租车司机按响门铃，安托瓦内特说了再见，然后走出库尔曼的公寓，永远离开了他的生活。

库尔曼：现在呢？

记录者：现在她走了。

库尔曼：现在呢？

记录者：现在你自由了。

库尔曼：自由……

【35】

这幕剧告诉我们，库尔曼人生中发生的每一件事，无疑并不只依靠他的行动与选择，也有赖于和他有关联的其他人做了什么选择。假如安托瓦内特要改变她的人生，他的人生必然也会跟着改变。他无法娶到一个毅然决然走出他生命的女人，也就无法谋杀她。他的行动依赖着她的行动，我们将此依赖称为交互偶然性（intercontingency）。

佩里诺引用诺贝特·埃利亚斯的一段话，说了同样的事：

（和"决定论"）相反，当不确定性出现，即个体的"自由"被强调时，我们很容易忘掉，与此同时有很多个体是相互决定的……要解决这样的问题，我们需要更多精巧的思想工具，而不只是用"决定论"与"自由"这对普通的对立组。（Elias，1970：167）

社会科学家到现在为止，还没有办法为这一类意象提供很好的概念性工具，但很多案例值得考虑用这些意象来解释。

把社会当成机器（Society as a Machine）

社会科学思考的基本形式实质上没有什么错，只是社会科学家在他们应当使用这些形式时却没有使用。或是政治或是情绪原因，导致他们眼光狭隘，忘掉了社会科学的基本理论一直强调要全面看事物，忘记了他们应该怎样做研究，这使他们陷入了最糟糕的情况，犯下大错。"社会是一架大机器"（The Society is A Big Machine）的窍门，就是用来对付这类问题。我首先讨论这个窍门能用来解决哪些困难。

当我们想要改变世界，让这个世界对民主、中产阶级、诚实守法的公民或精神病患者或别的什么人或事物更美好时，我们很容易会得上"健忘症"（我自己也无法避免这种情况）。每当我们想改善一些事情，我们很可能就会忘记（或许是因为怕麻烦，但这样一来，后果经常就惊人了），我们想要改变的东西是很多人、群体或事物所共同造成的。如果精神病院虐待精神病患，他

【36】

们的所谓治疗也无疗效，如果我们看见精神病院连病患最基本的人权与尊严都剥夺了，显然就应该让患者离开精神病院。戈夫曼（Goffman，1961）、福柯（Foucault，1965）与萨兹（Szasz，1961）对于精神病与住院治疗的精彩分析，让我们把这些看得清清楚楚。但这些分析没谈这些病人离开医院以后能去哪里？当你把纳帕那个曾经不公平监禁病人（我认为戈夫曼、福柯与萨兹在这方面的分析是正确的）的州立医院关掉，那儿的人又要到哪儿去呢？院外治疗的论调说他们会被社区吸收，不再会因为"精神病"的标签而遭受大大小小的羞辱。这些精神病人重获公民权利，他们会做和其他人一样的事，例如找工作、租房子、买食物以及自己做饭、结婚、养小孩等，简而言之，他们会变成有用的正常公民。当然，他们事实上也有可能疯得太厉害以至于做不了上述任何事情，或沉溺于自己的内在世界而无法正确地预知他们的行为会造成什么后果，又或者无法控制住冲动，无法把自己的行为调整得和他人无异，并融入社会世界。即使他们适应社会没什么困难，但因为长期被排除在社会之外，他们原本拥有的技能和智慧也可能落伍了，无法谋生。院外治疗的想法，并没有考虑到这些可能性。

刚放出来的精神病人，并不是回到就医前的社区生活。这些社区，更精确地说，是病人的家庭，并不急着要他们回家。病人之所以会成为病人，大多是因为他们的家人与朋友无法再

忍受他们所造成的破坏。因而，对于刚放出来的患者，都是让他们去住民间经营国家补助的，专为收留病人而设于居民区内的"中途之家"（比一般大型医院便宜得多），这些居民区多半无法保护自己免遭中途之家的大量涌入。一时之间，很多大都市都出现了精神病患者聚居区，例如芝加哥的上城以及圣何塞之类的地方。这些聚居区并不是院外组织的自由成型受欢迎的"正常"社区（尽管这些社区确实如前加州州长罗纳德·里根 [Ronald Reagan] 的一些政治顾问所预言的，为政府省下了可观的资金）。放出来的精神病患者，现在成了"正常公民"，但并不能（或不会）如理论所预期的那样过着自给自足的正常生活。相反，他们学会了控制为他们重返社会而设的服务体系，也学会了利用松散的都市社会组织开拓空间与机会。他们变成了"无家可归者"群体中很引人注目的一部分。

【37】

一般的人、政客，甚至社会科学家都无法预知这个变化。为什么呢？事实上社会学导论课以坚持要求你找出所有和情景有关联的人，来提醒你注意这种可能性。这里有关联的人，不只病人，还有家庭，不仅包含抽象的"社区"，还包括特定的社会与政治组织社群。如果你遵守这个法则，将它当作标准程序，你就有可能讨论这些人如何组织、理解他们的利益诉求，以及他们用什么资源维护这些利益。然后你就不会惊讶，中产阶级社区如何使用政治权力，来阻止中途之家进入他们的小区。事实上，如果你读过萨特尔斯（Suttles，1972）对于"防卫性社区"（defended community）的分析，你就能了解事情的来龙去脉。

要求周全考虑与事件有关的所有人，是最基本的社会概念。应做而未做，将会严重曲解情境，甚至扭曲政策，永远无法达成预期结果。

再举另外一个例子：越轨理论（theories of deviance）。所谓的"标签理论（labeling theory）"革命根本就不应该出现。尽管该理论转变了拥护的对象，改变了专业领域里的组织和机会，就此而言或可称为政治革命，但此革命并非知识或科学的革命。标签理论从未扭转任何社会学思想的基本范式。比如说"情境定义"（definition of the situation）（W.I. 托马斯[4]对于社会学词汇和思考方式的伟大贡献），情境定义引导我们了解行动者如何看待情境且思考什么，因此我们可以了解行动者之行动的构成要素。如果犯罪学家或其他学者知道日后被称为越轨的情境理论，他们就会询问犯罪者的观点，而不是随意假定犯罪者人格失常或他们生活在致病环境中。他们也就可以明白可能是执法人员的所作所为才是症结所在，而非把他们的行为视为理所当然。

标签理论离革命还远得很，你甚至可以说它反革命，它是保守的倒退，不知怎么就退回到那种迷失在学科实践中的基本社会学思考。

我们不应该轻易放过追问这个"不知怎么地"。社会学基本概念不会无缘无故地丢掉，多半是因为社会学家觉得自己身负某种义务，这种义务迫使他们按照某种方式来定义问题，可是这些方式却遗漏了越轨行为这幕剧当中最重要的行动者。这些社会学家容不得那些被定义为"错误"（不论用什么词汇来表示那种判断）的行为再受检视，这些行为因而也不会成为他们的研究对象。是谁将什么行为定义为越轨，这些越轨者是怎么越轨的，他们根本就不会讨论这些问题。一般的社会学家把这些定义看作显而易见的或上帝赐予的：他们认为，除非是傻子，谁还会问谋杀、雏妓或吸毒是不是邪恶？

教育研究的情况也一样，经常把注意力集中在为什么学生不好好学习他们在学校学到的知识。研究者总是想从学生身上找答案：人格、能力、智力与社会阶级文化仍旧经常用于问题原因的

---

4 William Isaac Thomas，美国社会学家，芝加哥学派创始人。——译者注

【38】

候选，他们从不在老师或学校生活、组织上找答案。这其实反映了研究经费的来源。毕竟没有人愿意花钱请你告诉他们，他们所抱怨的事其实错在他们自己。这些做教育的人，并不喜欢围着他们转的研究者跟他们说，教育失败是他们自己造成的，而不是学生、家长或社区。他们想要的是无视上述发现的研究。为了确保那样的答案不会被找到，他们不愿意成为被研究的对象。（我所研究的一位学校老师在意识到我是在采访他时，感到既愤怒又讶异。"你是说你在研究我？"他不能理解那有何必要，因为他并不是"问题"。）

一言以蔽之，一旦牵扯利害关系，社会科学家就会忘记自己的理论。他们不遵循理论所指示的方向，没有去观察造成这个结果的所有人和组织。

机器窍门就是用来对付这种问题，让我们不会遗漏任何关键【39】的情境要素。它要求我们像工程师那样思考，让我们设计的机器做我们想做的事。窍门如下：

设计一台机器，这台机器能制造出你研究的情景中有规律出现的分析结果。请确认所有要素都已经包含在里面了：所有与社会有关的齿轮、摇柄、皮带、按钮以及其他小零件，要包含所有与你想如愿取得结果有关的必备物件规格。由于社会学家常常在研究"问题情境"，而机器产品不是我们实地会去制造的东西，练习设想如何制造出这些东西确实有点讽刺，但我们不应因此却步，我们应该严肃地把它当一回事。

我们来应用一下这个窍门。先讨论一些我们不喜欢的现象：我们教的学生不爱学习，立法委员腐败，医生对赚钱和打高尔夫比对治病更感兴趣。现在我们假设，这种情形不是随便说说的，而确实是全知全能的造物主所设想的：造物主小心翼翼打造了一台精密的机器，这台机器生产出我们眼前的这种情形。我们想要复制这台机器，这样我们也能够制造腐败的政客、不爱学习的学生，或爱打高尔夫的医生。但很不幸，造物主大概外出吃午饭或没接电话，我们的计划流产。所以我们不得不借用计算机工程师说的"逆向工程"，把这台机器拆个精光，找出运作原理，看它包含了哪些零件，零件之间又是如何连接的。我们想知道黑匣子里有何玄机，看我们是不是也能够让这些美妙的结果再次出现。

假设我们希望学校教给学生的和现在学校教给学生的东西一样，不多也不少，以使学生离开学校时，至少和现在一样一无所成。那我们要招收哪种学生，需要哪种老师，老师应该教什么学生才会变得更没有积极性？要怎样做才能让学生不想学更多？怎样才能控制家长，使他们不要来干扰我们取得想要的结果？又怎么样才能减少学校的预算，才不会把钱花在不该花的地方，使我们取得不想要的结果？

【40】　　我们可以在很多有关学校的研究里找到这些问题的答案。例如，我们可以叫老师让学生在学校里长时间地坐着，学不到东西，这样便可以扼杀学生的学习兴趣（参见 Jackson，1990），我们可以奖励那些死记硬背唶书的学生，处罚独立思考的学生（参见 Holt［1967］与 Herndon［1968］），等等。以上是从已经出版的关于学校的研究中整理出的略有偏见的总结，不过对于澄清我的观点挺有用。

同样，我们也可以利用艾尔弗雷德·林德史密斯（Lindesmith，1947）关于毒瘾的分析，设计一台机器，制造出海洛因吸食者；或依据埃弗里特·休斯（Hughes，1943）与斯坦利·利伯森（Lieberson，1980）文章的分析，以机器来制造具有种族偏见的劳动力分配。

想象这么一部机器，我们不会遗漏应该涵盖的东西，不会遗漏因情感、信念与利益而导致我们遗忘或忽略的东西。如果所需各样东西不完备的话，这部机器便无法运转。

设计这么一部机器，并不总是那么容易。即使可以，我们能肯定要机器做什么吗？我们又想要看到什么结果？即使我们知道，至少也会有一些同行不同意我们这么做。就算大家都达成共识，却也很少有社会现象已经研究得够深，可以提供所有零件的规格让我们设计这么一台真能运转的机器。大部分的社会现象和多到不可胜数的环境条件交织在一起，我们永远无法画出合适的设计图。要摆脱这个困境，经典做法是不厌其烦地一做再做，不停观察我们这个新设计并加些奇妙的装置上去：把机器分成一块块，做好一块就把它加入到其他已经设计好的小块中，然后看看还需要些什么，再去寻找需要的规格，设计与测试，重复这个过程，直到机器可以大致造出我们所想要的东西（Geertz[1995] 已经把这个过程描述得很漂亮）。记住，我们不是真想要这些结果，设计这台机器主要是练习有系统地找出导致结果的所有因素。

把社会视为有机体（Society as Organism）

机器的意象并非总是有用或合适。它最适用于重复性比较强的社会世界，这个世界不管多么复杂，总是遵照系统化的程序运作，制造出本质上相似的产品（方式就像学校日复一日僵化地培养出不符合我们期待的学生一样）。或者我这么说更恰当，当我们想要研究事物的重复面时，机器意象就可派上用场。大部分社会组织都有此重复的方面。事实上这是我理解所谓社会组织的一种方式。社会组织即是一种情境，在此情境里，大部分人大部分时间都用大致相同的方式，做大致相同的事。

就像埃弗里特·休斯喜欢用的这个假设一样：假如明天将发生大革命，规模和重要性与社会学家最爱研究的法国大革命或中

【41】

国革命相近。革命会改变什么，又会保留什么？报纸可能不同了，电视节目几乎肯定会相异。垃圾回收系统会改变吗？也许吧。供水系统会改变吗？几乎可以肯定不会变。但这些不是理论分析决定得了的事。革命发生了，自然会有人决定是否要改变这些事，然后我们就会看到哪些变了。

尽管如此，这个练习可以让我们认识到，并不是每一件事都将改变。很多事就像从前一样继续存在。对那些事，机器模式是最合适的分析方法，我们日复一日的研究工作也可以用这个方法。

但有时候我们会想用另一种方式思考社会生活，也就是把社会生活作为一连串相互联结的过程。当我们用这种方式思考时，我们想要强调的是关联性，而不是机器意象所强调的重复性。事物不会总是相同，但是日复一日，它们会按大致相同的方式彼此连接，这种连接的方式就像动物的循环系统，心脏与血管、肺以及中枢神经系统彼此相互影响。

"关联"是一个模糊的词，我使用它是因为关联的模式有很多种，比如说我们会使用诸如"影响""因果"或"依赖"等词，而这些词指的都是变化。某些事会发生变化，然后其他事由于这些事的变化，也跟着经历某些变化。但发生变化的事物常常会以复杂的方式彼此影响。这时用"因果"来描述我们想要强调的重点并不恰当。但你可以说我们所讨论的系统，每个部分都是按照【42】这种方式连接的：构成系统的各个次进程的产出，变成其他进程输入的一部分，这个其他进程，接收从许多地方来的产品，制造出新产品，又变成了另外其他进程的原料，如此循环往复。

19 世纪的社会思想家曾经把社会比作一个有机体，说的就是上述这种看法。比如说上层阶级是社会的大脑，工人阶级是社会的肌肉。但他们太爱这个隐喻了，用滥了，反而让这个隐喻贬值。不过生态学的复兴让这个隐喻有了重生机会，生态学学科的基本意象就是主张多元关联。这其实是个不错的研究窍门，把一些社

社会学家的窍门：
当你做研究时你应该想些什么？

会活动看成有机体来思考，找到对我们感兴趣的结果有影响的联结，看看这些联结如何相互影响，每个联结又如何创造出让其他联结可以运行的条件。亚瑟·麦克沃伊（McEvoy，1986）详细分析加州渔业的研究就是这种分析方法的典范。这个分析从欧洲人入侵印第安社会之前开始讨论，以1976年通过的《渔业保育与管理法案》及其随即造成的影响为结束。我将抽出这段历史分析的一小部分来讨论。

麦克沃伊的分析从一段记载开始，他写道：太平洋与加州海岸沿线流入太平洋的河流，孕育了种类繁多的海洋生物——海藻、海獭、鲸鱼、海狮、鲍鱼、贝壳类动物（虾、牡蛎、贻贝）以及各种鱼类，特别是鲑鱼。这些海洋生物以很复杂的方式联系在一起：

> 鲍鱼与海胆都非常爱吃海草，海草为大量具有经济价值与观赏用途的鱼类提供了食物与住所。一个地方只要有少量海獭出现，食草动物就会变少，然后海草就会大量滋长。海草大量繁殖的海岸水域，比其他水域孕育了更多的生物，而那一大群生物，多是居于食物链较高位阶的动物，可供人类食用。而没有海獭出现的地方，就会有比较多的食草动物，基本上就是产值较低的水域。（McEvoy，1986：81）

不同的人类社会和人口有不同的饮食习惯、不同的捕鱼及捕捞海产的方式，他们的文化也不同。这些差异会对物种间的关系产生不同影响，甚至导致一段时间里动植物的数量剧烈变化。19世纪20年代，俄国人、美国人以及西班牙商人贪婪地捕猎海獭以销往中国，海獭数量因而剧减。这也导致四十年以后，和其他人一样来到加州却因种族原因被禁止淘金的中国人，可以靠着捕鲍鱼转卖给其他中国人为生。对中国人而言，鲍鱼是很珍贵的食材。由于海獭消失，鲍鱼的数量变多了，圣地亚哥码头堆满了一大捆一大捆中国消费者很熟悉也觉得很美味的鲍鱼干。（McEvoy，1986：76）

当华人渔民因为饮食文化造成鲍鱼数量剧减时（同一时间，为毛皮交易而猎杀海豹的情况则大增），梭鱼、鲣鱼、石斑鱼以及黑鲈鱼这些可食用的鱼类（另一社群把这些鱼看成美食，这又是另一种文化现象了）的捕获量则剧增。上面这句话如此复杂，恰恰证明社会与生态的现实也很复杂。我们甚至需要更复杂的句子才能解释以下两个文化的关联性：一边是美国加州多样的土著文化，当中包含宗教仪式、经济生活、饮食与食物采集习惯；另一边则是一大群由于经济与政治原因而从美国东部过来的欧洲人，他们来加州捕鲑鱼制罐头，而鲑鱼对印第安人而言是非常重要的食物，同时欧洲人淘金与伐木的活动，污染了鲑鱼产卵的溪流，导致鲑鱼死亡。

鱼类的习性、人类的文化习惯，与地理环境特性之间的交互影响极为复杂，上述例子其实只反映了冰山的一角。麦克沃伊的书提了更多细节，让我的摘要清楚明白，可信度又高。我在这里描述是为了说明，"社会是一个有机体"这种隐喻确实有用。把社会看作一个有机体本身并不是一个分析窍门，它只是提醒你要留意一切与你感兴趣的主题有关联的事物。社会是有机体的看法对于下面这种情况尤其好用，我们想要在分析中加入一些子系统现象的独立变量，这些子系统严格说起来和主题不是完全不相关，但也不会以决定性的方式产生深刻的影响。加州海岸的鱼类、人、天气、文化和地理之间的关系就是这么【44】一个混合的系统，而我们也有理由相信，许多我们想解释的事情其实都是像这样在运作，而不像某些机器那样可以用逆向工程操作。

从这种观点衍生出一些特殊的窍门。这里我说几个。第一个窍门是，人的类型不是分析的范畴，人们时不时参加的活动类型才是。第二个窍门则是把物（object）视为人们活动蕴含的残余。这两个窍门都是从社会是有机体的隐喻衍生出来的。若把人与物看作具备固有特质的不变的实体，则从分析上来说他们就不会受到情境的影响，即便理论上不是这样，实践中也必然如此。但若我们把行动当作分析的起点，分析就可以聚焦于行动发生的情境，并和你正在研究的其他事物相联系。只有当你知道活动回应了什么，什么现象为你想了解的对象提供了输入和必要条件时，活动才会变得有意义。倘若人和物的特性是如此恒定，禁得起情境的变化而不改变，那么，不管输入什么必要条件，它仍会我行我素。如果这样的话，这些特质只要在经验中找就可以了，和我们在研究开始前即已生成的理论信念没有任何关系，所以不会受到例证的反驳。

从人转向活动（Turning People into Activities）

这个窍门取代了社会科学家把人群分类的习惯。这种习惯的一个经典例子是，社会学家惯常将人们区分成越轨与非越轨者，也就是不遵守既定社会规则的人与遵守规则的人。这种区分错在哪里？替代方案是什么呢？

这种分析错就错在把一类人当成基本的分析单位，好像他或她理所当然就是那样的人，那就是他或她的全部，好像这种人的所作所为都可以理解，只要知道他们属于哪一类型的人就能得到因果"解释"。精神分析师用心理学模式来解释，但也兼用基于社会特征的类型：阶级、族群、性别、职业、内向或外向的个性、越轨者与精神病患者。

这种分析方法是错误的。首先，我们很容易就观察到，一个人的行动不完全符合所属类型的特性。个人的行动总是比所属类型更多变、更难以预期。这里我并非想要挑起"人的自由可以怎样地突破社会学理论化的束缚"的争论，这只需简单的实证观察就可以发现。我想说的是，类型并不怎么有用，因为它无法预测人们的实际行动。

传统观点对于上述反对意见的回应是：假如你坚持认为，使用这些建构出来的类型，必须要使分析者预测人们行为的误差保持在很小范围内，那么你就是反科学。为什么？因为这样坚持完美会把真实的、可达到的、能适度成功预测的科学目标排除。对于这种反科学指控，我可不会认罪，因为要解决这个问题，方法既简单又方便，我们只要用行动类型取代人的类型就行了。这个替代方案的理论思路是：讨论人的各种类型，现在通行的是假设人会前后一致地行动，而这取决于人的特质，不管这是心理学还是社会学意义上的特质。这个替代假设更像是一个社会学家做的事，在经验上更有可能是正确的，也就是说人们会把一切都纳入考虑，做他们不得不做的或者在当时看起来对他们有好处的事，但既然情况会改变，那就没有必要假设人们的行动会始终如一。

迪特里希·雷特兹（Lohman and Reitzes, 1954）的研究证明了人们的行动不会始终如一。他们用问卷测量居住在种族隔离的社区又同时身处跨种族工会的白人会员的种族态度。白人工人在工作场所回答问卷时，会和工会的建议一样，说自己支持种族平等；但当他们在家里回答问卷时，他们又会和自己的邻居一样带有种族偏见。假如你据此把这些人归类为种族包容者或种族主义者，你的分析就会有大问题。但若你把这些人想成有时候像种族主义者，有时候又像种族包容者，这样虽然你仍旧得解释他们的行为为什么不一致，但你就回避了为何人的本性变动如此频繁的问题。分析单位从人的类型变成行为活动的类型，问题就容易处理多了。

这种分析单位之所以能帮我们解决问题，是因为活动是对特定情境的反应，而且情境与活动之间的关系有一种可以普遍化的一致性，所以你可以这样说：处在 X 类型情境中的人，会有这些压力，并从这些可能性中选择所要做的行动。或者你也可以说，一连串的情境组成了一条路，那些做了你感兴趣之事的人会顺着这条路走（德里斯科尔对变性男人的分析就是一个例子）。

林德史密斯对麻醉品毒瘾的研究（我之前提过，后面章节会 【46】 再提）实践了这个策略。他不假设某种类型的人会变成吸毒者，而是猜想人们在特定情境下可能会沉沦于某种类型的毒瘾行为。他研究吸毒行为而不是吸毒者。同样，我自己研究中讨论的吸大麻，是说一类行为，而不是吸大麻的这类人。

说到这里，我要做一些解释。林德史密斯和我都会谈人的类型（其他人也都会这样做吧）。实际上他曾写过吸毒者，我也谈过大麻吸食者。但是我们都把这样的描述当作一种速写，这是一种记录方式，记录某些人大致上是例行或习惯参与这些活动。我们想让读者了解（虽然不了解是常事），这些描述只是速记，而我们的研究对象正是一些普通人，但恰巧常会去做这类特殊事情。

我们的分析指出，你的行动会创造出影响你再行动及如何行动的情境条件。X 行动可能导致其他人的反应，而让你更有可能继续去做 X 行为。行动 X 可能导致某些实质性的后果（譬如酒喝多了会伤到你的肝），而影响你做的或将来可能会做的事。更重要的是，行动 X 可能会启动各种过程，致使你更有可能一次又一次地做 X 行为。

把人群分类是说明人的行动规律性的一种方式，而把情境与一连串活动进行分类则是很不一样的方式。聚焦于活动而不是人，可把你的研究兴趣导向变化而非恒定，导向过程的概念而非结构的概念。如果你把变化视为社会生活的常态，科学问题就不再是解释变化或不变化，而转向解释导致变化的方向，并把情境中暂时保持不变的事物视为特殊情况。

事情，就是人们一起行动的结果（Things Are Just People Acting Together）

物质实体尽管在实质上够真实，但不具有"客观"（objective）的性质。社会客体（social objects）也是一样，只是更加无形。基于某些社会目标，我们辨识出它们具有某些属性，因而也就赋予了它们那些属性。社会学家经常假设客体的物质属性限制了与其相关的人们所能做的事，但那几乎都是指，当且仅当人们按照公认的习惯方式使用该客体时，这些物的特质才具有此属性。一种药物对中枢神经系统的作用可能可以测量，但是如果你不知道所谓"嗨"指的就是这种状态，那么药物也就无法带给你"嗨"的感觉。这里包含着不容争辩的限制，正如没有人能够永远在水面下呼吸。（话虽这么说，但我很容易想到仍会有人说我错了，在水面下呼吸其实是可以做到的。）

我们可以从社会定义与自然属性二者的互动获得启示。我们可以寻找在情境中（我们总是能找到这样的情境）不具备正常属性的客体，比如某种无法让人兴奋或上瘾的麻醉药品。然后我们就可以看到，我们认为自然物必然具有的限制性力量，其实是有社会性成分在的，或者说它们是被定义出来的。更有甚者，我们可以观察到，当客体的社会定义改变时，客体的属性也随之改变。就像我上面说的，我们可以了解到，客体是人们为了让它实现，因而采取所有这些行动，而最终形成的自然形式。比如说乐器，无疑是真实存在的实体，但也是所有让它成形的听觉试验的具体体现，世世代代的表演者与作曲家选择用此乐器演奏与作曲，而听众选择也接受这种声音的结果作为音乐，再加上商业公司的抉择，这乐器终于成形（我在另一本书中 [Bekcer, 1982]，对此及相关的实例有相对完整的叙述）。

关于自然客体如何从人的集体活动之中取得其特质，一个绝佳的范例是布鲁诺·拉图尔（Latour，1995）对于巴西一块土壤做科学研究的分析方式。拉图尔研究的是高科技生物科学实验室里的前沿科学，科学家在这里致力于寻找生长荷尔蒙的分子结构。当时他的研究对象在巴黎，是代表该学科最高成就的路易·巴斯德实验室，以及巴斯德为测试牛炭疽成因理论而在农场里建的准实验室。拉图尔得出的结论是：实验室是科学形成的关键，因为实验室让科学家能够心无旁骛地做研究（荷尔蒙、微生物等等），而把日常生活中会干扰实验的活动隔绝于他们感兴趣的东西之外。一旦微生物和自然界中的掠食者隔离，就能够培养出足够的微生物，这也适用于实验室科学的形式——没有实验室，就没有科学。

【48】

但是，倘若无法在实验室做实验（虽然这种情形不常出现），你要怎么开展科学研究？在一个非常精彩的抽样策略下（这是我们在下一章要讨论的主题），拉图尔决定陪同一些法国土壤科学家去巴西热带雨林正中央的博阿维斯塔森林，看看他们如何解决问题（没有实验室做实验）。这些土壤科学家想要知道在他们的研究范围内，森林是否侵入了热带草原，或者热带草原侵入了森林（这才是他们及科学界同行感兴趣的主题，远远超过他们对于这块土地的兴趣）。你无法在实验室研究这种侵入现象，而必须到森林与热带草原的最前线，看看发生了什么事。此外，这种侵入的过程进行得很缓慢。你无法坐等它发生。你必须根据从这个地区不同地方挖掘的土壤样本做推论。

然而，森林和热带草原是野生的，不是为了科学活动而存在的，因此科学家首先必须套用自己的研究规则来研究它们。他们在树上钉上数字作为参考点，不然他们无法分辨树与树之间的不同。由于土地没有清理过，科学家就无法用传统的土地测量工具与方法做研究，那只能在清晰的视线下判断；他们不得不使用一种叫 Topofil Chaix[5] 的特殊仪器在地上铺线，标示出方格。然后从方格中的每一个格子里取出一块泥土，进而比较从不同研究点（网格里的一格）取出的泥土的性质。接着把每一块泥土分别放进这个以 10×10 的格排列的土壤比较盒中，以此系统地做比较；而这个 10×10 的土壤比较盒，可以直接对应到在土地上做了标记、划了线的一百个方格。

拉图尔跟踪研究的过程比我这里说的要复杂得多，我按照我的目的挑了几处来说。若要掌握他论述的精妙之处，请阅读他的论文。对我而言，关键步骤已呈现在那篇文章的图里了。这是其中一位土壤科学家勒内·布莱（René Boulet）的照片，他手里拿着一块从研究计划指定的土地深处挖出来的土壤，置入土壤比较盒其中的一个方格：

5　法国专门用于快速铺线的一种仪器，外部是一个黄箱子，里面藏有白线和测量仪器，盒子上方的口用于出线。——译者注

看一下这块泥土。勒内右手握住的那一部分，仍旧保留了土壤的物质性——"尘归尘，土归土"。然而，勒内左手握住的纸板箱方盒中的另一部分泥土变成了一种具有几何形式的标记，变成了数字编码的载体，它不久之后将被某一种颜色标示。从科学哲学来说，左手并不知道右手正在做什么。在人类学中，我们要双手并用：我们把读者的注意力集中在这个混合状态，也就是在土壤即将被记号替代的那一瞬间。我们不应该把视线从这个动作转移开。柏拉图哲学的世俗维度在这个形象中出现了。我们不只要从土壤跳到土壤的概念，也要从具有连续性与多样性的一块块土壤中，跳到以 x、y 坐标系编码的小方盒子的不同颜色上。 【49】

然而勒内并未把预先已决定好的分类套用在这些尚未成形的范围；而是从一块又一块的土壤的意义传到他的土壤比较盒中；接着他做出推断。只有在替代动作完成后，真实的土壤才会变成土壤学（土壤科学）所认定的土壤。事物与语言间的深渊无处不在，土块与方格编码的土壤比较盒子之间的小小差异也无法幸免。 【50】
（Latour，1995：163-165）

拉图尔跟着把这个瞬间变成所有瞬间的原型：某些看起来再"真实"不过的东西（一块巴西泥土），以科学的方法"抽象"出来后变成了另一种"真实的"的客体（装在装置中等待做系统性比较的泥土样本），然后又经抽象，仍旧变成另一个真实的客体，亦即科学论文里图表的一部分。按照我们的目的，我想说的是一块泥土，从自然来说是真实的物体，但它的真实性却是我们造的。对我们来说，它只是一块泥土，但是对布莱和他的同事来说，它是科学的证据。

当然，大多数客体不会如此激烈地改变它们的特性。事实上，人们把客体的特性视为稳定且不变的经常是非常可行的。对社会科学家来说，解释人们为什么这么做，就变成了一个很有趣的问题。一般的答案是，当人们持续用同样的方式思考并且共同定义客体时，客体就会不断拥有相同的特性。当人们对这个客体是什么、怎么运行，以及如何使用的问题有一致的看法时，共同活动就容易多了。想改变客体定义的人会发现，他得付出极大的代价才能获得这种权利，所以我们大多数人在大多数时候，都会接受客体在当时的定义。

因此，客体即凝聚的社会共识，或者更确切地说，客体是人们在历史中共同行动的时刻之凝聚。这个分析方法的窍门是：观察你眼前的自然客体，然后去追溯它形成的轨迹，以及谁做了什么才使这个客体以现在这种方式存在。我常常在课堂上要学生做些练习：捡起手边的任何物品，学生的笔记本、自己的鞋子或一支铅笔，然后追溯所有形成眼前之物的早先决定与活动。

用一个简单的方法就可以让我们意识到自然客体是社会共识的具体化，这就是找出不同社会共识所制造的、不同于我们惯用的自然客体。一个经典的例子是"QWERTY"这种没有效率也没有什么功能的打字键盘排列法，它对早期标准打字机的创造有非常深远的影响。一旦键盘以"QWERTY"方式排列，打字员就可以放慢速度，以免速度太快而卡住早期的打字机。这种"QWERTY"键盘的排列方式，阻止了其他更好的键盘排列方式（比如德沃夏克键盘，使用者打字的速度更快且更精确）。大多人已经知道了这种旧的键盘排列方式，以至于改变这种排列的做法很难成为"实用的"（David[1985] 的研究描述过这个例子）。

每件事都有它发生的地点（Everything Has to Be Someplace）

尽管社会学家迷恋于（不管合不合理）要为研究对象的身份

"保密"（其他社会科学学科的学者不太这么做，在历史领域里则完全不会），他们仍会对研究作简短描述，包括数据的来源地。有一个研究者这样说道："我的数据（这跟数据是质性的还是量化的无关）是从一个工人阶级聚居的街区的儿童群体身上获得的，这个街区黑人、白人与拉丁美洲人一样多。它位于一个中西部大城市的西边，坐落于小山上，可俯瞰一条大河和河上来来往往托运货物的大船。这个城市在过去二十年，工作机会逐渐减少，税收基础萎缩。"诸如此类，研究者试着用迂回的方式描述背景相关信息，而不直接说："我研究的是克利夫兰（或底特律）的某某街区。"

当我和同事报告我们对大学本科生的研究（Becker，Geer，and Hughes，[1968]1994）时，我们指出了我们研究的是"堪萨斯大学"，但仍旧做了如下的简短描述：

这座大学（除了医学院是在堪萨斯州的堪萨斯市）的主校区位于人口超过 320 000 人的堪萨斯州劳伦斯市（劳伦斯市是堪萨斯州的大城市之一，人口数量仅次于堪萨斯城近郊圈、卫奇塔、托皮卡与萨利纳）。这里距离堪萨斯城市中心大约 45 分钟车程，比托皮卡到堪萨斯城市中心的距离略远。虽然劳伦斯市有其他产业，但大学是它最大的"生意"。劳伦斯市是一个大学城。

劳伦斯市处在起伏的小山丘上，是堪萨斯州东部人口较为密集的第三大城市，堪萨斯大学的大部分校区位于欧里德山，在小山丘上可以远眺平原，上百个大小区镇组成了城市。劳伦斯市比大部分城镇大，尽管存在来自堪萨斯城与托皮卡市的竞争（托皮卡是世界知名的心理治疗和研究中心，所以地方虽小，住起来却比想象中舒适），但仍可说是堪萨斯州的文化与知识中心。

劳伦斯市看起来和中西部的大学城没两样。大学里新老建筑

【52】

交错，校园中心是学生宿舍、兄弟会与姐妹会建筑楼、足球场和满是学生的林荫大道。外围有舒适的教工住所与小镇居民的房子，还有每个美国城市周围随处可见的郊区发展景象。往北走，步行能到的地方，就是劳伦斯市的市中心、购物与商业中心、考河与堪萨斯州的高速公路。（[1968]1994：16-17）

为什么社会科学家要提供这些描述？为什么我们要调查这些关于堪萨斯大学与劳伦斯市的细节？（参见 Hunter，1990：112-117 的相关讨论。）社会科学家到底还是喜欢一般化，因此也乐于缩小"他们的研究案例"和其他案例之间的差异。我们和许多或大部分的研究者一样，喜欢说自己的案例有"代表性"。这样我们就可以宣称，我们发现了关于一些社会现象或社会过程的重要的普遍结果，而不仅是发现一些有趣的故事或事实而已。（在抽样那一章我还会讨论这个话题。）

但请记住，我所说的是"案例"。每一个研究地点都是某些普遍范畴的个例，所以这个案例的知识可让我们了解一般的现象。但只有漠视个案的地方特殊性，我们才能假装说这个案例和其他案例一样，至少某些方式上是相似的。我们的案例如果是在加州，那么和密西根、佛罗里达或阿拉斯加的案例总会有不一样的地方，这是因为和地理位置有关的、处于该地内部的或依赖地理条件（这种关系有多种可能性可以选）的事物，都必定会影响我们的研究。

哪些地理条件会影响我们的研究？天气就是一个条件。1960 年代加州发生的学生运动，几乎不可能在明尼苏达州发生；明尼苏达州和加州不一样，这里真的非常冷，学生在学校的时间里只有几个月是好天气，这两个州发生户外示威的可能性也就不一样。自发性示威的必要条件是，有一大群人经常待在公共场所，随时可被组织者、演说者或一小股经过的游行人群所动员。当然是适合草地野餐、扔甩飞盘或闲逛的天气更符合条 件。如果天气寒风凛凛，在外面随便站一会儿就会冻伤，那就不太符合自发性示威活动的条件。（尽管这个条件并非绝对正确。欧文·霍洛维茨提醒我，俄国革命前的最重要的几个插曲，都发生在这个国家最寒冷的地方——这个有用的提醒告诉我们，"影响力"或"影响"，并不就等于"决定性"。）

人口特征，比如人们是否接受过教育，不同族群与种族群体所占的人口百分比，特殊工作技能的普及程度等，也会让研究结果产生差异。当我们调查阶层的形成过程、行为模式，以及和这些过程有非直接关联的组织时，这些以及类似的因素都有关系。这些关联性透过一连串有联系的现象发展下去，可能非常复杂。我们用一个更翔实的例子来说明。

假设我们要研究医疗工作组织：

1. 不同的种族和阶级经常有不同的饮食习惯；某些群体习惯吃很多的肉与其他高卡路里的食物。

2. 饮食习惯和疾病模式有很强的关联性；比如说，患上不同心脏病的比率，被认为与饱和脂肪（肉类中这类脂肪含量很高）在摄取量上的不同有关。所以拥有不同烹饪文化的人，也可能导致疾病模式出现差异。

3. 医生的执业环境因当地医疗问题和医疗事件的分布而异。而分布情况则受到当地人口和文化的影响。就文化而言，在习惯吃高卡路里食物地区执业的医生，可能看到大量患心脏病的病人。

4. 现在加入这个地区的自然特性。这是个丘陵地。有些居民工作之余会爬爬山，习惯性地借上下山这种激烈运动，消耗饮食摄入的热量。但有些居民不会这么做，这些人偶尔运动过度，心脏发生问题的风险反而增高。另外，有胆固醇阻塞血管毛病的体重过重人士，若在下大雪的冬天定期参与过度激烈的铲雪活动，将来发生心脏病的风险也基本上能肯定会增加。

【54】

5. 尽管医生术业有专攻，不会是都诊看同样的疾病症状，但本地区很多医生会将病人相同的文化／医疗并发症，像是高血压、心脏病及相关的疾病，归诸于摄入高胆固醇的饮食习惯。

6. 遇到类似工作问题的专家，比如医生，经验交流之后会得出共识：病人怎么得病、是什么"缘由"让他们得病，以及病人会怎样或不会怎样照料自己。医生会发展出合作的模式（相互支援好让周末和假期不受干扰），应付这个地区"典型"疾病所带来的问题（针对老年人的心脏病或阿兹海默症有一种合作模式，对孕妇数量很多的年轻人群则又有另一种合作模式）。

虽然这个地方的其他特征也可以列入该研究的其余部分，不过我就说这些。这些已足以说明专业文化模式（这是一个很好的研究猜想）和专家在哪儿工作很有关系。

我们会提供所谓的"背景信息"，是因为我们知道它和研究主题有关，即使我们无法确切说明有什么关系，或者我们没有在分析中直接说明。有时我们在解释为什么纳入这些背景信息时会说，这能给人对那地方的"感觉"或"氛围"。这样的辩解，多少有一点（有时不只一点）虚张声势。

但是事实上，我们所说的"背景细节"比单纯的"背景"更重要，背景细节并不只是让研究有声有色的地方特色。对于我们所研究的事物，也就是我们所揭开的关系或想要放大的一般社会过程，背景细节是环境条件。当我们说堪萨斯州的劳伦斯市离堪萨斯城大约有 30 英里远，我们不只是在说一个"有趣的"事实。

我们同时也指出了堪萨斯大学校园的特性，这些特性在其他地方的校园不会有。我们没有在分析里明确使用这些地理特征，但我们知道这些特征是真实的存在，而且会影响当地所发生的事。比如说：因为堪萨斯城离劳伦斯市很近，近到你可以当天来回，而且可以在堪萨斯城做一些你在劳伦斯无法做的事，比如买杯啤酒在吧台喝喝。因此这里你可以边喝酒边听乐队演奏，因而这也是你约会的好地方。假如你和普通大学生一样没创意的话，还可以开车带约会对象回家而且耗不到半箱油。不管堪萨斯州的学生有多调皮，如果他身处一百里以西的曼哈顿小镇，就肯定做不了这些事。【55】

也许更重要的是，堪萨斯大学离堪萨斯城很近，再加上很多人（尽管肯定不是每个人）认为，它的学术与社会地位比在哥伦比亚市的密苏里州大学更高，且后者到堪萨斯城的距离比堪萨斯大学远得多，因此堪萨斯大学吸引了一些从密苏里州来的有钱学生。这无疑与堪萨斯大学校园更精致、知识氛围更浓郁有关。有钱的中产阶级青年并不如他们自己所想的那么老成，但他们具有一定的格调，而且其中不少来自邻近大都会，我们分析时需要考虑到这点。

我说过，我们知道这些事，但是我们的书里没有考虑这些。我们在书中讨论学生集体反抗校方，后者制定了属于学生，并且也是为学生量身定制的学术与知识要求，这就是我们和其他研究者说的"学生文化"。我们在分析中忽略了堪萨斯大学建构出大学生文化的地理特征（我没提到任何一个特征），如果读者想要了解的话，得从我们书里每个人（具有特定年龄与背景的任何一个美国人）都知道的一些"显而易见"的事去推想这些地理特征造成的结果。但正是堪萨斯大学之所以是堪萨斯大学的这些方面影响了校园生活中部分集体行动的形式。

换句话说，在我们试图理解的事物当中，不只包含了我们分析的关系，还有其他关系。毫无疑问，学生相互合作，是减少学院和行政压迫的关键之处。就如同海伦·霍洛维茨（Horowitz，1987）所说的，这样的故事历史悠久。但是这个故事之所以独特是因为它在这儿发生，也就是，事情发生的地点让它有所不同。

用更正式的话来说，事件、组织或现象的环境条件，对于事件、组织与现象的发生及最终存在的形式，具有关键性影响。阐明这些依赖关系，能有助于你做出更好的解释。

【56】　　了解了社会组织对环境的依赖性，我们就可以很清楚地认识到，研究者不说明研究地点会产生很多问题。因为我们的确无法囊括一切，所以和案例所在地点有关的很多事，哪些应该列入考虑？这是一个策略性的问题。暂时性的答案是，你要竖起鼻子，"去闻"（囊括）所有不可忽略的东西。假如你所访问的精神分析师告诉你，自助团体与民间疗法这类疗法都会和他们抢病人，而这些治疗法和团体在加州却很常见，那么你就应知道，当你在研究精神分析师的职业生涯时，地理与地方文化是不容忽略的背景条件（参见 Nunes，1984）。就此而言，通过发现越来越多不容忽略的这些事，也就是那些最初就与我们研究案例所在的环境紧密相连的事，我们逐渐在积累知识。

因此，我们应该找到地方特性，并把它纳入分析结果，而不应存心忽略或"控制"地方的差异性。托马斯·亨尼西（Hennessy，1973）研究 1917 年（第一次世界大战结束后，很多黑人音乐家从军中种族隔离的乐团退役）到 1935 年（当时新形式的旅行大乐团风靡全美）之间黑人音乐家在大舞蹈乐团的发展，就是一个很棒的例子。这些乐团和他们演奏的音乐，在美国不同地区有不同形式的发展，特别是和大都会中心黑人白人的特点及二者之间的关系有关。纽约的黑人与白人更有文化素养；黑人音乐家会学着去理解所有类型的音乐；白人听众习惯黑人音乐家为他们表演，所以黑人音乐家会在很多不同的环境里表演，并且调整他们的音乐去适应各种情况。而亚特兰大的黑人音乐家则较少受过传统的欧洲音乐训练，主要是以帐篷秀为黑人演奏。

从以上的讨论我们可以归纳出两个研究窍门：

每件事都有它发生的地点。这句话的意义在于，你所研究的事物发生在特定的地方，不是普遍地发生在这个世界或"社会背景"中，而是就在这个地方发生，就在这里，这地方的一切会影响你所研究的事物。因此要仔细、持续地观察这个地方的特色：自然特征（位在何处，在这里生活、工作是哪种感觉）与社会特征（什么样的人在那里，他们在那里多久了，以及所有人口学家、社会学家、人类学家与历史学家告诉你的其他事）。反复提醒自己"每件事都有它发生的地点"是很有帮助的。【57】

把不能省略的东西写入研究。先前的规则显然行不通，因为这需要你到时必须知道所有的事情，还要把这一切都写下来。因此，在思考你的研究对象时，要注意使用哪些地点特征来解释某些特定社会性特征。假如你发现自己会用天气解释某个事件，那么对于天气的描述，就应该出现在你的介绍性描述中。假如把它放进你的介绍性描述中，它就应该是你的分析内容。

就像每件事都有它发生的地点，每件事也都有它发生的时间，不同的时间点所发生的事会有不同。时间的问题及其解决之道，和地点造成的问题很接近。就像数学老师常做的一样，我要留给你们一个练习，这个练习是：找出"万物皆有时"（Everything has to be sometime）这个窍门的作用。

叙事（Narrative）

分析的叙事模式着重于发现可以解释"它"是什么（"它"指我们想要了解与解释的任何事物），以及它如何变成那样的故事。因果分析做得不错时，最终大部分变量都得到了解释。而叙事分析者做得不错时，得到的结果则是解释什么过程导致这个结果的故事。

叙事分析方式经常让因果分析的研究者感到怀疑，因为这种方式提供了完全相关假设及其操作方式。概率性的因果分析虽然能得到完全相关的结果，但这个结果会被舍弃不用，因为它必然含有相当大的误差。研究者知道，他们的数据里夹杂了太多的噪声，以及测量和其他方面的误差，不可能出现完全相关。他们的期望是不完全相关，即使理论让他们预知会出现完全相关。但当他们知道自己的数据里存在着错误（这些错误使他们无法得到更好的相关），并不会就此舍弃不完美的数据，因为他们无法知道哪个案例出了错或哪里测量有误。诚实起见，他们会将所有的样本纳入，以保证这是一个概率性的结果。这种做法让叙事分析者很不高兴，因为他们认为未经解释的变量，是问题而不是单纯的自然属性。

【58】　　　　（这些原因在第 5 章有关特性空间分析与质性比较分析的讨论中有更完整的说明。）

另一方面，叙事分析者要等到有一个完整的决定性结果才会善罢甘休。每一个反面案例都是改善结果的好机会，借此机会可以重做解释，这样可以纳入看似异常的案例。第二种处理异常案例的方式则是剔除异例，尽管这使概率性因果分析者很不满。然而叙事分析者并不是真的将异例弃之不顾，而是仔细检查它们是否真属于我们所要解释对象的案例。建构叙事的过程中，有一部分的工作就是持续修正理论解释在解释什么及寻找真正的因变量。（我们在第 5 章会更完整地讨论分析性介绍；也可参见 Abbott，1992）。

　社会学家的窍门：
当你做研究时你应该想些什么？

问"如何"，而不是"为何"（Ask "How？""Not "Why？"）

这个窍门大家都知道。但就像大家都知道的许多其他事一样，懂得这个窍门的人，常常不在该用的时候用这个窍门，也就是不按处方问事情如何发生，反而问为什么发生。人们为何会这样？这是个有意思的问题，尽管我认为这句话本身就包含了答案：因为问为什么好像更自然，就像我刚才的发问。问"为什么"似乎更有深度、更有智慧，好像你问"为什么"是在追问更深的意义，而相反，问"如何"好像仅仅会带来简单的叙事。这个偏见也出自一种老掉牙又俗气的区分，即对"解释"与"纯粹描述"两者带有贬义的区分。

我头一次了解到问"如何"比问"为什么"好，是在做田野研究时。当我采访人们，问他们为什么要做某件事，不可避免地引起了他们的防御性反应。我问某人为什么他或她要做这件事，比如"你为什么会当医生""为什么你选择在这所学校教书"。初听下来，受访者会认为我是在寻找一个正当性，他们得为我所调查的行为找到又好又充分的理由。于是他们会用简短、谨慎且充满敌意的口气来回答我的"为什么"，好像在说"好了，小伙子，这些回答够了吧？"

但如果我换个方式，问某件事情如何发生，比如"你是怎么进入这一行的""你最后怎么选择在这所学校教书"，我的问题就问"活"了。人们有问必答，事无巨细，不仅告诉我他们做这事的原因，还告诉我会有助于我调查的其他人的行为。为了发展吸大麻行为起源的理论，我采访吸大麻的人，问"你是怎样开始吸大麻的"从不会招来防御性的反应。但如果问"你为什么要抽大麻"，则会引来带有罪恶感的回应（好像我们在指控他们一样的）。

同样一个访谈问题，为什么问"如何"比问"为什么"有用？即使是很合作的、不设防的受访者，对于"为什么"这类问题，

【59】

也只是略答一二？我想是因为受访者知道，"为什么"的问题是在找一个原因，或很多原因，但对于任何事件原因的说明，总能用简单的几个词打发掉。此外，除了各种老套的理由，原因里面还包含了受害者的动机。假如你做了某事，你一定有理由。好的，那么你的理由是什么？"为什么"这个问题，其实是在要求受访者给出一个"好"的答案，一个有道理且可为自己辩护的答案。这个答案不应该出现逻辑错误或前后不连贯，于情于理都要无懈可击。也就是说，在习惯里，答案应该表达一个可以被那个世界接受的适当动机。换句话说，问"为什么"要求受访者说出一个理由，让他们可以免于承担隐藏在问题背后的负面责任。比如"为什么你上班迟到"这个问题很明显是在要求一个"好"的理由。"我今天想睡到晚一点"虽然是真的，但不是一个好答案，这个动机本来就理亏。"火车抛锚了"也许是一个好答案，让人觉得合理，错也不在自己（除非下一句是"你既然知道可能发生这种事，就应该早点出门"）。"我的星座预言我会迟到"在大部分情况下都不是好借口。

当我问受访者"如何"时，我给他们留下更多的回旋空间，强迫意味也更少，让他们可以根据适合自己的方式回答问题。他们可以说一个合理而面面俱到的故事，而不必要求一个"对的"答案，也不用像是得为坏的行为或结果负责。问"如何"好像无关紧要，或只是出于好奇："天呐，上班路上发生什么事了？让你迟到这么久？"他们不用像发电报一样回答问题（而"为什么"的问题，理由则包含在动机中）。结果，"如何"的问题会引导对方把他们认为要紧的事都收纳到故事里，而不管我认为那些事是不是也重要。

你做特定类型的研究时，可能不喜欢受访者有那种自由。比如你想要每个受访者从同一份只有少数选项的问题选答案（调查研究的目标有时候就是这样），以便计算每个选项被选了多少次，

【60】

你就不会想听选项清单外的可能性，而会把这些可能性放在"其他"选项中，同时你也不会认为这个"其他"的答案需要进一步处理。

以前我做过这种研究，现在仍然也在做，但我的目的不在于此。我想要知道事件的全部情境，包括围绕事件的每件事，以及所有涉及的人。（用"所有"与"每件事"有点夸张，我不是真的想要全部，但是我要求的肯定比社会科学家经常做的多很多。）我想知道事情的顺序，一件事如何导致另一件事的发生，为什么这件事直到那件事发生后才发生。进一步地说，我确定自己之前并不知道故事牵扯了多少人、事物与情境，所以我期待和我交谈的这些人告诉我，并将获得的资料不断添到我的收藏里，好让我的理解和分析更复杂。我想增加受访者讲故事的自由，尤其是让他们说些我没想到过的东西。

我一直在声讨"为什么"的问题，但也有一个重要的例外。有时候研究者真心想要了解人们对自己所作所为或将做之事的理由。布兰奇·吉尔与我曾询问医学院学生，他们希望选择什么具体的医学研究方向（Becker et al., [1961]1997：401-418）。因为他们还是学生，所以这些选择都还是假设的。我们想知道的正是他们做这些选择的各种原因。我们想记录这些学生可能选择的可接受理由的框架体系，以及这些选择和现有的方向范围是如何对应的。但我们并不期望用这些假设性的选择去预测学生将来实际上选择的是医学还是其他专业，而是想知道这些学生在学校时的思考受到什么观点引导，学生所提出的理由就是我们描述的观点的一部分。

因而，在田野中，你问"如何"可以比那些问"为什么"的人收获更多。访谈策略的效力，并不保证你从中发展出来的概念在理论上就有用。但不管如何，这个窍门仍不失为一条线索。

过程（Process）

这条线索可以导致一般性的思考方式，这可就是一个很好的理论窍门了。假使你想要研究的事物没有任何因果关系，而是一段历史，一个故事，一段叙事："首先发生了这件事，接着又发生了那件事，然后其他的事也跟着发生了，最后故事这样结束。"在这里，我们理解事件的发生，是通过研究事件逐步发生的过程，而不是通过了解这些事件必然发生的条件来研究的。

但是你不是在找小说家或历史学家讲的那种故事，也不是找这个故事和其他故事不同的地方。相反，你找的是"典型故事"，这类故事每次发生的方式都非常相似。同时你也不是在寻找不变的因果关系，而是要找到故事中每一步的逻辑，甚至和因果关系一样必然的逻辑。从这个观点来看，不是任何原因导致了故事的发生，而是导致事件那样发生的故事导致了事件的发生。

社会科学家称这种具有这些特点的故事为过程。阿伯特（Abbott，1992：68-69）在他关于革命的研究介绍中，引用了罗伯特·E. 帕克对这个概念的解释（Edwards，1927：x，xiii）：

（革命策略）预设了这些运动中存在着某些典型或一般性——也就是能用一般的术语来描述的某些事物，简单来说，它预设了其中存在某些可以用来科学地说明革命的事物，因为科学（自然科学）其实不外乎是用概念性术语进行解释，描述事件发生的过程，以预测或控制事件的发生。

问题不仅仅是"因果"或"过程"这两个词有没有用对。"过程"意味着不同的研究方法。如果你想要知道一对情侣怎么分手，你不必像家庭研究者那样，在分手情侣的背景或当前所处环境中寻找导致他们分开的因素。相反，你要像黛安·沃恩（Vaughan，1986）做的研究那样，寻找分手如何发生的故事，检查分手过程

社会学家的窍门：
当你做研究时你应该想些什么？

中的所有步骤，理解这些步骤彼此如何联系，以及前一个步骤如何创造出下一个步骤发生的条件，也就是寻找"概念性术语描述事件发生的过程"。对分手的解释是情侣会经历所有那些步骤，而不是因为他们是这样那样的人才分手。

你可能想问："好吧，但是为什么他们会经历那些步骤？是什么原因造成的？"从经验上来说，当你观察时，你会发现所有人都经过那些步骤，而似乎不限于特定的某种人或者特定的情境导致了参与者要经历这些。沃恩在一个研究中惊讶地发现，不论情侣结婚与否、是异性恋还是同性恋、是工人阶级还是中产阶级，分手的过程都是一样的。更令人惊讶的是，不论提出分手要求的是男人还是女人，分手都是以相同的方式发生的。不管哪一方，"提出分手的人"会启动分手的步骤，然后余下事件循着（在情侣分手的例子中）知道过程中两人关系在每个步骤如何变化的那一方的逻辑展开。比如说，提出分手的人知道分手即将发生，因为那时他或她打算这么做，然而"对方"却像第一次参加宴会一样蒙在鼓里，对分手这件事完全没有任何心理准备。

过程叙事并没有注定的目标。它可能有许多种结局（虽然我们也许只对其中一种可能的结局感兴趣，但那又是另外一个故事了，我会在第 5 章说明），在那些结局中，我们打算解释的事并没有发生，比如情侣最后没有分手。故事展开时，你能看到一个其他背景因素或某一组情境或多或少让故事向分手的结局发展。然而分手的结果并不一定会发生，我们唯一能确定的只是故事会循着这条路径到达那个结局。

这种叙事的意象让很多社会科学家感到不安。他们想要在"在 C、D 与 E 的条件之下，A → B（A 导致 B）"这种形式下找出不变的法则。他们想要能够说明，某件事一定发生，或者一定不发生，都是由社会科学的法则决定的。这种法则显示了事件在逻辑上和经验上发生与否，都是必然的。如果得到的是无法确定结果的故事，尤其是导致其他非设想中的结果的故事，社会科学家就会有受骗上当的感觉。他们认为单纯的故事不是科学，因为故事里并没有任何东西强迫故事变成现在这样的结果。他们不认为从故事中可以了解到什么。如果你相信"社会科学"中的这种"科学"，就会出大问题。

斯蒂芬·杰伊·古尔德（Gould，1989：48-50）以问题的形式描述了这个难题：假设历史能倒带（当然，他谈的是地球上生物演化的故事）后重新播放，结果会一样吗？他认为"不会"。

格奥尔格·冯·莱特（Wright，1971）提出一个尽管复杂但有用的正式分析，以阐明建构这样一种语言所带来的复杂性。他最有用的贡献是区分出两种解释的类型。一种解释类型试图阐述"为何（Why）某件事是必要的（necessary），或变成必要的"；另一种解释则试图阐述"某事如何（how）是可能的（possible）或变成可能的"。当我们知道某事是如何变成可能时，我们知道得仍然有限，也无法预测，只能如他以及其他人所说的，对事情做"回溯"（1971：58）："我们从已知的发生过的现象这个事实中，可能追溯推理出过去使事件发生的必要条件必定也出现过了。藉由'回顾过去'，我们可以发现它们（在当下）的轨迹。"（1971：58-59）

成因（Cause）

我们需要考虑到的最后一个意象形式是因果关系。社会科学家喜欢这么想这么说：某件事"导致"了另外一件事。因果意向及其意指的逻辑往往在哲学上纠缠不清，（在我有限的知识里）至少应从休谟的研究开始算，连区分顺序这么简单的事，即一件事跟着另一件事发生的事实，也是困难重重。打台球时 A 球撞到 B 球，B 球移动了。是 A 球的撞击"导致"了 B 球移动吗？

我们暂且把哲学难题扔一边，来看看社会学家如何解决成因问题。社会学家解决该问题的典型方式，就是找出他们认为可以解释 A 导致 B 的过程，无论这种方式在哲学上是否成立。这些过程在方法上具有范例的地位，有些科学家共同体一致认为这是为了建立因果分析的最佳观念和程序。但如同托马斯·库恩（Kuhn，1962）指出的，这些范式性概念是双刃剑。没有范式性概念，我们无法完成任何研究。但是范式性概念从未真正解决其意欲解决的问题，使用这些概念后还可能留下"可怕的"异例（anomalities）。它们的支撑逻辑有严重缺失，它们往往因为名不副实而显得不堪一击。

　　社会学家多次就建立因果范式达成共识，但一般都是使用变量语言来描述因果过程。分析者先确立一个"因变量"，也就是会根据某些方面发生变化的一些现象，然后再确立"自变量"，它的变化"导致"因变量的变化。因果关系在这里的定义是共变（covariation）。当自变量在测量上发生变化时，若因变量 A 在测量上也随之以某种有规律的方式发生变化，那么因果关系就被【64】证实了，或至少认同因果关系典范的研究者会同意，因果关系的证据已经找到了。（随后的讨论会大量引用 Ragin［1987］的讨论，不过我会根据使用略作改动。在第 5 章我将会回到他的概念。）

　　这样的程序自然会遇到很多困难。学过传统的"相关性"技术的学生都知道，相关性不等于因果关系。要找出共变与因果关系本来不是难事，但一大串的麻烦会阻碍你。尽管如此，社会学家在日常的研究中仍用各种方式使用这种解释形式，试图找出诸如影响社会流动的因素：父母亲的社会地位、教育、职业及其他类似变量，会与一个人的阶级流动形成共变（也就是因果关系）吗？

　　一种（或用"这一类"更贴切）标准程序带有准实验（quasi-experimental）性质，这种程序析出可能可以解释或说明（光在这一点上就衍生出了很多描述联系的术语）结果的几种成因的相对影响。利伯森（Lieberson，1985）曾深入批评这一类统计学程序，他认为假设其他因素不变，然后评量变量的影响，这种方式是站不住脚的，因为引入的变量并非随机分布，因而会有"选择"的问题。尽管如此，他（Lieberson，1992）仍试图通过修正使用这种程序的条件来使这个逻辑继续有效。

以此因果逻辑为基础的研究程序，取决于统计表中的比较格（这些方格里装的是正在研究的、代表不同变量组合的案例）。这种比较除非有大量的案例为基础，否则一定招致批评。这种研究的结果由一系列陈述组成，这些陈述是关于变量间发生关系的概率，它的主体不是人或组织，而是变量，这些变量或对因变量有直接影响，或会使因变量产生显著变化。特定研究的结论（即该研究案例所显示出的各种结果的特定概率）却被准备应用于所有相似的案例。

这种研究取向的逻辑（甚至是利伯森所主张的修正后的版本）要求我们想象所有产生作用的成因，都或多或少同时并且是持续在运作，这情形就像常识中关于气体压力、温度与体积之间关系的法则。即使我们知道 A 一定发生在 B 之前，分析程序仍要求我们将这种关系视为非真。

【65】

这种程序也要求我们想象，那些设想中的变量是各自独立运作的成因。每个变量各自对因变量造成影响。当然，为了确认变量的影响，分析者必须要处理交互效应，也就是自变量彼此间的交互影响对于因变量产生的效应。但在这里处理的方式也没什么不同，依然是把所有效应看成同时且持续在发生的。

最后，这种研究程序将成因视为可以累加的。我们可以发现，影响我们感兴趣的结果的因素有很多，但这种因果关系的意象却主张，只要有足够的成因，每一个成因都能自行产出结果。更普遍而言，任何"有作用的"方式一经组合，只要相加到足够的量，都会造成这种结果。

以上的讨论，并不意味着使用这种研究方法的分析者愚蠢到不知道变量有时间顺序、看不出变量发生的次序、不知道这顺序变化不定，而是在说，这样的研究技术，对处理这个知识提不出更简单的办法。分析进行的方式"好似"上面所说就是事实的样子。这种技术的逻辑也没有提出处理这些问题的特别方法。有时候我们使用更直观、更形象化的路径图，在图中置入变量并以箭头连接表示时间顺序，但是在这种路径图上，时间也只是一种视觉化比喻而已。

拉金（Ragin，1987）发展出另一种以多重连接（multiple and conjunction）进行描述的方法，和上述因果关系形象大不相同。这种研究方法承认成因往往并不真的独立——每一个自变量各自对因变量的全部结果在不同向量（vector）上产生独立的影响。他的方法指出，各种成因只有在一起协作时才会有作用。只有 X2、X3 与 X4 同时存在时，X1 才会发生作用。如果这三个变量消失，那 X1 也没什么作用。这就是"共同性"。换句话说，这个模式和以前模式不同的地方在于，主张变量的效果是相乘的。我们在学校都学过，数字不管多大，和零相乘结果都是零。在多重模式的因果关系形象中，所有的元素都要在场起到同时性的作用，或是与成因相关环境结合的作用。如果任一变量消失，不管其他因素有多大或多重要，答案仍将为零，也就是说我们关注的效果就不会发生。

上述"多重"部分的讨论指出了不止一种变量的组合会产生我们感兴趣的结果。在这种因果形象中，有多种方式可以到达目的地。哪些因素的组合会发生作用取决于该案例的情境：不同案例会有特定的历史和社会条件。【66】

若是案例少，但前人已累积了与案例相关的大量信息，就有必要使用这个方法，像精细的跨国历史研究（比如革命研究或少数国家福利政策发展的研究）就很典型。在这里，研究者试图处理的是真实历史案例的复杂性，而不是像在一大堆假设性案例中处理变量间的关系。所得出的结论是要让历史案例就像同时运作的变量一样可以理解。（拉金的"布尔运算"[Boolean algorithm]就是生成这种结果的方法论。在第5章我会详细讨论。）

我现在要引用另一类形象，也就是社会科学家做研究时的形象，作为这一章的总结。当代社会科学家的标准形象是勇敢的科学家，敢于让他（我使用男性代词，是因为这个意象本身就很有大男子的气概）的理论经受关键的经验验证，当无法符合经验验证、无法推翻零假设时要果断抛弃。拉金描绘了一种截然不同却让我叹服的意象——社会科学家努力地在与资料和证据做"深入且广泛的对话"，这幅画更接近于布鲁默想象中的科学活动：仔细考虑我们从熟知的世界各方面获得的各种可能性，将与某些概念相关的、能搜集到的各种信息分门别类，根据这些信息，再次检视概念，通过反思原有可能性和收集更多数据获得新想法，并着手处理预期与这些想法之间的偏差……这就像库恩把科学发展作为一个整体形象一样。

第 3 章

抽　样

要包含什么（What to include）

抽样与举隅（Sampling and Synecdoche）

抽样对于任何研究都是大问题。我们无法研究每一个感兴趣的案例，而且应该也不想那么做。每一种科学追求都试图找到只需少量案例就能套用到全部的方法，也就是研究结果可以"概推"到所属类别的全部成员。我们需要用样本说服人们我们对于所有类别都知道一些。

抽样是举隅（synecdoche）这个经典修辞的一个版本。举隅是一种修辞手段，也就是我们拿部分类别告诉听众或读者它所属的整体。所以当我们提到"白宫"时，指的不是那栋实际存在的建筑，而是指美国总统的职位——而且不只总统，还包括了总统所领导的整个行政机构。因而举隅是抽样的一种，往往用于言说，而非用于研究。或者倒过来说更好：抽样是举隅的一种，我们使用抽样是为了让我们已经研究的人口、组织或系统的一部分，有意义地代表它所属的整体。抽样的逻辑在于，它意图说服读者它最终的效果是和举隅一样的。（在本书准备出版时，我才发现Hunter 在 1990 年讨论的抽样与举隅，与我的论点有很多相似的地方。）

举隅或抽样的问题在于，首先它们看起来并不一定如我们所想的那样可以代表整体；不一定重现出我们感兴趣的事物特征的缩影；我们从所知事物中推出的结论，在我们没有亲自去调查的其他地方不一定就正确。如果我们从巴黎街上挑选几个男人与女人，测量他们的身高，计算测量出的结果的平均值，这是否就是巴黎所有人口的平均身高？我们能用这个身高平均值，去和从西雅图街上抽选的男人与女人身高平均值做比较吗？这些城市里所有居民的身高平均值，是不是差不多等于我们所测得的少数人的身高平均值？我们能够用这些样本得出一个站得住脚的结论，说美国人与法国人的相对身高就是这样？这些样本是否能以举隅来代表总体？我们的研究是否禁得起那些吹毛求疵的学生"你的样本有缺陷！"这样现学现卖、得意扬扬的批评？

随机抽样：（某些问题的）完美解决办法（Random Sampling：A Perfect Solution [For Some Problem]）

那些想把社会科学变成"真正的科学"的人最爱的随机抽样，就是用来解决上述困难的程序。假设我们想知道一个城市有多少比例的人认为自己是民主党员，或者上次选举投票给民主党，或者在即将到来的选举会投票给民主党候选人。为追求效率，我们不想询问每位居民的认同、行动或意向，而会只询问这个城市中的一部分人。假设我们问的人当中有53%的人说他是"民主党员"，则我们希望可以说，就算我们问了所有人，其中民主党员的比例也会非常接近这个数字。

统计抽样程序告诉我们如何那样做。我们使用随机排列且绝不会发生任何偏差的随机数字表来选出我们要访问的人。这些数字中不存在任何会增加任何人中选机会的模式。我们必须使用这种神秘的程序，因为你能想到的挑选案例的其他方法，几乎都免不了失之偏颇。

这儿有一个可以说明我们会犯的错误的可怕例子。哈奇夫妇（Hatch，1947）决定研究《纽约时报》周日版婚讯广告上婚礼参加人的资料，以研究"社会地位的标准"。他们假设把婚讯登上《纽约时报》的人，可能"在纽约的社会体系里有较高的位置"（嗯，可能是这样的吧）。这也是社会学家为了开展研究一般都会做的假设。研究者决定进一步研究过去几年间每年六月发布的婚讯（这样确定样本数似乎是合情合理的，尽管研究者没做任何说明）。他们指出（这只是研究者的众多发现之一）：《纽约时报》上"没有一份婚讯公布婚礼将在犹太教会堂举行，也没有一份婚讯有和犹太信仰相关的迹象"。研究者没有对此发表任何评论，不过对于其他发现有所阐释，大多是人们认为在婚讯中哪些家庭社会特征值得强调。但关于犹太人的这个调查结果很让人惊讶，犹太人口众多的纽约，竟然没有犹太人在人们惯常刊登喜讯的地方发布婚讯。

不久就出现了对这件事的解释。卡曼在"写给编辑的信"（Cahnman，1948）中说他重做了这个研究中的犹太人部分，但不以六月，而采用十月和十一月（因为卡曼教授那时才读到这篇令人不愉快的文章）犹太人婚讯出现在《纽约时报》周日版的比例。卡曼对这个抽样的报告如下："这两个月在《纽约时报》周日版发布的 36 条婚讯里，其中至少有 13 条，也就是全部婚讯的36.1%，是由拉比主持的婚礼消息。（拉比在婚讯中被称为'尊敬的某某大人'，但是有一个方法可以知道谁是犹太牧师，就是去问认识的人。）"

为什么会出现这么大的差距？卡曼解释道：

事实上作者可以轻易地从犹太牧师或任何其他了解犹太教的学者那里知道，犹太人不会在逾越节到七七节之间的七周里，以及哀悼耶路撒冷圣殿被毁日的前三周举行婚礼。六月几乎不可避免会遇上这个或那个节日。所有正统派、保守派以及大多数改革派的犹太牧师，都固守这个习俗。

卡曼的结论是，遇上看起来不寻常的结论，作者应该进一步调查原因，或者至少也应该征询一些专家的意见，使结论更可靠。总之，研究者应该要做些事，排除由于不懂犹太习俗特征带来的影响。

在上述写给编辑的信出现时，我正在芝加哥大学上约瑟芬·威廉姆斯的统计课，她得出一个不同但更实际的结论。她指出：第一，数据中可能还隐藏着不少诸如此类的问题；第二，这种数据不一定都会导致这类引起卡曼教授注意的"不可思议"的结论。她告诉我们，作者如果使用一组随机数字选择月份，而不是自作聪明用六月的婚礼做研究，这类问题或许都能够避免。

【70】

使用随机抽样这种方法挑选案例（样本通常是人，但也很有可能是《纽约时报》的期数）的方式是，总体中每个成员都会有一个被选为样本（但通常不必然均等）的机会。接着，数理逻辑完美的现成公式就会告诉你，犹太婚礼刊登在那几期报纸上的比例（或在受访者样本里的民主党支持者比例），和总体里"真正"的犹太婚礼（或民主党支持者）所占比例不同的概率有多高。

得出这样的结果是有价值，但只有在那是你想知道的结果时才有价值。这也是我为什么在前面说问题似乎在于：部分可能无法精确代表全体，不能如实呈现出全体的重要特性——平均身高、民主党选民的比例、犹太婚礼的比例。样本的变量值与总体的变量值间的关系是一个问题，但不是唯一的抽样问题，因为可能你本来就不想知道某些变量在总体的平均值或比例。此外，还有其他几个问题。

其他一些抽样问题（Some Other Sampling Problems）

以社会科学家经常试图解决的问题为例，我们可能想知道哪类组织会是我们所研究之部分所属的全体，比如使用"总统职位"一词关联美国政府执行部门的行政机关。但带来的问题是，这里的机关指的是哪类现象？如果我们讨论的是主事的行政机关，我们的举隅究竟怎样传达了其他任何有意义或可靠的信息？在这里我们对比例问题不感兴趣，我们关注的是，一些复杂的整体的部分是否可以揭示出它的全貌（参见 Hunter，1900：122-127）。

当考古学家与古生物学家发掘出已经衰亡的社会的遗迹时，他们就得解决这样的问题。他们发现一些骨头而非整块骨骼；他们发现某些烹饪器具而不是整个厨房；他们发现某些垃圾，但不知道是什么变成了这些垃圾。他们明白，能够找到这一小部分东西就已经很幸运了，对考古学家而言，世界并不是按照让他们工作更轻松的方式组织起来的。所以他们不会抱怨研究数据这么糟糕。相反，他们从大腿骨研究整个有机体；从茶壶这么一件小小的生活工具研究整个生活方式。机器窍门可帮忙解决这个难题，从我们发现的部分来推理想象整台机器的组织。

社会科学家经常关注的第三件事是：某些现象中变量的全部范围。人们组成亲属关系的所有不同方式是什么？人们保留记录或设计衣服的方式变量的所有范围是什么？问这些问题是因为我们想知道，概括是不是将既定类别的所有成员都包括进去了。我们不想让我们举隅的特性只适用于整体中的某些次群体，甚至让有些粗心的家伙（得把我们自己也算进去）认为这是既定类别的基本特征。我们不想随随便便就假设，案例当中的某些特性是"天然"就为该类别所有成员所拥有的，是不需要解释的。人们不想跟近亲有性关系是"本能"或"天生的"吗？若说这是"天生的"限制，但对古埃及皇室却又不适用，那么我们就得修正所谓"天生的"限制的结论。我们得承认，这种限制的存在本身，需要更详尽、更明确的解释。

做到哪儿为止？民族音乐学的例子（Where Do You Stop？ The Case of Ethnomusicology）

有些窍门可以帮助我们找到有用的举隅，让我们不会遇到对

【71】

不良样本的批评。但在讨论这些窍门之前，让我们先回到上述内容所没有提到的一种替代性的研究方法，这种方法尽管不实用，却道出了一些社会科学家偶有的奇想：忘掉抽样，不再依靠举隅了，只需要得到"事物的全部"，然后把它作为研究结果告诉同行。这种研究方法尤其擅长制造诸如"完整的描述"与"复制人们活生生的经验"以及其他类似的妄想。

我们可以通过民族音乐学（ethnomusicology）这一门混合了人类学与音乐学，很有趣且通常也让人很快乐的学问，来看看做研究如果试图取得"事物的全部"会有什么后果。作为一门学科，民族音乐学的目标在于通过摆脱民族中心主义（ethnocentrism）的束缚，改进传统的音乐学，并且通过进入非音乐家难以描述与 【72】讨论的主题来改善人类学。为了达成以上有意义的目标，如我即将要解释的一样，民族音乐学试图把过去和现在的所有音乐都纳入描述范围，以解决抽样问题。

但是这样一个海纳百川的目标，迅速就产生了一个很可怕的问题。如果你不把学科范围（其思想和理论意欲解释和理解的材料的范围）限制在传统的西方音乐中（这是一般的解决办法），那么你认为应该研究、理论化与概括化的音乐到底是什么？（记住，这只是一个问题的特殊案例，但它反映的是所有社会科学家共同面对的问题，不论他们是否已经认识到这一点。你自己可以试试把这个问题套在宗教、经济或任何标准的社会科学研究对象上看一看。）

接触民族音乐学的外行都会发现这门学问的雄心壮志。这个学科长久以来回答自己及外界质疑的方式很简单，却很难令人满意。那些学科中人列举出一大堆你不能说不是音乐，却经常被音乐学思想史和理论遗漏的音乐名单。这个学科让身处其中的人们觉得他们对世界上所有的音乐负有研究与知识上的责任，包括任何社会任何人在任何地方创造的所有音乐。不只西方的交响乐、歌剧与流行音乐，还包括爪哇岛的加麦兰、日本的宫廷音乐、美洲印第安人的音乐、非洲的鼓乐、安第斯山的排笛吹乐，以及其他所有能够找得到的音乐。之后的民族音乐学家又增加了研究的音乐类型：所有类型的民歌、爵士，以及世界上其他地方找得到的西方流行乐的变体（像 Waterman［1990］的研究）。但是清单不等于定义。

民族音乐学除了把所有音乐纳入研究清单外，还把音乐看作复数形式（musics），这暗示他们打算用自己的术语处理所有音乐。每一种音乐都有其美学，民族音乐学家嘱咐自己，要像演奏者与听众一样严肃地看待音乐。研究者因此不会把其他类型的音乐视为退化，或是"我们的"音乐的未被完全认识的版本；相反的，如同音乐学家研究西方（"我们的"）传统的音乐，他们对每一种音乐都一视同仁。如果你接受这种研究观点，你就会认为任何音乐原则上都不应该被忽略。比较艺术研究的传统就有这种包容性，比较音乐学也无所不包，研究者用笔记本、照相机、录像机及目前最好的录音设备搜集各地的乐器、声音、曲作与表演。

【73】当然，民族音乐学在实践中也从来没有老老实实遵从这类研究工作。这门学科一直都得和长期以来形成的高雅偏见斗争，也就是往往过于重视其他"高级"文化视为艺术的音乐，将其视为和我们自己的音乐一样具有审美价值的音乐传统，比如印度拉迦乐或是日本雅乐等。民族音乐学经常已经摆脱了那种偏见，但是在实践中民族音乐学家永远都觉得自己有强烈的义务，觉得应该挺身而出，超越这种狭隘的地方主义。因此在撰写教科书概述其研究领域时，或在像是安排了总统演说之类的纪念场合，他们对于这种责任的焦虑就会出现。

民族音乐学这种定义领域的方式，为自己带来了一个很可怕的问题，因为在实践中，这种完整性实际上根本无法坚持。你可以追求搜集所有音乐，但这样的话搜集就变成了最重要的事。除了搜集你干不了其他事，因为有那么多的音乐等着被搜集。所以你一定要有选择的原则。我们该舍弃什么音乐而不会导致问题？把孩子们的童谣给扔了？我们能这么干吗？噢，不行，不可以丢弃，因为这些歌谣可用于了解儿童怎么被教授以他们所属社会所具有的特征来思考、感觉与行为（用一个词来说，就是社会化）。而孩子学习音乐的方式、他们的"错误"、音乐对他们而言的种种特点，这些都有趣而且重要。你看，约翰·布莱金（Blacking，1967）就用这些题材做研究，或者安托万·埃尼翁（Hennion，1988）也研究过法国学校教小孩音乐的方式（根据他的研究，他们学没学会是另外一回事）。

我们可以抛弃不"本真的"音乐吗？本真性一直是困扰民族音乐学家的问题。至少他们中间有些人就偏好过去的音乐而不是现在的音乐，比如说，他们对本真的波利尼西亚音乐遗产，比对何大来（Don Ho）在威基基海滩饭店演唱的夏威夷歌曲《甜美的蕾拉妮》更感兴趣。民族音乐学家经常希望人们不要改变玩音乐的习惯与品位，这样的音乐才能保留"地道"，不被西方（尤其是北美音乐）势不可挡的摇滚乐、爵士乐等污染。民族音乐学家在这方面像极了那些自然主义者，想拯救濒临灭绝的生物，好让地球的基因库保持最大化的多样性。

这些不满经常与音乐民族主义者的抱怨臭味相投。音乐民族 【74】
主义者想保留他们人民或国家的"传统"音乐，即便这些传统也是刚刚才诞生。埃尔马诺·维亚纳（Viana，1995）曾描述过桑巴这种欧洲、非洲多种音乐的混体是如何变成巴西的"传统"民族音乐的。比起同时存在于巴西并经常被演奏、聆听的各种音乐，桑巴其实并没有与众不同的正当性。

保存所有这些不停在变化的音乐，听起来像是一个很崇高的理想，但是这个世界很少人会用这么崇高的理想来指导行动。人们挑选他们自己喜欢的音乐，那些看起来吸引他们的音乐，那些（尽管是热烈地）展现着他们想要展现的东西的音乐，而生产与发行的人则会选让他们有利可图的音乐，等等。所以你如果有兴趣研究世界上的音乐，看起来更聪明也更务实的做法是研究人们现在弹奏、演唱的音乐，不论这音乐是由来自哪里的原始题材混合而成的，也不论你能不能复原正被人们遗弃的音乐。

这虽然无法解决该研究什么的问题，却打开了另一道门。我读研究生时，以在芝加哥的小酒吧和脱衣舞夜总会弹钢琴为生。民族音乐学家是否应该研究世界上每个城市、每条街上的酒吧里弹钢琴的音乐家（比如我这样的）？没有人认为1900年左右出现的拉格泰姆[1]值得研究，这个主题肯定能产生好研究，比如研究它的起源，可惜没有。如果有那种研究，不是很棒吗？假如民族音乐学家使出他们关注美国原住民音乐的力气，把这种研究做出来，不是很棒吗？当然会很棒。

但是为什么要把研究限制在以音乐为生的专业人士？我们难道不能像研究美拉尼西亚社会的音乐仪式那样，研究美国所有唱"生日快乐"歌的仪式？或稍微合理些，对这种歌唱抽个样来研究？这不行？为什么不行？

我不继续讨论这个例子了，因为观点已经清楚了。总结一下，我们总是希望把每样东西都囊括其中，因为它们全都符合定义，全都可以作为严肃研究的对象。（现在应该很清楚了，我谈的其实不只是音乐。）但是我们无法研究一切，有个实践上的原因最显而易见：我们没有人力搜集所有音乐，而如果我们真这么做的话，我们也不知道怎样处理那么多搜集到手的细枝末节。这一点就和口述史的问题一样。"新"历史学家（参见 McCall, Wittner〔1990〕）让我们相信，每一个人的生活都很重要，但是我们无

---

1 拉格泰姆（ragtime），美国流行音乐的一种，采用黑人"爵士"音乐切分音节演奏的旋律演奏，盛行于第一次世界大战前。——译者注

法搜集**每个人**的生活，假如我们那样做，我们会淹没在所有的生命细节里。电脑数据库帮不了我们，因为淹没我们的是概念而不是机器。

社会科学对这个问题没有简单的答案。社会科学家也许可以赋予这个问题比较的观点，但是会发现找出全世界对一个领域的各种定义是不可能完成的任务。科学与学术素养够好的社会学家也许会进一步发现，对无解之题总有实际答案，这种答案并非来自研究本身的逻辑或论证，而是基于组织性资源与竞争这个铁的社会事实。我认为（虽然我没做过相关研究来验证这个假设）民族音乐学的研究范围，是由它在学术等级中的地位决定的，这种地位造就的研究和其他学术活动的资源决定了研究范围。这也许是一个民族音乐学家要直接去面对的话题，而不是继续争论这学科研究领域的合适边界在哪里。乔治·马库斯（Marcus，1986）与保罗·拉比诺（Rabinow，1986，尤其是在第 253-256 页）讨论人类学在学界的地位对于人类学研究的影响，或许可以作为讨论的模板。

其他社会科学家也许会觉得自己的处境比陷入黑暗的民族音乐学家高明得多。民族音乐学家没有领会到"研究一切"是不可能的，也不理解关键在于找到方法避免陷入此困境。不过社会学家也不必自觉高明。社会科学的每个领域，都有它自己对于完整性的渴望。对社会科学的某些学科来说，完整性是一个大档案柜，包含所有做过的调查的所有数据；对其他学科来说，则希望借着新的录音或录像设备，让不可能的"完整描述"成为可能。我们都有了更好的获取资料的方式，但我们仍旧渴望"得到一切"。

民族学方法论的祖师爷哈罗德·加芬克尔曾经让几代方法论圈子的研究者很不安，因为他坚持社会科学终究是一种"实践活动"，也就是说，研究工作总有要结束的时候。没有人可以无止境地做研究，因此不得不走捷径，而这必然与"研究理应如何做"

相抵触。

　　举个这么长的例子，只是想说明我们为什么要执着于如何抽样举隅，又为什么要这么做。深入理解了抽样之后，让我们回到这个概念本身：抽样就是我们根据所见，去描述我们未看到的那些东西。请记住我们这样做是有理由的，而不仅仅是因为我们习惯了用这些方式取得样本，并在给定的置信范围内，以此样本测量总体而已。

【76】

　　我刚放弃完整描述的想法，现在却要反过来，以"理想的"充分而完整的描述为基准，思考形成抽样举隅方法的每种方式，将其结果与基准相对照，这样思考对比的结果和我们想确定的一些社会现象可能是相关的。我这么主张，并不是因为我认为这种完整描述是可行的，而是因为这个基准可以告诉我们：当我们做选择时，不可避免地会把某些部分遗漏在外。

　　然而，什么是"充分且完整的描述"？

　　要详细到什么程度？要多少分析？（How Much Detail？How Much Analysis？）

　　我教田野研究课程时，总是坚持让学生写下"每一件事"，以这种方式开始他们的观察和访谈。也就是说，我不想他们做抽样，而要他们报告"相关"事件的一切。一般来说，学生们并不情愿这么做，即使我一再苦口婆心地引导。学生会说自己不能那样做，或是无法"忠实地"那样做（其实他们的意思是他们的记录既不完整也不精确）。我跟他们说，除非尝试过，不然他们不会知道自己有没有能力那么做，而且试试写下一切绝对比一个丢三落四的说明更精确。我建议他们去刻一个"这份报告并不完整或不完全精确"的印章，然后盖在每一页笔记上，以平息他们内心的罪恶感和懒惰感。虽然我是在开他们的玩笑，不过在他们迟疑的表情底下，隐含着合理的谨慎：他们被要求去做的事，我们已经知道在大范围里是行不通的。

当然，就算是小范围，这个任务也不可能完成，你就是无法写下"每一件事"。这并不是在说教师没有办法写得比学生写的要多。但是学生是对的，人们没有办法把每一件事都写下来。

我还发现，学生自以为是直接描述，往往却不然，他们的所见都已经是一种经过设计的分析性摘要，用于逃避不要抽样而要报告每一件事的要求。因而，"病人进了诊疗室，很不耐烦地等着医生看病"这个句子并不包括对某人实际上显得不耐烦的观察的报告，也没有基于这种描述的样本可以得出的结论。相反，这句话总结并诠释了作者实际看到的许多事：人们在诊疗室进进出出，坐立不安，看着他们的手表或墙上的钟，习惯性漫无目的地发出不耐烦的声音，也许他们正希望别人也和他们一样露出不耐烦的表情，等等。【77】

假设真有直接而不解释的描述，会是什么样子？即使避免解释原则上是不可能的，你还是可以比大多数人在纯描述的方向上走得更远。法国小说家乔治·佩雷克（Georges Perec）是"白描"的伟大实验者，他为法国广播网做了一个实验，戴维·贝罗斯在他为乔治·佩雷克写的传记中，描述了这个实验：

1978 年 5 月 19 日，在巴黎圣日耳曼大道，马比戎广场，天井咖啡店（佩雷克通常叫它水族缸咖啡店）外设置了一个移动录音棚。广播史上最奇怪的实验即将登场。一位以描述事物细节与内在朴实一面而闻名的作家，花了一整天时间，用真实的时间长度去描述他眼前的所见，麦克风则录下所有的一切。显而易见，佩雷克几乎没有时间喝咖啡与用餐，实验在五个小时录音后结束。后来佩雷克与制作人勒内·法拉贝编辑了这些录音，剪成大约两小时长的幻想般的听觉经历，在 1979 年 2 月以《1978 年 5 月 19 日马比戎路口未见之所见描述》（*Tentative de description de choses vues au carrefour Mabillon le 19 mai 1978*）为名放送了该节目。

这个实验证明了什么？当琐事超越理性的限制，它就成了诗，而重复也就变成了韵律。虐待与沉醉的界线是模糊的。也只有佩雷克能如此自制（他从不评论他看到的东西，只是说：另一班68路公交车，三辆红色的车，一位小姐牵着狗……），谦逊，和十足的胆量让他接连度过四个小时，直到最后。

列举的艺术真不简单。（Bellos，1993：640）

列举的艺术确实不简单。这里指的是不加任何评论的列举。佩雷克并没有说"他看起来好像急匆匆地带着买来的东西赶回家"或者"这两个人好像在八卦一个不那么熟的人"这一类你也许会期望小说家或别的什么人写的文字。以下是佩雷克的描述（这段引文是从已出版的研究片段中摘录出来的，来自另外场合的观察与记录，至于贝罗斯所提到的资料则没有任何的书面材料）：

【78】

1971年6月12日，星期六，三点左右。

天井咖啡店。

一辆灰色的警车在利普服装店前面停下来。三个女警察下车，手里拿着她们的交通罚单簿。

利普服装店旁边，有一栋黑色的建筑物正在修复或正要拆除。木制的围墙围着这块地。围墙上有三则广告：第一则是"树下的房子"（广告标题被一整排的黄色肖像挡住了，我想肖像下的字是"Passionaria"）；第二则广告是"起飞"；第三则是"你对女人总是太好"（广告标题被紫色、白色的问号挡住，我知道那是邀请公众讨论共产党竞选人洛朗·萨利尼的海报，几秒钟前我才靠近看过）。

在布齐路与圣日耳曼大道的交叉路口，有一根竿子，竿子的三分之一处，插着一面法文的旗，是鲁奥展览的宣传旗。

在前景，架着链条，防止行人穿过马路。有人在链条上挂上了 CREE 杂志的小海报，杂志上写着"首个关于艺术与当代环境设计的法文杂志"；杂志的封面是一个栅栏。

交通不繁忙。

咖啡馆里没什么人。

暗淡的阳光穿过云层。冷。

人们：一般而言看起来孤独而闷闷不乐。有时成双出现。两个年轻妈妈带着小孩；女孩三三两两走着；没有什么游客。很多人穿着长雨衣与（美国）军用夹克与衬衫。

街对面有一个报刊亭；

汽车：勒芒锦标赛[2]

罗密·施奈德[3]被起诉！

周末：一台相机秀出了赢家！

（我的视力还是很好！）

另一辆警车（从我到这里开始这是第三台）。

我常常看到他在闲逛的一位朋友沿街慢慢吞吞地走着。

（这是一种对走路方式的素描吗？大部分的行人都是在闲逛、慢慢吞吞地走啊，看起来似乎对于自己身在何处没有任何想法。）

咖啡馆露台的一对情侣挡住了我的视线。 【79】

天开始下雨了。（Perec，1980：33-34）

以上是不带阐释的描述，也可以说是纯粹事实的观察，然而上我田野课的学生却常误把阐释当作纯粹的观察。

像这些学生一样，社会科学家经常期待阅读过程中能被提供

---

2 法国在勒芒（Le Mans）举行的方程式赛车锦标赛。——译者注

3 罗密·施奈德（Romy Schneider, 1938—1982），因主演《茜茜公主》三部曲而红极一时的奥地利女明星。——译者注

这种阐释，然后以此阐释为基础写下他们的研究。他们认为研究细节是概推的基础，透过样本阐释细节的意义，进而概推。但是这些阐释也许并不如社会学家们所想的那么有必要。我们可以从未经分析的观察中收获更多。描述和阐释如何达到适当比例，是每一个描绘社会世界的人所要解决或妥协的实际问题。

（每个人都知道没有"纯粹"的描述。所有描述都需要经过选择，因此都反映了托马斯·库恩所说的"理论渗透"［theory laden］的观点。完全去除选择的必要性以及隐含的观点是不可能的，但这么说并不是意味着解释程度不存在区别，即某些描述可能比其他描述少一些解释性［或者应该说传统意义的解释比较少］。我们甚至可以说某些描述具有较少的推断成分。比如，比起说他"走得很快"，说某人"看起来很匆忙地带着买来的东西回家"，在描述上就带有更多对于动机的推断。）

社会科学家预期从他们自己或他人身上得到阐释。一般来说，他们会想减少必须处理的题材量，然后将这些少量题材当成解释自己想法的案例与证据，而不会认为题材各有各的价值，每一个都不容抛弃。他们不想要大量（经常被标签为"纯粹的"）描述或细节的资料。统计学家约翰·图基曾经指出，大部分图表所包含的资讯比一般人想要的或需要的多得多，然而大多时候我们只是想比较两个数字，看看它们是否相同，或者一个数字是否大于另一个；而其他方格里的数字则是噪声，只会干扰我们寻找有用的信息。

不过，事无巨细的描述仍有值得推荐之处，但是排除了贝罗斯所说的诗与韵律的可能性之后，我们无法期望社会科学家会认真对待。一个只是偶尔做研究的人仍会觉得搜集大量的细节是研究的入场券。罗格·巴克在他一本很棒却没有人效仿的书里（Barker and Wright，1966），采用大量的细节，描述一个堪萨斯男孩的一天。格雷戈里·贝特森与玛格丽特·米德（Bateson，Mead，

1942）也用这种细节描述巴厘岛村民的内心生活，诸多口语的描述之外还附带数百张照片。这种描述法有个知名的实例，即摄影师沃克·埃文斯跟作家詹姆斯·阿吉合写的《现在让我们来赞美名人：三个佃农家庭》（*Let Us Now Praise Famous Men*： *Three Tenant Families*），我将用这个例子做进一步说明。【80】

1936 年，作家詹姆斯·阿吉和摄影师沃克·埃文斯受《财富》（*Fortune*）杂志的委托到亚拉巴马州找资料写一篇图文并茂的故事。这些题材后来写成《现在让我们来赞美名人》（Agee and Evans，1941）出版。首版并不畅销，但后来被视为经典，不过究竟被归为哪一类经典我并不清楚，也许是文学吧。但我很乐意把它列入社会学，尽管我想很多社会学家会不同意我这么说（他们会说抽样不良啦、不够科学啦……）。不管哪种情况，我们可以肯定的是，这本书是细节描述的杰作，让你看到最详尽的社会科学描述需要包含多少记录和概推。因此它所引起的抽样问题，甚至比佩雷克对巴黎街头的描述还要重大。如果想对要描述的事物有更详尽而完整的抽样，我们需要的就是这种描述。

该书的扩展目录透露了这些细节的程度。有一部分名为《住所：概述》，在细目录"古德戈的房子"中，包含了如下的标题，各标题下皆有够分量(也就是说有好几页)的描述，我随后会引用：

一栋孤零零的房子
房子前面：它的整体构造
房子前面：立面
·

房子里的房间
·

玄关
四个房间的结构

　　书中有四十五页描述这位佃农的简陋木屋，读者早已从放在正文前的沃克·埃文斯拍的照片集中见过。以下两页则在描述"祭台"（也在照片集中出现过，读者可以将图文两相对照）：

（前卧室的）三面墙呈直角，斜梁，内陷的表面凹凸不平的松木护墙板。隔墙是由狭窄的水平刨木板组成，木板彼此紧密结合；这片木板是另一种品质的松木，细长的纹理，黄色与丰富的铁红色，表面很光滑，像抛过光那样，闪着柔光，几乎像一面大镜子：它是房间其中的一面墙，可以用来装饰的墙，也是唯一有装饰的墙。在墙的中央有壁炉架与方形的壁炉框，涂了一层薄薄的蓝白色油漆。在壁炉前面，有一张比壁炉框略宽的小桌子。在它的下方，可以看到壁炉和炉膛清理过，但灰砖还是黑黑的，还有一双鞋。现在我要讲在桌上、壁炉上与散布在墙上的东西。

桌子：涂的是蓝色汽车油漆，一块白布，沿着桌边垂下。在白布中央，放着一个有凹槽的绿色小玻璃碗，碗里一只白色瓷天鹅，朝北立着。

壁炉架上面，一面色彩鲜艳的墙，距离架子朝里各六英寸的地方，两边各放着一个样式简单的小花瓶，卵石纹理闪着彩虹色。花瓶中间，放着一个有凹槽的茶碟，压在花边粗糙的牛奶色玻璃杯下面，这是露易丝的妈妈给她的，经常让露易丝想起妈妈，这是她最珍惜的东西。壁炉四周镶着松木边，有一道宽宽的白色花边，是古德戈太太把折了很多次的薄纱纸剪成镂空几何图形的花边，她总是尽力让她的房屋看起来很美丽。【82】

墙上，或涂或钉或缝或刻着的装饰品，每一个都摆得开开的，彼此间很不对称：

一个小小的八边形框架，用象牙白与黑色的细柳条或秸秆包着，相框的玻璃破了。里面有一张褪色的相机快照，没有填满相框。低落的、灰色的、看起来死气沉沉的土地延绵到深深的地平线后面；往后二十码，在佃农屋子的一个角落，前景中央，有两个女人。安妮·梅的妹妹爱玛，12岁，穿着拖鞋、长袜与周末礼服（Sunday dress），有一点羞怯地站在那儿，她有一双迷茫的双眼，对于自己的外表和有点中性的样子感到不自在；还有她们的母亲，又胖又高，穿着因为刚做完家事而湿透的周末礼服，她的大手松弛地斜靠在大腿旁，她看起来强壮、疲倦而高贵，她的脸模糊了，几乎辨认不清，就好像她已经死了，某种神秘的力量使她那种被丈夫精心教导的状态已逐渐淡去，而就在她们这么站着的时候，都可以看出这种状态已在她身边的小女儿身上继续勃勃兴起。

日历上面有某个品牌鞋子的广告，画了一个嘴唇红艳的美丽黑发女人，她戴着宽边红帽，手抱红色花朵，标题是谢丽（Cherie），用铅笔写了两次，是女学生的手迹：露易丝，露易丝。

日历上面有分期付款家具的广告：一张浅色的图片，上面是一个穿着新衣的12岁男孩，戴着一顶被匠人做了撕边的宽松新草帽，正在钓鱼。标题就是钓鱼。

小钉子上斜挂着一个链子，一个打开的椭圆形玻璃吊坠。这个吊坠的其中一面，有一张有色的耶稣画像，他的右手在祈祷，他的红心是燃烧的金色光环。在吊坠的另一面，是同一个画家所画的圣母祷告像，她穿着蓝色衣服，她的心也一样有光环围绕，有七把小剑插在上面。

【83】　　从廉价的儿童故事书撕下来的图片，涂满了亮毛皮色，仿佛它们应该就是这样子的，标题如下：

当哈珀坐在他自己的壁炉旁时，他比国王还快乐

她把小王子抱在怀中然后亲了他（"她"是放鹅女孩。）

从一个锡罐头上撕下来的鲜红色纸条，印着一条白色的大鱼，上面写着：

SALOMAR

高品质鲭鱼

在壁炉架右边，漆着白灰涂料，螺旋形状，有小孩的手印。

每个人读了这些描述都会得出这样一个结论：在这种环境里

生活多么悲惨。我们不需要阿吉清清楚楚地告诉我们，从这些资料我们自己就能得出这个结论，还能得出其他很多东西。这就是大量描述可以达到的效果。

范畴之外：找到不合者（Beyond the Categories: Finding What Doesn't Fit）

描述与范畴（Description and the Categories）

这些描述对我们有什么用？也许最重要的是，它能帮助我们摆脱传统的思考。要恰如其分地描述与分析社会现象，主要的障碍是我们往往自以为已经知道大部分答案了。我们把很多事视为理所当然，毕竟我们是社会里称职的成年人，知道每一个成年人该知道的事。如一般人所说，我们有"常识"。比如我们知道学校是教育学生的地方，而医院是用来治病的。"每个人"都知道这些。我们不会质疑众所周知的事，那样会显得很白痴。但是既然每个人都知道的事就是我们的研究对象，我们就应该要质疑它，或者至少先不要妄下判断。我们应该自己找出学校与医院是做什么的，而不是轻易就接受传统的答案。

这里突然增加了一个古老的哲学问题："范畴"（categoriy）。我们怎么才能知道那些限制并驾驭着我们思考的基本范畴，并且把它纳入分析？这些基本范畴是如此"正常"，以至于我们都忽视了它们的存在。禅宗修炼、冥想练习、创造力训练、头脑风暴及其他类似的练习设计，都是用来让人们找回并重新界定日常的主题。这些主题往往模糊不清，也没有明确的定义。这些练习的目的，经常是为了消除表面上的文字在我们与真实之间所制造的障碍。视觉艺术家罗伯特·莫里斯说："所谓看，就是遗忘我们所见之物的名字。"约翰·凯奇（John Cage）所作的著名曲子《4'33"》，叫钢琴家坐在钢琴前持续4分33秒却不演奏，就

【84】

是为了让在场的观众在这段时间里注意四周的声音，聆听四周一直存在却没被听到的声音。这些声音没被听到是因为那不是"音乐"。称谓，及其所指涉的思想，使我们无法看见眼前的可见之物。

你可能会认为社会科学家理所当然都会想要一个社会法则或通用理论以覆盖所有应该包含在内的案例。同时又想要（又是理所当然地）系统地调查所有可能适用的范围，并采取一切必要的步骤，找出每个可能存在的次类别。你可能认为，范畴问题是永远存在的焦虑。社会科学家时不时谈到这个问题，可是他们经常将它当成一个哲学难题，一句话就打发了（"我们怎么可能逃脱自身的文化限制？""没办法，这看起来逻辑上是不可能的"）。

事实上，社会科学家很少把范畴问题当作想要去解决的实际问题。完全相反，他们通常会集中精力，投入到其领域中被公认是原型的少数案例中去，显然他们相信，只要能解释清楚那些案例，其他所有案例也会迎刃而解。比如要研究革命，我们会研究美国、法国、中国与俄国（有时候还包括英国）革命。这并不意味着历史学家和其他学者都忽略了在世界各地以及在历史上发生的其他上百个革命，问题在于，这少数几个案例变成了塔尔科特·帕森斯所说的"范例"——也就是说，这些案例成为了这些研究领域的核心。范例其实是个完全误导人的措辞。

你想啊，在对工作的研究中，有相当长的一段时间，人们致力于研究医学与法律职业。虽然其他类型的工作也有大量研究，但医学和法律职业（及其他可称为职业的行业）仍是研究者的偏爱，相比其他工作占有很高的比例。比如在越轨研究中，触犯某些刑法（通常是穷人犯的法）的犯罪行为，就比商人与中产阶级人士的犯罪行为更可能被研究。这个差异仍旧存在，即使埃德温·萨瑟兰已经建立了一个他称之为"白领犯罪"的完整的研究领域。

（我会在第 4 章"概念"中进一步详细讨论这些例子。）如果我们研究社会运动，我们一般也只研究成功的社会运动，而不研究失败的案例。

要避免像这样陷于专业化范畴而不能自拔，一种有效的方法正是像阿吉与佩雷克那样做大量细节描述。这些翔实的细节描述，未经概念与理论过滤，所产生的观察结果和既有的范畴会格格不入，这会促使我们去创造贴切的新概念与新范畴，而不必硬套。这就是我之前提到的"其他"抽样问题中的一个。如果我们把对于想要描述的事物的选择，称为一个关于抽样的问题——所有我们能观察到的关于人、情况或事件的一切，都要包含在我们观察样本中吗？那么解决这个问题的通用方式是，我们自己要勇敢面对那些把我们踢出传统范畴、传统问题陈述与传统解决方法的事物。

这种解决方式带出了另一种困境。根据库恩（Kuhn，1970：18-22）的说法，只有当科学家就"什么问题及其解决办法看起来应该怎样"达成共识，也就是当他们使用定型了的范畴时，科学才会进步。世界的实体是由什么组成的、什么样的问题和答案是合理的——假如每个人对这些的看法都不同，那么每个人都用不同的方式行事，结果就无法积累任何知识。这就是库恩描述的情况：有很多科学家，却没有科学。然而，科学家只有忽略眼前的真实世界，闭上眼睛几乎不看现成的数据，才有可能对应该观察与研究什么达成共识。不过，我认为这种困境其实只是一种张力而已。有一个达成共识的传统研究方法是好事，但是不时地尝试一下挑战共识也不赖。

我们要怎么找到不符合范畴的案例？方法就是我们要注意所有的实际数据，而不可以忽略不方便处理或没有吸引到我们注意的数据。或者我们还可以看看是什么阻挡我们寻找到那些不符合的案例，不管这个障碍是传统的研究技巧还是概念性盲点，我们要辨识出这些阻碍，制造出解决这些问题的窍门。

一切皆有可能（Everything is possible）

我们可以想象出任何东西，一切皆有可能，这个主张是所有窍门中最简单的一个。我们应该找出我们所能想到的最不可能的事，然后把它们的存在或存在的可能性纳入我们的思考。我们如何想象这些可能性？对于找什么数据，然后记录什么，以及把什么纳入我们的分析，我一直坚持一定要仔细选择，而不是固守旧习；然后进一步有系统地使用我们目前拥有的数据，避开传统范畴设下的陷阱。这里，随机抽样帮不了忙，除非付出相当大的代价。记住，随机抽样的设计是用来均等化每个案例（包括异例）被选中的概率。这和为了避免落入传统思考的陷阱而设计的抽样方法是完全不同的：后者的目的是要最大化异例出现的概率。

现在让我们来看看艾尔弗雷德·林德史密斯（Lindesmith，1947）检验他的"麻醉药物上瘾的起源理论"时遇到的问题。简单来说，这个理论是：当人们使用药物的频率和用量大到产生戒断症状[4]时，他们就会对鸦片、吗啡或海洛因上瘾。但是林德史密斯观察到人们也可能经由另一个渠道对麻醉药物上瘾——比如因车祸入院，很痛苦，需要长期治疗——并且还没产生典型的瘾君子行为，也就是无法克制地甚至不惜任何代价地寻找毒品。发生这种情况还得符合两个必要条件：用药物已成为习惯，潜在的成瘾者现在必须停止用药并且体验戒断症状的痛苦；此外，他们必须有意识地把戒断的痛苦与停止使用药物相互关联，因为并非每个人都会这么联系。然后他们必须得是根据认识采取行动，使用更多的药物以减轻戒断症状。这些步骤不断反复发生，最后就会

---

4 指停止使用药物或减少使用剂量或使用拮抗剂占据受体后所出现的特殊的心理症候群，其机制是由于长期用药后突然停药引起的适应性反复。——译者注

造成强迫性的行为——药物上瘾。

　　当时著名的统计方法论学者 W.A. 罗宾森批评了林德史密斯的样本（Robinson，1951）。林德史密斯从任意抽出的少量样本，推论到一个大的总体（所有美国吸毒者或是全世界的吸毒者）。罗宾森认为林德史密斯应该使用随机抽样的方法取得适当数量的样本（假设抽样总体是监狱犯人或是曾因为使用麻醉药而有逮捕记录的人）。林德史密斯（Lindesmith，1952）回应说随机抽样的目的是想要确保每个案例都有一个可知的被选为样本的概率，而研究者使用随机抽样的程序，则是要确保可以推论出某些现象在总体以及总体的次群体中的分布。所以他辩称，他的上瘾行为 【87】 研究并不适用随机抽样的方法，因为他感兴趣的不是分配，而是一个普遍过程，即一个人如何变成吸毒者的过程。他并不想知道任何一个特定案例被选为样本的可能性。他是想要最大化负案例出现的可能性。（这里他预示了多年后 Glaser 与 Strauss［1967］所描述的"理论抽样"[theoretical sampling] 程序。）

　　因此，这个窍门就是**辨识并且找到可能会颠覆你思考的个案**。埃弗里特·休斯教过我一个很好的方法。他喜欢引述罗伯特·穆齐尔的小说《没有个性的人》（*The Man without Qualities*）中男主人公所说的话："无论如何，事情有可能会是另一番样子。"我们不该假设事情是不可能的，简单说就是不可能发生的。相反，我们应该要想象最大的可能性，然后思考事情为什么没有发生。传统的观点是，除非有某些特殊理由，不然"不寻常"的事不会发生。"我们要怎么说明社会规范的瓦解？"根据休斯的引导，你可以采取相反的观点，假设每件事发生的概率相等，当某些事没有如预期中的频率发生时，我们就可以问为什么会这样。"社会规范当然会瓦解。可是我们如何解释它们的持续存在？"

　　从这样的练习中你一定可以学到，所有想象中不可思议也不太可能发生的事实际上发生过，事实上这些事一直随时都在发生，因而你其实没必要去想象。精神科医生奥利佛·萨克斯谈过他在办公室第一次看到抽动秽语综合征（Tourette's Syndrome）的案例。这种病是一种精神上的混乱，患者会突然大声说话、无法自控地咒骂，爆出一大堆脏话。当时，他被这种"罕见"的现象吓坏了（Sacks，1987：93-94）。可是当他离开办公室回家，在去地铁的路上，看到了好几个患有他现在称为抽动秽语综合征的人。他得出结论，这些案例其实早已大量存在，只是他还没有准备好去看而已。

因此，虽然它们不一定会出现在你认为它们会出现的地方，但如果你一直睁大眼睛观察，就会有真实案例去研究。即使这个案例来自小说或科幻小说，也同样符合我们的理论追求，就是想象"不寻常的事件"发生在什么环境，又是什么原因让事情不会一直发生。

"一切皆有可能"，换句话说，就是要命令自己"看整个表格，而不是表格中的几块小方格"或是"找出所有方面的案例，而不只是当时流行的少数案例。"以上二者用另一种方式道出了这个【88】休斯十分重视的窍门。让我们探索一些影响我们找出案例全范围的障碍，找出克服的方法，把这范围变成理论上的优势。这些问题通常是概念性的，往往在我们以为某物为真的时候出现，这导致我们不会进一步研究它所发生的情境。但如果真去研究了，一定会发现异例来改进我们的思考。这些问题因此也是社会的问题，或者是社会学的问题，因为这些问题根植于社会组织的特性中，根植于我们工作生活所处的社会组织中，这就是我们对这些障碍视若无睹或不愿解决的原因。

别人的看法（Other People's Ideas）

一个无限可能的世界会让人困惑，多到无法处理的事实与概念会有淹没我们的威胁，所以当我们做到一定程度，足够说服自

社会学家的窍门：
当你做研究时你应该想些什么？

己已经知道得够多时，我们会很高兴，因为如此一来，我们就可以忘掉穷尽描述的窍门要我们注意的某些可能性。高兴的原因还有很多，但是一定和研究者接受了其他人认为什么是最重要的、有趣的和值得研究的看法有关。别人下那些判断总有他们的理由，但是那些不是我们的理由。我们可以尊重他们的意见，但是我们不需要、也不应该把他们的意见，当作决定自己的样本要收集什么案例和数据的基础。哪怕别人是自己的专业同行时也是如此。

"大家都知道！"（Everybody Knows that）

形形色色的科学家都想有"新"发现，而不只是要耍旧把戏。这可以看作是对托马斯·库恩（Kuhn, 1970）的"科学革命"（scientific revolution）概念的一再误读。每个人都想在他或她的研究领域中创造出科学革命。我们希望不仅仅发现一些平常的、只适用于既有社会科学理解范围的事物。学科领域中的每一项发现，每一个小小的进展，都会被炒作说成"革命"。这其实忽略了库恩的分析，他说科学革命是罕见的，同一个学科的研究者只有持续在同一问题上进行研究才能再有所长进。

尽管如此，我们大多数人并不奢望制造科学革命，但我们希 **【89】** 望至少不要研究"已经为人所知的事"或已经被研究过（至少我们以为如此）的东西。我们认为只要特定的事物之前没有人研究过，所有的研究主题都是正当的。为什么要研究生产限制？唐纳德·罗伊曾经做过（Roy, 1952, 1953, 1954）这样的研究。但迈克尔·布洛维没有知难而退，继续研究相同的主题（Burawoy, 1979），而他的研究也增进了我们对这个问题的理解。非常巧合的是，布洛维研究的正是罗伊曾经研究过的车间。车间仍在同一栋建筑物中，但条件变了。不再是独立的小车间，而是大企业的一部分，因此不需要在市场竞争中杀出生路，现在这家更大的企业为它生产的产品提供市场保证。工厂现在也有了工会。所以他可以再研究同一个问题，即管理层如何收买工人、完成目标？同样的问题，但现在是发生在新条件下的研究。

这就是基本问题。任何事情不可能一成不变。没有一件事情会跟其他任何事情一样。我们研究的世界和物理学家的世界不一样，他们从架上抽取出一个纯粹物质的样本，这个样本和世界上其他科学家操作的同名的物质，特性不会有差别。而我们社会学家的"物质"则没有一样是纯粹的。从历史来说，这些物质都是在历史过程中出现的，又受到地理因素影响，是各种过程混合的结果，而且没有两种混合会一样。所以我们不能因为有人研究过了就忽略这个主题。事实上这是一个很有用的窍门——当你听到其他人说，我们不应该研究某某东西，因为有人研究过了，此时就是你下手研究那东西的好时机。

人们经常指手画脚："那个已经有人做过了。"尤其常常对寻找论文主题的学生这么说。"研究那个没有意义，琼斯刚刚发表这个主题的论文了。"这种说法的背后藏着一种严重的谬误：有相同名称的东西就是一样的东西。显然事实并非如此，研究"相同的东西"经常根本不是真的在研究相同的东西，只是碰巧有人决定要用相同的名称而已。有人研究监狱犯人的文化，并不意味着你不能研究。这里我不再多说，我会在第4章"扩展概念的范围"这一节讨论这个问题（关于监狱例子的讨论最后也会继续）。

【90】　可信度层级（The Hierarchy of Credibility）

社会科学家往往不研究现象包含的全部范围，因为我们所研究的组织的运营者，认为我们不需要研究某些其实应该纳入样本的案例和主题。他们向我们保证，如果我们需要知道任何他们定

社会学家的窍门：
当你做研究时你应该想些什么？

义为"问题"之外的事物,他们会告诉我们所有相关的一切,因而我们没有必要进一步深究。但如果我们接受了这样的前提,我们自己的研究内容就被他们的想法控制了。

我曾经在其他地方把这种现象定义为"可信度层级"(hierarchy of credibility):

在任何有等级区分的系统中,最高层的群体成员有权利定义事物真实的方式,参与者都认为这是理所当然的事。在任何组织中,不管组织架构具体是何种形式,信息的来源(流动的方向)都指向上方,因此(至少是官方的)这些高层人士比其他任何人更接近事物的完整图像。较低层的群体成员拥有的信息并不完整,因为他们只能看到部分,甚至是结果被扭曲的真相。因而,从一个系统中社会化较好的参与者的观点来看,上层说的故事,本质上都是最可信赖的对组织运作的描述。如同萨姆纳(William Graham Sumner)所指出的,等级与地位的问题隐藏在道德观念中,这种信念有一种道德性质。假如我们是群体中循规蹈矩的成员,在道德上我们就必须要接受,等级高的人施加于现实的定义优先于等级低的人施加的定义。(以此类推,这个论点也适用于社群里的社会阶级。)因此,声音被倾听的可信度和权利,按系统的等级而有差异地分配。(Becker,1970:126-127)

所以大学校长与学院院长、公司经理、医院管理高层,以及监狱长都认为自己比任何一个下属更了解组织内情。

但研究者如果接受了这种看法就会出现问题。如果我们转而问领导人组织与社区的运作,就不可避免会漏掉这些人认为不重要的事物。当我们接受高可信度层级提出的看法时,我们感觉自己富有经验且是有见识的。接受他们的看法很有吸引力,因为我们毕竟是社会中被良好社会化的一员,若不是这样,我们也不会 【91】

有今天。并且，质疑这种看起来显而易见的声望与利益分配，不仅怪异而且会让人感到不安。回到之前的章节提到过的案例，教育者认为社会学家研究学校问题，应该研究学生，因为是学生不用功才造成问题。即使你要研究老师，和老师谈也没有用，更不用说研究学校行政人员了，因为按照定义他们不会是"问题"。而我们也会对自己这样想："这些人管理学校，他们一定懂得很多，为什么我不该接受他们对事实的定义？"当然，我们也知道这些领导者不一定总是知道所有事情，这也是他们肯让我们做研究的原因之一。（但是如果你得出了他们不喜欢的答案，他们就一定会知道。）

处理可信度层级的窍门，再简单不过了：**质疑任何权力人士告诉你的一切**。组织总是拿出最好的一面呈现给公众。负责机构活动与声望的管理者总会撒点谎，对很多事情避重就轻、隐藏麻烦、否认问题的存在。他们可能是诚实的人，但是社会组织给他们理由说谎。一个社会化良好的社会成员可能会相信他们，但是一个社会化良好的社会科学家就要朝最坏的方面去想，并找到答案。

有一个方法可以让你确认你的怀疑是对的，就是寻找"其他观点"——寻找组织中位于其他位置的能给你不同看法的人，寻找其他人搜集的资料而不是官方给你的资料。如果你研究学校，当然你会从校长、老师及学生那里搜集信息，但是也试着和校警、职员与秘书聊一聊（也别忘了其他过去曾在学校工作的人）。

另一种摆脱可信度层级的方式是，寻找组织中的冲突和不满，领导者往往会否认它们的存在。埃弗里特·休斯有一个很棒的办法对付这个问题。当他采访某个组织的成员时，他会以中西部人的纯洁眼神问："这儿有什么事比以前更好或更坏呀？"这是一个精彩的问题——几乎每个人都会回答这个问题，既问及了组织

社会学家的窍门：
当你做研究时你应该想些什么？

里突出的大事，却又没有预设立场——不提哪些事情更好或更坏，也不说好坏的标准应该如何。

这无关紧要，这不是个"真问题"（It's Trivial，It's Not a "Real problem"） 【92】

我的研究不止一次像这样被人批评。就如同人们认为悲剧在一些方面比喜剧重要（你可以看得出来我并不这么想），一些问题在本质上看起来就比较严肃，也比较值得成年人关注，其他问题则无关紧要，如同生活这张墙纸上的污点一样。只有当事情很令人震惊、有色情意味，或是很新奇时，才会引人注意。对社会科学家而言，研究这些寻常的想法，是他们避而不去研究更值得关注的更全面的社会活动的一个寻常理由。

我很早就对上面这种观点免疫了，因为我自己的研究总是摆放在"严肃"与"不严肃"的主题之间，我已学会不为此感到焦虑。为了硕士论文，我开始研究芝加哥街头巷尾的小酒吧与俱乐部里的乐手。他们也为婚礼、犹太教受戒仪式及其他社会事务伴奏。我曾经也是这些乐手当中的一员。他们的职业在社会大众的眼里并不像医学或法律那么有价值。他们也非主流产业的工人，行为并不足以吸引到那些公司经理的关心。总之，不会有人以这样那样的方式注意他们就是了。他们不会做任何坏事（除了吸大麻，不过也没有人关心他们那样会伤害身体），也不会颠覆任何有权力的人，他们只是娱乐产业中小小的一颗螺丝钉。埃弗里特·休斯发现这群人真的很有趣，他们只是社会的无名小卒，不需要爱惜羽毛，因此能说出自己的主张，这也是我论文的主要发现：对他们来说，听众们笨得根本不值得一提。休斯因为我的发现才对他们感兴趣，因为我的发现扩大了过去对这个群体的研究范围，并提供了一个新的假设：所有从事服务行业的人都讨厌他们的服务对象，但是高社会声望群体的成员（大多数人研究的医生与律师）则不会这么说，因为对高社会阶级的人来说，说这种话并不得体。

然后，我的博士论文转向研究公立学校教师的职业生涯。教师算不上非常具有社会声望的群体，但是参与了使年轻人社会化这么具有文化价值的活动，还算值得尊敬，符合社会学"应该"处理有社会价值的主题的要求。我那些较为传统的朋友赞成我的选择，尽管我做此选择的理由很俗：休斯给我一小时一美金的报酬采访学校的老师，然后我想，也许我可以把我干的事写成博士论文。

【93】

我的研究继续变动着。我接下来研究的是吸大麻的人。在当时这并不被认为是问题（那时是1951年，距离吸食麻醉药物变成标准的中产阶级活动，以致一些家境优越的小孩成为警察的麻烦还有一段很长的时间），我当时做这研究，仅仅因为这是新奇事物而已。多年以后，这个问题变成了一个真正的"社会问题"，我的研究竟然被重新定义为是在处理一桩严肃的事情。

研究完"严肃"的主题（医学教育与大学生的在校生活）后，布兰奇·吉尔与我转而研究职业学校、学徒制与工人阶级的年轻人常常经历的各种教育情况。那些认为我已"改邪归正"的朋友看到我又走歪路并不高兴。但接着联邦政府对贫穷宣战，其中部分战斗策略是培训更多人拥有专业技能，我的研究又变成了"有关的"了。

所以：请认清楚，同行往往会去评价研究问题的重要性，但标准经常没有科学依据，所以那种标准你大可不必接受。了解到这些，你就不想理会那些常识性的评判了，自己做决定吧。

为什么选他们？（Why Them？）

从可信度层级可以推论，一些人或组织会被认为真的没有任何研究价值。在休斯、布兰奇·吉尔、安瑟伦·斯特劳斯（Anselm Stauss）和我做医学专业学生研究（Becker et al.，[1961]1977）时，这种偏见流行于高等教育研究，研究者只想去"最好的地方"做研究。当时罗伯特·默顿和他的同事在研究康奈尔大学与哥伦比亚大学的医学教育，一般认为这是全美"最好的"两所医学院。当我们说我们要去研究堪萨斯大学的医学院时，从事高等教育研究的专家就热心地来问我们，我们又不是不知道还有更好的学校，为什么我们不研究那些更好的学校？"为什么呢？""嗯，"他们说"毕竟那不是最好的学校，不是吗？我是说，假如你决定大费周折做这么大的研究项目，为什么不研究最好的学校呢？你知道的，像芝加哥、哈佛、斯坦福、密歇根，或是其他'东部'的学校？"（"东部"是"顶级"众所周知的委婉说法，因而斯坦福、密歇根和芝加哥大学成为"东部"学校。）当我们"错上加错"，继续在相同情境中研究大学生的文化时，我们的同行对我们提出了同样的问题。 【94】

我们的选样触犯了一个从来未经检查的教义：你要研究主要的社会机构，就要研究真正"好的"社会机构，这样你才能看出它好在哪里。这样，其他同类型的机构才能效仿你发现的好实践，从而提高自身的水准。可是这种方法是基于几个未经过测试，也并不特别可信的预设。就说一点，这种研究方式预设了这些机构之间的品质差异真的存在，却从来没有人证明这个差异究竟是什么。曾有一个主流研究（Petersen et al.，1956）指出，医生念什么学校根本无关紧要，因为五年后执业品质（也就是医学院教给你的实践方式）的主要决定因素是你在哪里执业，而不是读书的地点。假如你在大城市的医院里执业，特别是医学院附属医院，工作的时候随时有无数的人监督，执业品质自会得到高分。但倘若你一个人在乡下地方执业，那里没有人知道你在做什么，你的执业品质分数当然掉得很快。

多种原因导致研究者只研究所有实践和行为中的一小部分，而休斯坚持认为我们应该研究所有实践和行为。社会科学家倾向于研究成功的社会运动、最好的大学与医院、最赚钱的行业。他们或许也会研究惊人的败举，并从中学到很多教训。但整体而言，这种抽样策略意味着他们非常有可能忽略所有还过得去的、很普通的、没什么特别的组织。记住，这里"还过得去的"是一个好词。这样的概推，意味着描述一个社会所有的组织，却是基于非随机选择的少数几个案例，其结果是社会学遭受了严重的抽样偏差。如同休斯（[1971]1984：53）提到的："我们对于还没研究过的、还不非常成功的、不那么受人尊重的、不引人注意的，以及公然'反'常的东西，需要全面的、有比较的关切。"

我们应该注意所有边缘的案例，这并不是说我们就应该使用随机抽样。我已经说过，我们应该竭尽全力寻找最有可能颠覆我们观念与预测的极端案例。但是，我们做这种选择应有自己的理由，而不是因为别人告诉你这个案例有些特别。

"什么事也没发生"（"Nothing's Happening"）

阻止我们找到奇异案例的障碍，最典型的一种来自于我们的信念，我们认为这些情境"无趣"、没什么值得观察、很愚蠢、很无聊，在理论上也沉闷无趣。下面的案例尽管出自我做一个纪录片项目时获得的经验，其要点却可以用于所有类型的社会科学问题，我会在后文说清楚。

几年前，我在旧金山拍摄海特-艾许伯里免费诊所集团旗下的摇滚医疗工作组。当时这个工作组支援比尔·格雷厄姆（Bill Graham）在奥克兰体育馆举办的大型户外摇滚音乐会，给参加的

【95】

观众提供医疗服务。我知道我拍的都是自己觉得有趣的镜头，但并不是因为事件与人本身就有趣，而是我有能力找到理由让自己对他们感兴趣。如果能让自己感兴趣，任何事都可能变得有趣。

但是在与多达125名志愿者（只有少数的医生和护士，大部分是市民）组成的医疗团队一起参加了几次活动以后（通常是早上九点或十点开始，直到天黑），我发现自己开始觉得无聊了。我找不到我想拍的任何镜头。我觉得我把每一件可能发生的事都拍过了，大部分时间都没什么意思。我的手指连快门键都不想再碰一下。

最终我认识到，我感受到并且接受的那种无聊，是源自弥漫在摇滚医疗单位的志愿者间的那种情绪。他们知道什么事情有趣，也就是从医学角度看病情严重，甚至会出人命的事。说到这种事，他们会很兴奋，觉得"出事了"，就像他们反复不断在说的经典传奇一样：某个人从在棒球场举行的演唱会观众看台上摔下，摔断了骨头；或是某人出现了严重的嗑药反应；或者（另一个经典事件）某人在舞台前生了一个15英尺的小孩。那些事件是"出事了"，但很罕见。大部分的"病人"只是想要点阿司匹林治治头痛，或是长了水泡来讨绷带，然后很长一段时间，就不再有人需要任何东西了。剩下的情况大多是有人喝太多啤酒或者嗑药过头，或者是中午太热昏倒，但是没有人真的有什么危险。当"发生"的都是这类事，志愿者们会坐在那边抱怨"什么事也没发生"。受他们的情绪影响，我也觉得没发生什么事情、没什么事值得拍摄。

但有一天，我终于了解了什么事都没发生是不可能的。总是有事情在发生，只是看起来不值得一提（就如同我先前曾经提到的约翰·凯奇的钢琴作品，它迫使我们认识到，声音随时都在我们身边，尽管我们可能无法认同其是音乐。）所以我给自己设置了一个问题，在没事发生时拍拍看发生了什么。毫不意外，没事

【96】

发生的时候就是很多事发生的时候。具体地说，这些 20 或 30 岁出头的志愿者，大多数都还单身，还在寻觅另一半，参与这个医疗活动就像参加一个由你喜爱的乐团伴奏的大派对，有免费的啤酒、有机食品午餐，有很多看起来还蛮漂亮的年轻男女，他们和你有些共同爱好。于是我让自己在"没事发生的时候"去拍四周发生的事，然后我发现镜头中的上百个形象，都是这些年轻人在跳舞、热切交谈、献殷勤，或在以其他方式社交。这些为我的社会学分析以及纪录片的拍摄增加了有趣且重要的方面，让我知道医疗小组除了提供一些有趣的医疗经验外，还有更多的作用。

这个问题用更一般的话来说，就像我之前说过的，我们从没留意研究情境中发生的所有事。相反，我们只选择其中少数几件事物做调查，最显而易见的是，我们做研究时只测量少数变量，在做田野研究时也这样，却认为自己已注意到每件事。并且，我们把注意力放在已经决定要研究的事物上，接着很有可能忽略了正在发生的其他事——那些看起来平常、无关紧要，也无聊的事："什么事也没发生。"

我们觉得我们应该专心研究我们感兴趣的事物，以及我们的前期思考、专业领域还有文献告诉我们的重要的事。但这个想法是个大陷阱！社会科学家研究的大进步，往往就在于他们注意到了前人认为无聊、琐碎、平凡无奇的事物。对话分析（conversation analysis）就是一个经典例子。比如说，人们怎样决定对话里下一个发言的人？对话分析者指出，这中间有个"轮流规则"让人们轮流说话，并只在轮到他们说的时候才说话。哦，谁会关心这个？这值得研究吗？哈维·萨克斯（Sacks，1972：342）进而提出了对话现象中一个重要的子范畴——"问题"。大家接受的对话规则会主宰对话，约束提问的人必须去听别人对他们所提出的问题的回答。又来了，这又怎样？嗯，这让我们理解了小孩为什么老爱以"你知道吗"开始与大人对话，这是个很烦人的习惯。对话

【97】

社会学家的窍门：
当你做研究时你应该想些什么？

分析认为这个平凡无奇的事件反映了小孩子对提问规则的巧妙运用。我们很难不用"知道什么？"来回答"你知道吗？"。但是，一旦我们反问"知道什么呀？"我们就得听他们说答案，这就是小孩想要的，争取大人们的注意。研究轮流对话的"无聊结果"，出其不意地解释了权力运用的一些现象，并给我们提供了一些可以用到其他地方的规则，比如研究更成人和更"严肃"的现象。

因而我们也可以把我研究摇滚医疗演唱会的过程，概推到他人想法的所有变量，这些想法塑造着我们对研究对象的选择。研究者往往不明不白就接受了研究对象或同行的看法。他们认为某些事琐碎，你（作为研究者）很可能也会这么想。年轻人喜欢摇滚音乐会上的社交活动，可是这并不"严肃"，也不是你特别期待的研究对象，如果你想让别人觉得你的事件参与程度很高，你就不太愿意说出这种事。（喜剧演员莫特·萨尔 [Mort Sahl] 曾解释道，他念大学时加入左翼运动的理由和其他小伙伴是一样的：他想要拯救世界和认识女孩。）大家都这么认为，你也不能不这么想呀。毕竟，为嗑药的年轻人提供医疗服务，会有很多有趣的事发生，不是吗？

不仅仅是我们同行的常识与偏见让我们对许多事情视而不见。我们往往根据某种意象及其相关理论决定研究包含什么和不包含什么，这也已经为我们预设好了所有问题。所有的理论都会指定我们应该注意什么，以及哪些不用操心了（也就是不管什么理论都不操心）。女权主义者有一个坚定的核心，就是批判许多（即便不是大多数）社会学理论是性别歧视的。那些理论并不公开地由男性主导，或一定就是男性主导的，但它们在系统地阐述研究主题与问题时，惯常地不把女权主义者视为重要的事物包括在内。 【98】就如唐娜·哈洛威所说的，由男性主导的黑猩猩社会生活研究，一直讨论支配及其他与男性（公猩猩）有关的事，而不会注意觅食以及抚养小孩（小猩猩）等由女性（母猩猩）做的事。着重于研究男性，并没有合理的科学解释。当然，如果没有母猩猩带香蕉回家并照顾小猩猩，公猩猩就不可能整天去摆布其他公猩猩。从原则上来说，聚焦于支配的理论仍可以包含其他诸如此类的问题，但研究者就不能采取一般的研究方式了。

反其道而行……（On the Other Hand……）

我之前坚持认为研究者一定要学会质疑，不能盲目接受你所研究的那个世界的人的所思所想。现在我得说，与此同时研究者又必须关注那些人的所思所想。毕竟，人们对自己生活和工作的地方了解最深，处在复杂的环境下，他们必须了解很多才能取得成功。他们必须自我调整，以适应面临的所有矛盾与冲突，并解决抛给他们的难题。如果知识不足以应付，他们就无法在环境中长时间生活。所以他们知道得很多，我们应该善用他们知道的一切，观察与倾听研究对象，将他们的常识与日常行为所指示出来的事纳入我们的研究抽样中。

然而我并不是说"人们的"知识就比研究者的更好或更有效。有的观点认为研究者们真的比研究对象更了解他们的生活与经验，许多社会科学家提出充分的理由质疑了这类主张，强调我们的研究应该完全尊重社会行动者关于他们自己生活与经验的卓越见识。这些研究者希望保持"数据"的原貌：一字不差地传递，一刀未剪、原汁原味、没有经过任何社会科学评论与解释的"修饰"。这些研究者所想的科学不外乎是：人们对自己生活经历的一切知之甚详，所以最好的信息来源就是研究对象。

在讨论"意象"时，我们已经讨论了这个观点的核心了：

【99】社会科学家通常没有经历过研究对象所经历过的事，所以社会科学家总是依赖这些人的解释，才能知道研究对象内部发生了什么事。（一个重要的例外是研究者也参与到他研究的活动中。）不过人们的解释对研究并不完全有用。因为人们通常是在"研究语

境"中向研究者做解释，而研究语境在本质上并不等同于他们描述的东西，这些解释不可只看表面意思。比如说，我们保证为受访者保密，但他们在日常生活情境中不可能遇到保密这种情况。保密的语境反而会让他们所描述的比起我们身临其境所见的东西要少，甚至完全不同。

有些社会学家坚持认为，人们对其生活的认识一定比研究者多，他们经常会加一句，说我们必须尊重他人，不该私自使用人们的生活与故事，而应把研究对象对我们所述之事保持原貌、不加解释地传递出来。可是这种依据并不非常明显。不是每个社会科学家的研究对象都值得这么尊重的（经常使用的反例有纳粹与施暴警察），这可不是不言自明的。退一步说，全盘接受这个观点可能会得出另一个结论：我们并没有资格把其他人的生活当作研究材料。当代人类学常常陷入这种两难，当代纪录片摄影与制作也是如此（尤其是很多"贫民窟"纪录片带有公然利用的性质）。

我不同意这些社会科学家的观点，因为社会学家的确知道一些研究对象所不知道的事。但在某种程度上这个主张并非一无是处或不尊重别人，它为我们指出了一些我们能使用的抽样窍门。这是埃弗里特·休斯提过的观点的延伸。

简单来说，社会学家和其他社会科学家一般并不只研究一个人的生活与经验（即使研究焦点完全放在某个人的身上，像道格拉斯·哈珀 [Harper，1987][5] 研究一个农村小工那样，研究通常也还是会涉及与主角经常联系的所有人）。与此相反，研究者（至少某些研究者）会研究很多人的经验，这些人的经验有重叠之处，却又不完全相同。休斯曾说："我不会知道群体中某个成员不知道的事，但是，既然知道了这些成员所知道的所有事，我所知的

---

5 繁体中文版译注认为参考文献中未列出这本书。我们校对后认为属实，经和作者本人核实，书的出处为：*Working Konwledge: Skill and Community in a Small Shap*，The University of Chicago Press 1987。——译者注

就会比群体中任何成员都要多。"

布兰奇·吉尔、埃弗里特·休斯与我在研究大学生时（Becker et al.，[1968]1994），我们各自关注田野里的不同方面。吉尔研究兄弟会与姊妹会成员，我大部分时间研究独立派人士，休斯研究教职员。我们每个人知道的事情，我们这个小群体也知道，但是其他人不知道。兄弟会主导的一个"秘密"社团，操纵了组织校园政治生活的机器，它的领导者告诉吉尔所有一切，然后吉尔再告诉我。但是和我混在一起的独立派人士并不知道这些事，我也没跟他们说。反过来，当独立派人士发起政治行动时，他们会跟我分享他们的计划，我会告诉吉尔，但是她也不会告诉兄弟会的成员。所以我们研究团队以及各自知道的事，比任何一个校园政治生活参与者都要多。

【100】

知道这些事并不意味着我们觉得我们比研究对象更厉害，或者说我们可以在研究对象参与的事件中找出他们难以理解的微妙意义。那样说不尊重别人。我提这件事不过是在说，我们知道的这些都是显而易见的事，如果参与行动的成员有渠道知道，他们同样也可以理解。这些人不知道我们所知道的事不是因为他们太笨、没接受过教育或是不够敏感，而是因为校园生活被如此组织导致他们无法知道这些事。这样说并不表示我们不尊重每个人的经验，而是要强调齐美尔在他关于"秘密性"的论文中所描述的知识分配会有差异的现实（Simmel，1950：307-376）。

这条信息对研究者而言，意义简单朴素。当你的研究对象知道他们在做什么、告诉你他们这些事，你要倾听并对此上心。这并非要你去轻信他们，事实上人们告诉你的事情有时不会是真的。我想要说的是，研究者要使用参与者一般使用的组织传播渠道，把这当作信息的来源之一。

让·佩内夫对这个观点有特别的想法，他建议研究者在田野里要比平常多些谋算。他指出，绝大多数的社会生活包含了许多计算。

清点、计算与列举。工厂工人经常在数：我做了多少件东西，做了几道工序，我工作了多久？办公室职员归类、建档、清点以及编目。医院的服务中也经常出现测量与计算：有多少张空病床？拍片得等多久？我们还有多少时间？还有多少病人要治疗？我还要工作几个小时？这些人都被时间所困：时间已经过了、要做决定的时间到了，当然，还有还要多久我们才能回家？虽然守时、控制以及计划时间等等形式是他们互动的核心，但令人惊讶的是，研究者几乎从不讨论人们这种对时间无尽的预设与评估。（Peneff，1995：122）

既然人们认真运用这类与时间相关的信息，我们也应该如 【101】 此。吉尔、休斯与我就是这么干的。我们注意到大学生对成绩全神贯注，花很多时间一再计算，他们对不同课程分配不同的精力会如何影响绩点的变化。"你看，德语课需要 5 个学时，所以假如我花时间修德语课的话，比起修只需 3 个学时的人类学，课程平均点会较高。"（参见 Becker，Geer and Hughes，[1968]1994：89-90）

所以，不要因为你的研究对象忽略了什么你就跟着忽略。但是，也不要忽略他们关心的东西。到这里或许值得说说，我所推荐的窍门，像刚刚提到的那两个，看似互相矛盾，其实不然。记住，这些窍门的重点在于帮助你找到更多东西，每个窍门各有其用，为你指出其他人可能忽略的研究方向。在探索过程中，一成不变并不是美德。

善用他人的信息（Using Other People's Information）

社会科学家经常使用其他人和其他组织收集的资料，结果就是遗漏了那些人所忽略的重要事情。我们没有美国人口调查局那么多时间、金钱与人力资源，我们无法不依赖他们提供的各种信息。结果，当我们使用这些信息时，我们会跟着遗漏这些人认为不重要的信息，即使那些东西**对我们**很重要。也就是说，他们的活动中存在的限制导致他们无法得到我们想要的某些信息。如贝特纳与加芬克尔（Bitner and Garfinkel，1967）的解释，人与组织为了他们自己的目的，而按照他们自己的实际评估体系收集资料。他们收集的不是社会科学家做研究所需要的信息。所以他们不收集我们想要的所有事实，这就给我们留下很多要做的事。从 1920 年代开始，有人根据宪法第一修正案中的宗教条款提起诉讼，从此美国人口调查局不得再收集宗教数据和计算不同宗教团体成员的人数，这成了研究者的噩梦。人们投入大量技巧和精力来克服这个难题，设计出各种间接计算犹太教徒、天主教徒或浸会教徒人数的方法，但没有一个方法能达到人口调查局数据的范围和详细程度。对我们来说这太糟糕了。

【102】

有时候，收集别人没收集的数据，既花钱又费力，我们只好放弃。别人不帮我们收集数据，我们自己也不去搜集，并不是因为不值得这么做，而是因为这么做不切实际。这就是说，自己收集数据所要付出的代价，比研究资助者愿意付出的资助超出许多。

由于贝特纳与加芬克尔，以及那些怀疑警察统计（犯罪学研究偏爱的数据来源）与医疗记录（健康问题调查最爱用的数据来源）数据不精确的人们的倡导，社会学研究逐渐发展出一个新领域，即记录保留社会学。这种研究关心保留记录的方式，这并不是想修正记录的缺失以改善研究数据来源，而是因为在最现代的组织中，做记录是一个司空见惯的行为，而为了理解组织运作的方式，你必须了解记录是怎么做出来的。不过一旦你了解了这些，你就不会把它们当成精确的信息来源并用于社会科学。我们想要完整的描述，然而我们得到的却是为了该组织的现实目的而做的部分描述。如果我们知道保险公司是根据警察统计数据设定家庭防盗险价格，知道人们在向民选官员抱怨因为这个理由而导致保险费上升，那么我们就知道警察统计的数据很有可能会不同程度地影响到政治竞选。

他人收集的不精确数据，占了学术研究很大一部分，这里我不涉及，这都可以写成另外一本书了。有些人研究不精确的简单事实：比如摩根斯特恩（Morgenstern，1950）的论文就是关于经济统计错误的经典剖析。有些人则处理概念性问题，像加芬克尔在他关于变性的研究里，就质疑以性别为基础的人口统计数据：对于一个不吻合任何标准分类的人，你怎么分类？当然，加芬克尔处理的是一种罕见的情况，不过他说人口调查局不知道有多少人不适用标准分类是对的，因为他们没有为此专门去调查。也有一些研究者认为，信息无法如实呈现，是由数据收集者的工作程序（的不足）导致的（比如说 Roth［1965］，Peneff［1988］提到的情况）。

我们对所有关于这些"官方"或准官方数据所存问题的调查都很感兴趣，因为每个问题都意味着我们遗漏了某些信息，而如果我们知道这些信息，我们就能还原案例，找出完整的描述，从而避免传统的分类。无论我们怎么批评、怎么不信任官方数据，我们还是要依赖它（没有一个社会科学家能不用人口调查局的资料，即使它充满错误），所以我们需要一个窍门来对付这个问题。这个窍门很简单。问一问数据从哪里来，是谁收集的，资料的组织性及概念性的限制是什么，以及以上所有这些对我正在看的图表会有什么影响。这会使得查阅图表所花费的功夫比你预计的还要多，但是别人收集的数据中有太多问题，如果不顾数据本身的问题，带来的麻烦可比查阅图表大得多。【103】

野生组织（Bastard Institutions）

所有阻止研究者看清现实、扩大思考范围的障碍，都有办法克服，我也建议了很多窍门。避免这些错误最好的方式是，创造一个更普遍的社会学理论理解，让社会科学家建立举隅时可以区分出什么适合纳入、什么有必要纳入。埃弗里特·休斯关于"野生组织"的经典论文，是社会学理论化的小型杰作（Hughes，[1971]1984：98-105）。文中指出，就社会学分析规则而言，传统的所谓适当题材的选择，排除了一系列我们应当纳入思考的现象，使得我们选取的人类活动的样本丧失了举隅本该具有的精确。

休斯一开始就把社会组织这个一般性问题定义为：机构怎么根据其既定的服务或商品分类，定义该分配什么，不该分配什么：

> 机构分配商品与服务；它们是人类合法需求的合法满足者。在分配宗教、娱乐、教育、饮食、住所及其他东西的过程中，机构也定义了什么是恰当满足人们需求的标准。机构所定义的需求，虽然可能范围相当宽广，也有很大的灵活性，但却无法满足所有类型的人和所有人的条件。事实上，机构只能服务特定范围的人，它们有所抉择，就像商店会决定不进大号或样式奇怪的衣服。机构分配从来都不是完整与完美的。

有些机构就是源自与这种机构定义做反抗的群体。比如说，一些对官方神职人员宣称可接受的宗教定义的教派；或者是一些团体，为了反抗古典的新英格兰大学建立的教育理念，建立各种各样新型教育机构。但还有一些是：

……长期的背离与反抗，某些会代代相传。尽管缺乏公开的合法性支持，但仍可保持一定的稳定。它们可能不能受到法律支

【104】

　社会学家的窍门：
当你做研究时你应该想些什么？

持，却经常在法律体制的默许下运作。它们所从事的行业可能不受尊重。

某些机构是合法商品与服务的不合法分配者；某些机构会满足不合法的需求……全都披上组织的外衣，和其他机构没两样。（Hughes，[1971]1984：98-99）

休斯管这类机构叫野生组织（Bastard Institution）。它们的形式有很多种。有些不是正式的合法机构，尽管可能不合法，但也不一定违法。在特定的亚社群中，这些机构很常见，也受大众支持。他所指的是像监狱或军队中的袋鼠法庭[6]、唐人街上的地下帮会法庭，或是正统犹太社区中向其成员供应符合犹太教规的生宰肉的组织。

有些野生机构就依附在合法服务分配者的旁边为生。例如，法律与会计学校旁边常有些填鸭式教学补习学校，教人怎么通过国家选用专业人才的考试。这些学校不教法律，只教学生如何通过考试。休斯把某个提供附近社区禁止之物的社区也放在这个类别中。他喜欢提起乔治·普尔曼于 1880 年代在芝加哥建立的"乔治·普尔曼模范社区"，这是普尔曼为替他制造铁路卧铺车厢的工人所建立的社区。由于普尔曼对宗教非常严肃，他不准在他的模范社区中出现小酒吧。这对工人而言不是问题。只要跨过普尔曼西边的南密歇根街，一英里开外就是罗斯兰弄，那儿的小酒吧提供雪茄、威士忌以及从东边设法找来的女人（这种特点一直延续到 1940 年代，我偶尔也会在这类小酒馆弹钢琴）。 【105】

很明显，只要有固定的和大量的市场需求就会有这种固定机构提供被禁止的商品与服务，比如地下赌场、开在禁售酒类之处的非法酒吧以及各种各样的妓院。还可能是这种情况：某

---

6 Kangaroo courts，也称私设法庭。——译者注

些东西，有的人不难取得，却不适合提供给你。假如有商店店员卖裙子、连裤袜与吊带袜给六尺高、两百磅重男人，那么想穿女人衣服的异装癖者就很容易买到他们想要的东西。正如休斯所描述的：

> 野生组织直接和公认的定义和正式组织相冲突。[它们提供]不完全正当的替代选择，或满足人们一些不为人知的嗜好或特殊品味，正式建制的供应者不会提供也不乐意满足这些需求。另一些野生组织则协助组织体系中的一些人获得某些不易取得的东西。它们纠正了组织的定义与分配的缺点。（Hughes，[1971]1984：99）

经常研究这类现象的社会科学家把它称为"越轨"（deviance），也就是被视为不正常的病态行为，必须揭露其根源以便"社会"可以采取有效行动清除"问题"。然而，休斯却想把越轨看作"人类所有复杂行动与企图心的一部分……我们在合法的组织中也可以看到在进行的（相同的）社会过程。"（Hughes，[1971]1984：99-100）。他用这种方式将合法与不合法的活动联系起来："组织倾向于借助定义什么是正确的行为来塑造行为，借惩罚来反对越轨，并只向人们提供标准化的机会与服务。虽说机构塑造了行为，却并不会完全摧毁越轨行为。"

例如，婚姻是性与繁衍的一种标准组织形式，但是有些人不结婚，有些人不会只和合法伴侣发生性行为。每个社会都会定义婚姻的形式（除此之外，这还是一种分配男人给女人，和分配女人给男人的方法），定义中包含了含有特殊社会属性（比如种族、阶级与族群，但这是另外一回事）的"适当伴侣"。但是每个人照顾伴侣的能力不一，而且人们四处流动，不时处于相对分离的

【106】 状态，导致许多人找不到合适的伴侣结婚。一方面，简·奥斯汀

小说中的女主角们是一种经典例子；另一方面，在林场、轮船及矿上这种远离了可以找到合适伴侣的传统社区的地点工作的男人则是另一种例子。就男性来说，进妓院与临时性同性恋关系是解决这个问题的一般方式，这和中产阶级女性以"合租"的方式秘密解决同性恋关系问题是一个道理。

说到这里，这个分析虽然有趣，但也没什么让人惊讶的地方。其他社会科学家（比如 Kingsley Davis，1937）也曾使用类似例子，阐述相似的论点。现在，休斯提出了一个让人惊讶的观点，他说：越轨有两个方向、两种形式，社会学家不应只看到和讨论不合法的一面，也不应厌恶越轨行为（他称为魔鬼的一面），还要看到和讨论天使的那一面。卖淫为男性提供了稀缺的女性，但是当另一种不平衡发生时，并没有一个对应的机制为女性提供男性。所以很多女人并不愿意让自己处于一个没有合法男性伴侣的状态（不管合法性如何定义）。

休斯观点的重点是传统机构的运作，人们若在一个传统机构中工作，他们就被要求表现得"更好"，无论是相于他们对自身的期待，还是他人对他们的期待。"尤其重要的是，要找出到了哪个点会发展出对于位置的制度性调适，人们会比自己期望的表现得更好。"（Hughes，[1971]1984：103）

宗教意义上独身的制度化是：

> 以一种制度化越轨方式实现的，是朝着天使方向的对婚姻的越轨行为，这种行为被合理化了，因为其被赋予了至高无上的价值，以及超乎寻常的人类理想。对于在这种组织中的个体，组织功能是非常清楚的；这些组织让人更接近正常人类世界和婚姻无法企及的一些理想。我强调"让"这个词，是因为如果一个人过着这样的生活，献身于这种特殊的越轨，却没有任何特别的宣告，没有十分的忠诚注入身躯，大家会觉得这很奇怪……

……独身制度提供了公开的、建制的和可接受的方式，让人们可以违反一般的行为模式。这种制度或许还是一种更高尚、更令人满意的方式，让人们接受由于既有制度分配错误所造成的命运。这种制度也可以被看作为最崇高的理想主义而设立的一种制度，这种理想主义虽然是从既有的道德教化产生的，可是，依照常规组织的运转方式，却无法提供满足这种定义所需求的机制。尽管如此，请注意，社会通常是以有组织的制度化形式接受这种越轨行为的，若是孤立的个人行为，几乎不可能被接受……个人的越轨对于大家接受的整个系统可能是威胁；然而组织性的越轨，可能是社会体系自身的特殊调适，又或许是边缘的人群合力造成的小特例。（Hughes，[1971]1984：103-104）

因此，休斯指出，异端邪说有一种经典形式，就是每个人要遵守一些共同美德：

在正式言论和符号象征中，社会把美德的地位理想化，事实上这种美德并不是人人都可以达到，或不能在实际生活中与其他美德同时实践。社会似乎是以制度化的形式，允许一些人接近这个层次的美德，这可以立即让他人看到身边的品德圣洁的例子，带来精神上的提升与满足。而且，还可以避免两个层面的坏处：在个人层面，这些纯个人的圣洁行为不会变成全体都应该效仿的对象；在社会层面上，这些少数例子不会蔓延为普遍现象。

根据休斯所言，社会学分析接下来应该要：

对于高度制度化的、基本出于道德惩罚目的的人类生活，考虑其中的一些原因和方面，并……以此为依据，考虑所有类型的行为：制度化的规范以及与此规范不同方向的越轨……在之前，我们已经看到了一种规范，即成年男女之间关系的制度性定义与分配这一特殊例子，它只是所有的实际行为和可能性之一。我们还指出了制度化和越轨（野生组织的天使一面）之间一些可能的功能性关系。（Hughes，[1971]1984：105）

因此，所谓处理所有案例意味着我们要纳入那些因为之前没想到就被忽略了的案例，对"正统"的社会学家来说，这些案例太过于古怪或太粗俗。这也意味着我们要借助这些案例来定义并指出天平的另一端，也就是，那些过度美好的行为其实是朝天使方向在走的一种越轨。休斯常以比较的方式呈现这种案例，往往 【108】让人觉得惊讶或者不成体统。例如他喜欢拿神职人员、精神病医师与妓女一起做比较，这三个职业的成员都拥有"罪恶的知识"，亦即他们知道教区居民、病人与客人的秘密。休斯热衷于比较各种专业人员在其各自情境的工作方式中，如何保守那些秘密。

不研究某些看起来没品位或具有政治负面作用的案例，肯定同样是个错误。良好品位其实是一种有效的社会控制形式。如果我们想要制止某人做那些我们不喜欢的事，只要说那种事"掉价"、"不酷"或"粗鲁"，或者一堆类似的贬低之词就行。俄国文学评论家巴赫金（Bakhtin）指出拉伯雷（Rabelais）的《巨人传》（*Gargantua*）之所以使用日常的粗俗语言，是因为这种语言在政治上侵犯了有教养、喜欢"更高尚"语言的人。如果我们不假思索就接受那种说我们没品位的批评，那我们很有可能就顺应了某些人的社会控制。社会科学家经常干这种事。

第
4
章

概　念

在前一章，我们运用意象寻找适合研究的案例，即可以包含我们想要了解和思考的现象的所有类型样本。之后，我们准备开始认真"思考"。这意味着我们要开始运用概念了。概念是对所有类别现象的归纳性陈述，而不只是对于事实的特定陈述；是适用于所有地点的人和组织的陈述，而不是只限于特定时间和地点的人和组织的陈述。许多社会科学家将概念视为逻辑建构的产物，认为概念可以借操作少数基本想法发展出来，也就是通过演绎研究这些问题。我不怎么欣赏这些做法，它们离经验世界太远，吸引不了我。但我承认，一定程度上这和个人品味有关。

另一种较接近经验，成效也更好的概念分析模式是建立理想型典型模式（ideal typical models）。这种分析模式由"围绕着一个中心议题的一系列相关的标准"组成。这种标准"抽象层次够高，在不同国家和历史环境中都适用"（Freidson，1994：32）。例如弗赖森就用这个方法，解决了定义"专业权力"的棘手问题。他创造出一个模型，其中"专业权力的中心议题在于，工作控制在专业人员自己手中，而非开放市场中的消费者，也不是中央计划与管理国家的官员"。

但我个人欣赏的建立概念的方式，是和经验数据不停地对话。既然概念是总结数据的方式，那么这些概念必须适用于你要总结的数据。接下来的讨论，我将描述怎么让概念适用于数据的窍门，以及如何运用数据产生更多复杂的想法。这些想法将有助于你发现更多值得研究的问题，并在你已经研究过的数据中，发掘出更多值得深思和纳入分析的东西。

概念是定义出来的（Concepts Are Defined）

【110】

我们无时无刻不在和概念打交道。就像赫伯特·布鲁默在一篇批评当时的"操作主义"（operationalism）的文章中指出的，我们根本没有选择。他说，没有概念就没有科学。如果没有概念，你就不知道到哪里去找、找什么东西，以及当找到时你又该如何认出它来。布鲁默写这篇文章的时候正值心理学的全盛时期，当时的心理学家认为没有概念也可以做研究，至少可以不使用以抽象理论术语定义的概念。他们认为，如果把概念简单地定义为他们在研究某现象过程中，运用操作所测量的对象，就可以避免定义概念带来的长期麻烦。他们说最经典的案例就是"智商"。智商的定义从那时到现在一直争议不断，因为它就是智商测验中所测量的对象。

社会学家在提到态度的概念时，也同样模棱两可。许多研究者假设人们有思想、倾向、观念等等一些东西（被概括为态度），等待适当的刺激或情境被释放出来。态度究竟是什么并不清楚，科学家争论着它的定义。虽然他们无法定义态度，但这阻止不了他们发明测量态度的方法。通过某个程序，人们回答一长串问题最后得到一个数字，这个数字"测出了"人们对于电影、外国人、学校或政党的态度。这些科学家测量态度的信度和效度，还加入了统计来描述人们面对不同事物的态度之间的关系。他们认为这样可以呈现这些态度的差异，这些差异又与其他差异有相关性，这种相关看起来是有意义的。

批评者指出，他们对于被测量的东西没有通行的理解，但操作主义者不同意这一点，他们否认自己说了关于态度测量的任何实质或意义：态度就是这些测试测量到的东西，除此之外，别无其他。但没人相信这一点。如果有人相信，就不会有那么多关于态度、智商或其他重要观念的操作化定义研究了。因为，毕竟没有人真会去关心这些测试的测量本身，重要的是这些测试要测量的智商、种族态度或暴力倾向，等等。

【111】　　　对态度或智商的测试遭到攻击时，这些被攻击的人喜欢回应："你不想称它为智商是吧！好！那就叫它 X。如何？"你若想扭转这种气人的、让人不满意的回应，不妨把问题直接地说成 X："嗯，你已经呈现出不同种族的小孩，在叫 X 的事物上平均差异是 10 分，但那又怎样？"当然，没有人在乎白人小孩与黑人小孩在 X 上的测试分数有什么差别，没有了内容，X 就没有任何理论或政策的重要性。但是人们确实在乎智商的差异，因为如果差异真的存在，就会在政策或道德上产生严重的后果，这恰恰是 X 从来都没有的。当第三次提及 X，而谈话的每个人都知道那实际是智商后，讨论将变得更严肃了。

　　　布鲁默的这些批评可能看起来既稀奇古怪又过时，因为当代社会学家中，没人会承认自己是布鲁默批评的那种操作主义者，但当代许多研究者的所作所为，却像是他们已经接受了操作主义。这就是说：他们选择一个"指标"来研究他们要说的现象，这个指标与现象间的关系有瑕疵，甚至是高度缺陷，但是他们却把这些指标当作现象本身来处理。他们问人们的职业，把所得到的答案当成对社会阶级的一个测量，做法就是将职业在已经测量好职业声望并已经定好职业名称的职业清单中定位，或将这些职业放到主要的职业团体普查分类中去测量。他们也许会说，他们在测量马克思、韦伯或 W. 劳埃德·沃纳或 C. 赖特·米尔斯所说的"社会阶级"。但这种说法既不明确，也不甚可信。做这种测量的人不会坚称一个人的职业就**等于是**马克思学派或韦伯学派所言的社会阶级，因为他们还没有证明出这二者在经验上有任何关系，但是他们的分析和讨论含蓄地主张了这个认同。不管测量有多重要，它对了解我们所使用的概念没什么帮助。

另一种定义概念的方式，是收集一些我们认为体现了概念的有关事物，然后从人们日常的看法中找出相同的地方。这些日常观念不可避免地都凌乱不堪，而且充满历史偶然性。这种定义有一些常见的社会学应用案例，如技能、犯罪或专业。我们试图下定义来囊括所有我们认为相似的东西，而将不同的排除在外。但是如果有人能证明我们排除的东西事实上符合定义时，那我们就难堪了。因此，研究者试图把"专业"（profession）定义为一种不同于其他职业（occupations）的特殊工作。他们想在定义中 【112】包含受到高度尊敬且薪水很高的职业，例如医学和法律职业，所以他们列出这些职业的特点来框出专业的定义。（Freidson ［1994］对这些问题给出了详细的解释，并提供了实际且有用的解决办法。）

一个勤快聪明的批评者，总是能找出一门职业，能符合所有对专业定义的要求（长年的训练、只属于行内人的知识、国家认证，等等）却一点都"不像是"专业。用"水管工"这一行来对付这招理论骗术一直都很管用。水管工人拥有标准定义下的专业的所有特质：行内人知识（试试看你自己修水管吧）、长年训练、国家认证，等等。但是"众所周知"，水管工这一行不是个专业。这看起来产生了悖论，是因为定义所框定的内容项目，是以一个不被承认的变量为基础选择出来的，这个变量就是职业的社会声望。如果职业声望与其他测量标准有完美的相关性就不会有问题，但事实上却没有。

许多社会学研究领域都出现过这种问题。一个有助于解决这种问题的理论窍门是，我们得承认，定义需要囊括的东西的集合，主导了我们能得出的定义。收集案例则是第 3 章所说的抽样问题。所以我们是在寻找这些问题的答案：我们怎么制定这些选择标准？我们通常会抛弃什么？我们有选择地挑选案例又会造成什么破坏？定义的问题之所以会产生，正是由于我们没有遵照第 3 章的指示，即我们的样本要尽可能包含一个现象的各种案例。以下两个案例呈现出的缺点，比"专业"这个例子更严重且更明显（表面上，"专业"只是在概念上出丑而已，但在弗里德森［Freidson，1994：149-216］看来，专业的定义对政策的影响非常严重）。

技能（Skill）

社会学家、经济学家以及其他社会科学家，都或明或暗地用到"技能"这个概念。他们以报酬为例告诉我们，报酬的高低是由真正技能的稀缺造成的，因此拥有稀缺技能的人获得比较高的报酬。是什么因素造成技能稀缺呢？其中一定有一项是使用技能的天分差异。五音不全的人一定觉得光凭耳朵听来学习演奏上百首歌曲很困难，但这是我在小酒吧以弹钢琴为业必备的技巧。一些人能很轻松地处理数字，这种人尤其适合会计、记账或帮人管钱等工作。有些人针线做得很有技巧，适合缝纫、编织或勾线的活。有些人则对人特别有一套，知道怎么缓解对方的恐惧感，让对方觉得像面对家人一样舒服。有些人在困境中行事果断，别人还站在那里举棋不定，他们很快就做了决策。

另一个造成技能稀缺性的原因，可能是技能的习得需要花很长时间或付出很大的代价。从理论上来说，人们不会投资时间与精力都不划算的事物，而会投资其他划算的方面。所以，如果某项技能报酬很低，愿意学这项技能的人数就会减少。如果每个人都以这种经济理性的方式行事，那么每种职业的人数就会在一个价格上达到平衡，这个价格就是使用者愿意付钱买，而技能所有者也愿意接受的价格。

我们可以把几个世纪以来人们拥有的技能列出一张长长的清单。当我们检视这张清单时就可以发现，并不是所有技能都能得到同等报酬。仅仅是技能本身并不足以产生丰厚的报酬，你需要一项人家能够并且愿意为之支付报酬的技能。如果你拥有的技能非常罕见，而且有钱人非常想要，你的报酬就会相当可观。例如，你是少数能够修复艺术品的人之一，而有钱人又高度珍视这些损坏的艺术品，你就会因为你的技能收到很好的报酬。但如果你的技能许多人都有，比如说在快餐店做汉堡，这个技能很快就能被教会，这样的人比市场需求更多，你就只能获得法定最低工资（甚至更少，如果你老板觉得不会被抓到）。但有时候非常罕见的技能也无法给你带来什么好处，除非想买的人够有钱、付得起你真心想并且也真需要的价格。我有能力演奏上百首曲子，不过这不值多少钱，因为想要这项技能的只有那些能够付得起钱的乐队头头以及小酒吧的老板。而且如果我的价钱变得太贵的话，他们随时可以用曲子懂得比我少但要价比我低的钢琴师取代我。

人们对于技能的需求，随着历史而变化。环境应时发生变化，原本一文不值的技能也可能提高价值。霍布斯鲍姆（Hobsbawm，^{【114】}1964）把 1896 年大伦敦地区的煤气工人罢工事件，描述为一场"低技能"劳工的险胜。当时的伦敦广泛使用天然煤气照明。天然煤气的制造方式是烧煤炭，也就是在大熔炉里加热煤炭，释放其中的煤气，再由管子传送到住户和工厂中。管理熔炉——把煤炭铲进炉子，让它持续燃烧——是一种低技能的工作，任何人都可以胜任。所以，当从事这行的工人开始罢工时，一般人的智慧和经济理论的观点，都不约而同地认为工人的胜算很小。

但他们确实成功了，并且从贪婪的资本家老板那里得到一大笔补偿。这些工人怎么赢的呢？霍布斯鲍姆告诉大家，这些低技能劳工实际上具有几项非常重要的技能，而且正是罢工时周遭不寻常的事态促成了这些技能，使得他们对老板而言变得更有价值。换个角度来问吧：为什么雇主不出去再找一些低技能的人来把煤炭铲进炉子呢？或者，为何不等罢工发生，然后操纵舆论，让家家户户忍受的不便看起来都是这些顽固工人的责任，以此逼工人就范呢？

雇主没有采取这些显而易见的步骤是有一些原因的。当时煤气供应商正面对电力这种新能源的竞争。电力固然是新奇事物，但是有潜力成为很好的照明方式。如果罢工持续下去，消费者也许就开始有兴趣试用这种新能源。罢工持续越久，从煤气供应商转向电力的消费者就越多。

再说了，雇主并没有你想的那么有能力，可以轻易换掉这些低技能的劳工。他们的工作确实不需要受过太多的学校教育。但是，他们照顾的机器虽然不是什么高科技，不需要工程知识去管理，但是十分老旧而且不稳定。这些煤气制造业一直就这么应付着，赚取利润，除非绝对有必要，否则不维修机器。因此，这些机器虽然能运转，但是如同所有的旧机器一样，得好生伺候。你必须知道何时该好好踢炉子一脚，还得踢对地方。这些虽然不是传统定义中的技能，但是铲煤炭的工人如果没有这些知识，炉子就无法运转，因此老板尽可雇用其他低技能工人，但是缺少这些特殊知识，新工人仍旧不能胜任。

【115】　这种环境至少为这些低技能劳工暂时提供了有价值的技能，并且他们运用自己的优势有技巧地赢得了更高的工资。这给我们上了重要的一课：就是完全相同的一种能力，可能是高技能，也有可能是低技能，这取决于技能所处的环境。技能这个概念的意义，取决于你下定义时所考虑的案例是什么。

因而，如果你想靠拒绝付出技能来提高你的工资，那么这项技能一定要是付你钱的人想要的技能。现在假设你有稀缺技能，同时也有人想要，但是那些潜在买家不愿意对你的技能开出开放市场的价格。我把它作为研究点，并且以"比较价值"来展开研究。问题来了：很多人认为，在劳动市场上，女人长久以来且至今仍然受到歧视。大量不同的统计资料研究都显示，任何时候，雇主只要能侥幸不被查到，就会给女人付比男人少的薪水。可谁能责备他们呢？就如马克思所说，资本主义是一个牢固的体系，只要雇主为产品的各个组成部分所付价格比该付的高出一点点，很快就会被那些把产品卖得更便宜的精明制造商赶出市场。

煤气工人的例子在这个问题上提供给我们一些启示。假设法律最终彻底禁止性别歧视或实行男女同工同酬，女人赚的仍旧会比男人少。为什么呢？因为在所有职业中，男女分布并不是均衡的。没有女人打美国职业棒球大联盟[1]，很少有护士是男性，但是球员赚的钱却比护士多得多。学校老师中的女性数量高到不成比例，却有不成比例的公司总裁是男性。如果你不管性别，付给所有护士相同的薪水，也不管男女，付给所有公司总裁相同的薪水，女性最终平均还是赚得比较少，因为她们大多从事工资较低的工作。

怎样补救这种不平等呢？有些改革者批评工资标准的设置方式（政府机构容易受到这种攻击），工资参照工作所需的技能而设定，但是在这类评估当中，"女性职业"（也就是大多数从事者是女性的职业）中的重要技能，不是被忽略就是没有被高估价。如果技术性技能相比处理复杂社会情境所需的技能被更高地估价，且更可能是女人从事的工作（比如护理或教书）——对"人际关系"的技能需求相对更多，对技术性的技能需求相对少一些——那么即使她们拥有高技能，她们得到的工资仍然会比较少，各个不同领域均如此。

【116】

当然，支持现状的人会辩解道，我们不能证明技能是可以同单位测量的（commensurable）。当然，这正是我们要说的问题。之所以不能比较，是因为我们对于如何测量没有达成共识。若真是这样，我们又怎么知道男人技能更值钱呢？这正是工资标准饱受攻击之处，因为它隐含着男人的技能价值更值钱的判断。

---

1 历史上少数比赛也有女性参加，比如 Jackie Mitchell 和 Lou Gehrig 。——译者注

我花了很长时间才讲到概念这一点，因为它就蕴含在我举的这类例子中，不是抽象地泛泛而谈就可以说明的。这个要点是，概念预设了一个前提，就是当你表达和定义时，已经彻底研究过它们所包含的全部范围的事物。现在大家就能明白，我在早些时候为什么一直强调抽样方法中，必得找出能包含整个范围的各种样本。如果你因为传统偏见或其他我曾讨论过的理由而排除某些现象，你的概念就会有瑕疵。再进一步组合这些概念，并加以概推的话，会产生很多噪声，那些所谓随机变量根本就不是随机的，而是你在选择案例来定义概念时，系统性社会偏见所造成的后果。

犯罪（Crime）

同样的论证也适用于白领犯罪这个众所周知的现象。为什么埃德温·萨瑟兰觉得有必要在美国社会学协会（American Sociological Association）的主席演说（Sutherland，1940）讲白领犯罪这个主题呢？因为他想指责同行所犯的概念性错误，这个概念性错误与不完全抽样有相同的基础，都是基于一些约定成俗的、社会认可的偏见。在萨瑟兰发表猛烈批评的时代，犯罪学期刊和书籍充斥着关于犯罪的理论和研究，这些理论和研究所说的犯罪到底是什么？犯罪是触犯刑法的行为，这听起来似乎不偏不倚。堆积如山的研究都指出，犯罪和贫穷、家庭破裂以及所有其他当时称之为"社会病理学"的传统指标有着高度关联。萨瑟兰提出一个简单的问题：有些犯罪是由非常富裕的人所为，他们并没有显现社会病理学的传统症状，有些犯罪事件还是由美国最大的和最受人尊敬的公司所为，他们同样也不是来自破裂的家庭，那么，以前的理论怎么能成立？

这个问题的答案再简单不过了。一般的犯罪学家中，没有人会认为有钱人或大企业所犯的罪，就其根本而言，是"真正的犯罪"。此外，这一类人也很少被判决违反刑法，因为这些案件多半以民事诉讼处理。如果没有刑事判决，那怎么会有什么罪犯呢？政府向来都更乐于抓犯电子邮件欺诈或盗用身份证勾当的坏孩子，并强制他们补偿被欺诈的受害者，而不是乐于把谁送进监狱。但就犯罪的性质而言，这并不是自然的结果，因为本是可以依据刑法提起诉讼的，但却很少如此。这是检察官们裁定的结果，他们行使法律所赋予的自由裁量权，可以裁定诉诸刑事或民事诉讼。

检察官还有其他不提起刑事诉讼的理由，就像卡茨之后的研究（Katz，1979）中指出的，白领犯罪和传统意义上的犯罪，有另一个重要的不同点。在一般的犯罪中，罪证确凿，有人被抢或被袭击，其关键问题在于：是谁做的？然而，在白领犯罪中没有"谁做的"这个问题。大型连锁超市确实将 14 盎司重的肉标为 1 磅，然而问题不在于是谁做的，而在于这到底算不算犯罪？毕竟这种事情可能是因为秤有误差，而公司却不知情，或是因为一个不诚信的肉商在揩油，或是因为其他显示这个公司并无犯罪意图的各种原因。由于这些理由，白领罪犯比一般罪犯更少地被定义为刑事犯罪。

萨瑟兰的推理无懈可击：如果你在计算相关性时，决定不把有钱人及大企业所犯的罪纳入，那么你的结论准保是犯罪和贫穷及其副产品相关。并非因为事实如此，而是因为你使用了有瑕疵的概念，这个概念看似包含了给定类别的所有成员，但实际上却是根据社会声望这个未经检验的依据，把其中很大的一个部分排除在外。你得到的并不是实证的发现，而只是定义制造出来的赝品。

为了反驳萨瑟兰，传统犯罪学家主张："每个人都知道"有 【118】钱人和大企业本来就不是"真正的罪犯"。这就是说，如果你接受了对罪犯的传统看法：戴着面具的凶恶歹徒，从树丛里跳出来，拿着枪抵着你的肋骨，然后抢走你的钱；或者是以犯罪为业的人，过着犯罪的生活，和其他像他们一样的人（在传统的看法中，这些人理所当然是男性）有着共同的犯罪文化。如果你接受对罪犯的传统看法，那么很显然，那些穿西装、打领带、面目和蔼的家伙——光天化日之下，在富丽堂皇的办公室中拿走你的钱——以及拥有这些办公楼的企业，和罪犯一点也不像。他们可能会拿走你的钱，但用的不是一把枪。事实上，除非有人向你指出他们的手法，不然你可能连已经被抢了都还不知道。

萨瑟兰使用了一个窍门来理解白领犯罪，这个窍门基于组织生活的普遍特性。如同我在讨论抽样时所说，组织总是在说谎。如果这么说太严厉，那我们可以换个说法——组织喜欢展示出最好的一面，而不愿意说扯后腿的事。那些事件和行为在任何情况下都超过了人们一般期待组织应当守住的底线，所以经常被解释为是偶然越轨，或归因到个人的品格缺失。每当有警察被发现行为不端时，警察部门最常给的解释是："每个桶里都会有烂苹果。"这个解释试图反驳更具有社会学意义的假设的批评，比如"是桶造成苹果腐烂"，也就是警察部门的组织和文化使原本奉公守法的警察变坏。

如果接受组织说的谎，社会科学家就会误入歧途。相反，如果他们找出这些故事没有提到的部分，寻找组织所忽略、隐瞒或搪塞的事件与活动，他们就会发现，这当中有许多事应该被纳入他们建构的定义材料中。萨瑟兰的窍门很简单，他寻找企业年报中没有提到的事实：企业遭到的民事诉讼、遭受这种指控的善后方式，以及那些触犯刑法企业想方设法避免刑事指控，替之以民事解决，导致社会学家没有算在内的犯罪案件。

【119】 当你发现人们讲述某一类组织的故事，习惯性地不把某些事件与事实算在内时，通常你已经发现了一个新的元素或"变量"，需要整合到你研究的现象的定义中。关于越轨的标签理论，就是来自于萨瑟兰关于窍门的更通用的版本（参见 Becker，1963）。

比如关于越轨的常见说法是，组织有责任且确实也很有效率地处理了越轨行为，即使也许无法阻止越轨的发生（比如警局无法控制每一个流氓警察），但是一旦知道有越轨发生，组织一定会找出来，并且施加惩罚。公司也许无法预防员工欺诈顾客，但是它们会追查并惩处那些骗子。诸如此类。

但当你发现并非所有的越轨行为都会被查到，对追查对象的选择也不是随机的时候，你就有充分的理由认为，你已经找到了解答谜题的要素——也就是在追查和惩处过程中的某个环节，包括不查某些人，或不去惩处某些被查到的人。因而你就可以知道，"越轨"包含两个部分，一部分是违法或违规事件的发生，另一部分是公布要反对的行为、用一套程序对待被认为触法的人。当萨瑟兰看到某些犯罪的人受到的待遇与其他人不同时，他知道他已经了解了一些东西。

记住，萨瑟兰看到的事情大多不是秘密。每个组织都以一种片面且方便行事的方式执行他们认可的规则。萨瑟兰的独创性在于把这种便宜行事作为他的研究主题。（我将在第 5 章深入讨论社会研究组合逻辑的使用时，再回来讨论违规以及对于违规的认知与惩罚之间的区别。）

以上所有的例子都显示出，如果概念没有完整地涵盖它们宣称适用之个案的范围，那么这个概念就是有瑕疵的。如果将有瑕疵的概念概推为术语，并将其放在解释事物的公式中，将无法解释它们被宣称适用的范围。这就像解释少年犯罪行为的因素，不一定能够解释大企业所犯的罪行。包含所有个案的完整范围使我们不得不修正概推的内容，让概推更复杂也更有趣。这样的概推，因干扰较少，未被解释的变异也较少，解释力将会远远超过原先的设定。

再重复一次这里的窍门：定义概念是基于其所依据的各种案【120】例拥有的共同点。无论得出的定义有多抽象（或"多强的理论性"），个案的选择方式如果未经检查，仍会留下痕迹。这也是我为什么强调意象的重要性，意象能拓展我们对于所研究的世界所呈现面貌的想法。如果我们的意象基于有偏差（biased）的样本，那麻烦就大了。但是如果我们能够有系统地找到被遗漏的案例，就能改进我们的研究。

定义概念：一些窍门（Defining Concepts: Some Tricks）

回顾一下这个观点的结论：我们定义概念（而不是发掘概念的真实本质），并且定义是由我们搜集到的案例之集合塑造的，我们用这些案例来思考问题。假设我们已经收集到了充分的案例，想以此建立一个有用的概念，我们要怎么做？这确实需要一些想象力和自由联想的能力，并参考他人过去的说法。不过，可能你完成了这些以后，仍不知道如何建立概念。那你究竟该怎么做呢？

当社会科学家着手搜集数据时，还没搞清楚自己到底研究的是什么，就会问自己上面这样的问题。这种情况比我们愿意承认的发生得多。例如我们同意研究一个"具有实用价值的"（practical）问题，该问题的定义，是根据其对参与其中的人的重要性（这种情况很常见，研究主题从实用价值和政治意义来说都是重要的，才会获得资助）时，就会发生这样的情形。"黑人学生在教育上待遇公平吗？"不管这些术语如何定义，都不是社会学术语框架下的问题。这不是说这个问题不重要或不有趣，而是说，在我们有任何与众不同的发现之前，我们必须把它转化成社会学的问题。但我们不知道那个问题会是如何，至少目前还不知道。在我们了解产生这个问题（哪种机制的运转导致这个问题以这种方式发生）的组织、机构及过程的类型后，我们才会知道这个问题的社会学表达是什么，而只有我们的研究才能告诉我们这些。

因此我们发现自己身处一堆数据之中，试图用社会学的方式理解这些数据可能和什么有关。身陷这种困境的学生经常会说，他们想要"缩小问题的范围"，这种标准说辞是从他们老师那里学来的，用以避开超过他们理解能力的问题。对于学生来说（其实不只学生），这也意味着要找到一种可以应对所有批评的方式。如果他们把"问题"范围缩得够小，他们就能发现其中的所有事物，明确问题，然后身边的假想敌就无法抓住他们的小辫子了（我曾在一篇文章中［Becker，1986b］中讨论过那些恐惧的心态）。

正在学做田野的学生普遍会受到这个毛病的影响。等到他们终于鼓起勇气做访谈，却不知道要问些什么。当他们观察到一些社会情景时，却不确定哪些是他们要的"数据"，该记下哪些所见所闻之事。这是因为他们不知道他们的问题是什么，他们究竟要研究什么。他们知道他们不得不做，因此把什么东西都记下来。结果笔记零散，也缺乏条理。他们的访谈经常离题，因为他们不知道他们想知道什么，并且以此有系统地引导访谈对象。

不过他们对已经做的事还是有点头绪的，如果你都不明白自己在做什么，那你连最简单的决定都无法做。这些学生对于所研究的人、地点与情境的意象，引导着他们的所作所为、所问、所注意或所忽略的事。他们大致知道是什么在脑中引导他们做这些事。问题就在于弄清楚使他们陷于这个困境的意象。

我解决这个困境的窍门，是一个古老的室内游戏。在这个游戏中，比如某人说了"Nine Wagner"，我们就要猜这个答案的问题是什么。在这个例子中，这个问题引出的答案是"谁写了这首曲子？莫扎特？"，而答案是（我的拼写比较随意）"不！是瓦格纳！"（"Nein!Wagner!"）[2] 因此，当你想弄清楚你在做什么时，

---

2 这里作者原文为德文，德语发音中的 nein 和前面英语中的 nine 相同，以此让参加游戏的人混淆。——译者注

请你对自己说："我这里的数据是某个问题的答案。我要问自己什么问题，我在笔记中写下的记录才会是一个合理的答案呢？"我要求学生重读笔记时记住这一点，假装他们做的每件事都有目的，并且已经达到当初设定要做的目标。这样搞法，他们就知道自己做了什么了。

这个练习通常让学生很郁闷。他们明白，不管他们开始做研究时心中有什么样模糊的想法，一旦开做仍是一片空白。没有言明的假设与没有确认的意象（即关于这个问题的假设与意象，但更像是在进行过程中对访谈对象们有什么样的合理期待），引导他们调查原先不在他们脑中、同时也不在乎的主题。这些主题通常都是非常小、看似无关紧要的事，唯一的好处就是在谈话逐渐安静时突然闪过脑中，让访谈不至于冷场。学生想要研究社会组织模式。但是，他们身处自知不是专业研究者却要装成专家的压力之下，只好问访谈对象与参与对象一些无关紧要的琐事。他们想了解工厂工人的不满，却只和他们讨论员工餐厅里的食物，或昨晚电视转播的足球赛。他们知道不该这样，但就是不知道该做什么来找到想知道的东西。

我告诉他们不用郁闷，现在他们知道了他们"实际上调查了些什么"，首先想想第一次进入田野时到底问了些什么，并且明白了他们得到的其实不是他们想要知道的。明白这些以后，他们就可以改变方向，重新拟定问题，并且把一些不同点写进笔记。现在他们的数据看起来就比较像他们想调查的东西了。此外，如果看起来似乎不能够看到或问到他们认为重要的东西，那就应该考虑换个方式得到他们感兴趣的东西。

重新拟定后的研究问题就是概念建构的开始。他们发现了他们没兴趣也不想知道的那些事。他们经常不觉得这有什么好兴奋的，并且觉得在错误的方向上浪费了时间。但其实他们并没有浪费。他们必须对吸引他们的事有些概念，才能说别的事**没有**引起

社会学家的窍门：
当你做研究时你应该想些什么？

他们的兴趣。确定感兴趣的对象，就是概念化的开始。

我说的这个窍门，听起来似乎只有用质性资料的社会学家才会这么做，他们不受研究设计的限制，可以让自己的想法在研究中随时跟着改变。事实上，个人电脑普及以后，做定量研究的社会学家已经摆脱了对大型机的依赖，不用在获取想法、思考如何检验数据，以及最终取得结果之间，等待机器的漫长运算。从大型机中解放出来后，定量分析的交互性更强了。过去手工计算需要一年时间的因子分析，现在只需要冲一杯咖啡的时间。计算的成本大幅降低，使研究者可以尽情分析资料，看看有没有什么灵感（Ragin & Becker，1988）。换句话说，定量研究者也能够根据所获得的答案，来看看他们想问的问题是什么。他们也可以使用这个窍门。 【123】

让案例定义概念（Let the Case Define the Concept）

这里要谈的和前面谈到的认识概念是如何被定义的方式稍微有些不同。社会学家关心概推，希望确定他们研究出的结论不是只能概括它这类问题中的一个案例。如果你得到关于某事物的正确知识，却不能用在其他地方，这样又有什么用呢？特性研究和通则研究科学[3]，这两者间众所周知的区别受到科学家的重点关注。我想，学生特别希望他们的案例（他们的研究对象）能够纳入某个概念范畴中。这样的话，在为什么研究这个对象上立即有了正当理由，丝毫不费力气。

不过这里有个问题。如果你只是聚焦于你的个案与其他案例的共同之处，而将它们归于同一类别，那就不能确定你能否说出什么有用的东西。你越严肃地对待你的案例，你就会越努力地彻

---

3 Nomothetic and idiographic，由德国强调新康德主义的巴登学派哲学家威廉·文德尔班（Wilhelm Windelband）提出的研究方法。——译者注

底了解它，所以也就不会隐藏或忽略了什么，也越不会认为你的案例与其他表面相似的个案一样。

我们可以把这个问题视为以下两者之间的选择：让概念范畴定义案例，或让案例定义概念范畴。让范畴定义案例的方式是，将我们所研究的说成一个成为 X 的案例，比如科层制、现代化或组织，或是其他任何用来了解社会世界的常见概念。这么做会（不一定会，但实际上经常会）引导我们认为，关于案例的所有重要方面都已经包含在我们对于范畴的认识中。然后，从分析来说，我们之后要做的就是检视案例，看它是否拥有该范畴成员应具备的所有属性，如果是的话，就可以说这个案例符合概念的描述。当我们发现案例确实具备所有（或大部分）的特质，并且解释了为什么没有某个特质以后，分析就算完成。如果范畴描述忽略了存在或不存在的某些要素，在案例分析中，我们也会跟着忽略。这个策略有助于我们在某一类型的样本中加入更多案例，并在前【124】人提过的观念和原则中加入变量，进而发展理论。这有点类似库恩（Kuhn，1970：27-34）所描述的对诠释（articulation）[4]的常态科学研究（normal science work）[5]。

如我们的案例所证明的，如果世界越是只包含我们的概念所包含的事物，而不包含其他东西，那么我们的分析就会越顺利。但这个世界可不是我们所想象的那样。事实上，这种罕见的相似性极可能只发生在非常特殊的环境中。比如，当我们修正概念以便符合特定情况时。假设我建构一个关于革命的理论，概推自美国或俄国革命，那么我的理论就会适用于我所依赖的案例；同样，当我们对研究的世界有足够把握，使得它完全符合我们的范畴，

---

4 和本书中其他地方所言的诠释（interpretation）不一样，强调对理论的之所以然，而不是一般的解释。——译者注

5 对照大陆和台湾这本书的几个译本，一般译为"常规"或"常态"，根据贝克在本书中对情境（situation）的解释，这里采取"常态"的译法。——译者注

则世界会与我们的理论吻合。拉图尔解释的科学"运行"（works），也就是指它的预测在实践中得到证实，因为科学家在不断改变所研究的世界，直到它与科学家得到发现时所设定的一致（Latour，1987：249-250）。路易·巴斯德只有在说服农场主人，让他们在农场复制实验室必备要素之后，才能为奶牛注射疫苗，以防止牛患上炭疽热。拉图尔说："事实与机器，就像火车、电、电脑比特数据包以及冷冻蔬菜，只要它们运行的轨道没有任何障碍，就可以走到任何地方。"（Latour，1987：250）但是为社会科学的运行铺设轨道是极为困难的，对于社会世界该如何整置，好让它能契合我们的理论，人们的意见冲突太大。因此这样的轨道最好由电脑来模拟，或在实验室中实验。但社会科学家不太可能都像巴斯德那样说服别人，让他们把真实的家庭（非模拟）或社区改变成我们的理论可以运行的轨道。

　　让概念定义案例的策略非常有用，但有个代价：只要案例的某些方面不在我们最初选择的范畴描述中，我们就看不到，也不会去调查这些方面。然而，遗漏的部分仍会回过头来烦我们，不管我们在调查中是否已经把它们纳入研究，它们就在那里，并且在我们所研究的情境中运作着，几乎可以肯定的是，它们影响着我们想要理解的现象。把案例的所有方面纳入分析是有道理的，即使我们的概念容不下它们。这正是另一种策略所主张的，即让案例定义范畴。继续以美国革命作为典型来说，我们定义出一个包含案例所有特质（每一个特质都要纳入，因为我们不知道应该排除哪些）的范畴。关于案例的任何发现都成为概念中极为重要的部分。这实现了什么？我们能够借此建立概推吗？

　　由案例定义概念的策略，可以让你定义可能在其他案例中会变异的范围。你发现储蓄和贷款协会[6]的高层主管有时会操纵银行

---

　　6 美国储蓄和贷款协会（savings and loan association），建立于大萧条时期，1932年，美国国会通过了联邦家庭贷款银行法案（the Federal Home Loan Bank Act），并组建了该协会支持该银行联合其他银行为家庭提供长期贷款，促进家庭消费。1980年代日趋式微。——译者注

规定以窃取金钱，这些规定十分复杂，检察官也无法裁定他们的行为是否确实是犯罪。从这些案例你就可以发现"犯罪"另有一个层面，是在操着棍子打人、罪证确凿的人身侵犯案中看不到的层面。再由此研究概推，我们可以得到如下结果：一个行为的犯罪性质有明确性（clarity）与模糊性（ambiguity）之分，对此存在着一些影响因素，这些都是未来所有"犯罪研究"不应忽略的。从某种意义来说，这种研究的结果，带来的不是答案，反而是更多的问题。

概推：伯纳德[7]·贝克窍门（Generalizing：Bernie Beck's Trick）

在以上分析中，我夹带了私货。我刚刚说到，在将来的研究要纳入犯罪的新层面——某一个行为的犯罪性质的明确性与模糊性。现在，我要来解释我的私货是什么。社会学家通常都认为，从他们所研究案例的"原始事实"（raw facts）到社会学分析这个最大也是最一般的范略之间，是连续的，没有中间站。因此，社会学家可能在描述研究发现时，比如说酗酒时，就从那儿直接跳到讨论认同或自我意识，或其他一些与社会组织或社会互动有关的高度抽象化的方面。一般说来，关于自我意识或认同，我们的研究通常不会有什么新奇的发现。研究者却经常用这些笼统的想法来确定他们的研究，提出泛泛的方法和他们想问的笼统问题。这些想法和莱旺顿所说的"具有启示意义的和有组织的隐喻"（informing and organizing metaphors）没两样，只会"把秩序带向混乱"（Lewontin，1995：509）。使用这些方式得到的发现，无法引导我们重新整理那些笼统的观念和问题。最糟的是，研究

---

7 作者原文为 Bernie Beck，是 Bernard Beck 的昵称。——译者注

社会学家的窍门：
当你做研究时你应该想些什么？

者还得意扬扬地宣称，他们的研究确实是认同发展或社会组织具有样本代表性的例子。这种研究结果对任何人来说都没有用处。它无法为它证明的理论加入更多新论证。这种一般性理论对特殊研究也没什么用处，因为这种理论所提供的建议太过于笼统。

对描述有用的理论，一方面要比我们发现的特定事实更具一般性，另一方面又不能像认同或社会互动那么笼统，而是介于两者之间，如罗伯特·默顿提醒我们注意的"中层理论"。我刚才从储蓄和贷款协会的犯罪事件，转到一个行为的犯罪性质的明确性与模糊性，但我还没解释我是怎么做的。我教授田野研究课程时，如果讨论到学生研究发现的可能延伸，经常会做这类跳跃。这是最常让人感到我有魔力窍门的地方，只是我把 A 移到 B 的方式一般人模仿不来。

【126】

我在西北大学任教二十五年，办公室一直在伯纳德·贝克（Bernard Beck）的隔壁，他是伟大的社会学教师及思想家之一，他的才华应该更为人所知才对。我从他那学到很多却未及报答，其中多半是隔着墙听他和研究生讨论他们进展中的研究学来的。我听到的话当中，让我受益最多的莫过于他从中间层次思考研究结果的技巧。由于他从来没有发表过这个简洁精确的窍门，在这里我擅自借用。

如果贝克有一个学生，已经收集到一些数据，在试图理解他或她的博士论文研究到底是关于什么的，那么贝克就会对他或她说："告诉我你的发现，但不能使用实际案例中的可识别特征。"我用我自己的博士论文做例子来说明该怎么做到他的要求。这是一个关于芝加哥地区教师职业生涯的研究（结果在 Becker［1970：137-177］中提到），假设我是求助于贝克的学生，试图了解我的研究可以做出什么样的概推。首先，他也许会问我对于芝加哥地区的教师有什么实际发现，而我给他这么一个结论：

这些教师的职业生涯，是他们在芝加哥的学校系统中不停换学校，而非企图升到更高、薪水也更好的位置，也不是调到其他城市的学校系统。他们在学校系统中不停调动的过程，可以理解为他们试图找到一个学校，该学校中和他们互动的人——学生、家长、校长、其他教师——或多或少符合他们所期望的互动方式。

【127】假如我告诉贝克这些，他就会用他的窍门对我说："告诉我你做的是关于什么的研究，但是不准使用'教师''学校''学生''校长'或'芝加哥'等词。"要回答这个问题，我必须使用比案例细节更一般化的词，但不能太过笼统而失去研究发现的特殊性。如果我从这里就开始谈"认同"或"理性选择"或其他类似的高度抽象概念，我就会漏掉所发现的因工作环境舒适与否所造成的职业流动。因此，我可能会这么回答：我的研究显示出，在科层体制中，不管人们最想要什么，他们会通过评估所有其他人怎么对待他们来选择可能的职位，并选择各项条件最平衡的地方待下来。

我就是这样从银行高层窃取金钱这个事实，转移到我们所陈述的一个行为的犯罪性质的明确性与模糊性。"储蓄和贷款协会的高层主管，有时会借着操纵银行规定来窃取金钱，这些规定十分复杂，检察官也无法裁定他们的行为是否确实是犯罪行为。"我会再重复一遍这个观点，但不使用任何一个特定的语汇，不用"高层主管"或"储蓄和贷款协会"或任何其他特定的词语，而是用各个特定词语所属的类别，最后归结到讨论行为的犯罪性的模糊性，这个维度对将来的犯罪活动研究会很有用。而且，我还可以更进一步讨论不像刑法那么特定的东西，而是更具一般性的规则。那么，我就可以介绍各种有趣的案例，比如说，棒球投球手投出的到底是一个"坏球"还是一个"好球"，决定的规则就如同刑法里的规定一样模糊不清。

然而，你可以反驳说，棒球与金融业并没有什么共同点。没错，每当我们做这样的比较，发现相似点时，也会发现不同点；相似点与不同点都会显示出一般性的范畴，让我们在做分析时思考并运用这些范畴。相似点会说："每组规则都有某种程度的明确和另一种程度的模糊"；不同点会说："在已制定并执行规则的组织当中（例如棒球及金融业），还有其他东西在运作，以至于规则在某些方面由明确变成模糊"。做这样的比较，显示了规则的建立和应用过程中所包含的复杂性，我们在未来的研究中要注意这种复杂性。

这样做法的结果，就是每个研究都会有理论贡献，因为它提供了一些新东西，需要被看作所属现象类别的一个新层面而思考。唯一例外的时候是两个研究在每一方面都完全相同。不过这几乎不可能，并不值得担心。 【128】

概念即概推（Concepts Are Generalizations）

这里有一个殊途却同归的方式。尽管我们思考、推测并定义概念，但概念并不只是想法、推测或定义。事实上，概念就是经验的概推，需以经验研究的成果（也就是我们对世界的认识）为基础来检验和修正。

在研究社会现象的实际案例时，我们应用概念经常会有困难：它们有些吻合，但又不完全吻合。那是因为我们很少以单一而明确的标准定义现象，我们不会说"如果它有长鼻子，它是一只大象，就是这样"或者"如果人们以价格为标准进行以物换物的交易，那就是市场"。如果我们用这种方式定义，我们当然就可以知道案例是不是我们感兴趣的对象之一。（我这样说是把事情简单化了，因为我们还未解决何谓长鼻子或何谓以价格为基准交易以及与之相关的问题）。

然而，我们感兴趣的概念经常都有多重标准。韦伯不会以单一标准来定义科层制，他列出一张所有特征的长清单：书面文件、被定义为职业的工作、依规则做决定，等等。同样，社会科学家也以多重标准来定义文化：由代代相传的共识，以及体现社会基本价值的一致主张等组成。

然而，在我们生活的世界里，现象很少明确地具备所有特质，这些特质也很少属于多重标准定义下的类别。一个组织有书面文件、依照严格的规则作决定，但当中的职员却没有晋升渠道，这还是不是科层制？假如有一个组织在理论上具备了韦伯科层制的所有特质，但如果当中发生了这样一件事，如同戈登和他同事在一项关于公众获取依法公开的信息研究中（在各种信息自由法案的保护下，这些信息可从伊利诺州的市、县和州办公室获得）所报告的：

【129】 西北大学都市事务研究中心有位教授想找一些芝加哥选举的数据，一位有着爱尔兰姓氏的职员，不断当面斩钉截铁地告诉他，那些资料虽然已经依法公开，但无法获取。然而，某天当教授在为此事争辩时，一个有着意大利姓氏的职员瞥见教授书面申请上的名字，打断说道："马索蒂（Masotti），你是意大利人？"马索蒂博士回答说"是（si）[8]"，并且与职员用意大利语简单聊了会儿。然后这位职员打电话给另一位意大利人，花了30分钟就弄好了原先"无法获取"的完整数据。（Gordon et al., 1979：301）

虽然文件、制度以及所有其他韦伯提到的条件都具备了，但

---

8 意大利语的 yes。——译者注

这还能算科层制吗？

这些关于定义的争论是重要的。首先，用以体现这些概念的描述性名称，很少是中性的，而往往是带有褒义或者贬义的词汇。比如说，"文化"几乎总是好事（如上面的例子，"科层制"几乎都是坏事）。因此在技术层面的理论考虑之外，我们会在乎我们能不能说一个群体有没有文化。对那些不配当之的人，我们可不希望用一些代表赞许的可敬头衔来鼓励他们。假设有个群体，成员有共识，就是我之前提到的一个经常被纳入文化定义的元素，但他们是当下才发展出共识，而不是代代相传的，那么这种共识是不是文化呢？有些社会科学家不愿意将拥有真正"文化"的荣耀，给予那些"坏"群体（例如青少年帮派），而希望把这个好词用在值得赞许的组织上（Kornhauser，1978）。（这里出现一个有趣的问题，历史学家发现，许多看似包含原生价值 [primordial values] 的广为流传的传统，事实上却是不久前才发明的，比如他们发现，苏格兰文化体现在古老的宗族及传统的格子呢上，但格子呢其实是羊毛制品商人用手边多余的存货发明的。）

另一个问题能用更技术的方式来看。假设一个对象有 x 项标准，你将具备所有条件的对象称为 O，那么你把具备 x-1、x-2 或 x-n 项条件的对象称为什么？简单的答案就是，把它们称为非 O，并且忽略它们中存在的所有差异——这就是说，关于非 O 唯一重要的一个认识，就是它们不是 O。但这个答案经常无法让人满意，因为我们的研究对象很少具备所有条件；它们反而是各种不满足条件的组合——也就是维特根斯坦所说的"家族相似性"（family resemblance）。我们研究的科层制彼此相类似，但不如组成铜的分子的方式那样一致。当然，我们可以为每个可能的组合命名，但事实上我们很少这么做，因为这个方法会迅速制造出大量可能性，无论理论上还是实际上我们都还没准备好去处理它们。（我将在第 5 章讨论处理此类复杂性的现有方法。）

【130】

所以说，像科层制这类我们习惯使用的概念，事实上是我们所说的概推："看，这些 x 项条件确实很匹配，或多或少总是足以让我们能够假装每个对象 O 都包含所有标准，虽然事实上几乎所有的 O 们都只具备大部分标准，而非全部标准。"这里会产生一个问题，因为很多案例并不像你的理论所预期的那样表现，恰恰是因为它们遗漏了某个重要特质，而那个特质恰恰造成了 O 的那个方面。

　　我们经常可以取巧地解决这个问题，因为个案数量少，或是因为我们收集的对象没有具备我们所要解决之问题的重要特质。但是当我们解决不了时，我们就应该认清，我们的"概念"并不仅是一个观念而已，而是一种经验概推，这就是说所有条件总是很匹配。

　　有一个真实世界的好例子，这个例子与"居住"的概念有关。1960 年美国人口普查没有把大量年轻黑人男性计算在内，造成严重的政治后果，迫使统计学家与普查研究者不得不严肃对待这个问题。研究委员会所面临的现实问题是，如何在下次普查中把上次缺漏的人口计算在内（Parsons，1972：57-77）。因为事关政治代表性，美国人口普查必须统计人民的居住地，这成为具有双重特征的一个问题：首先，我们要如何找到他们**住在哪**，好让他们填表格；其次，所谓居住到底意味着什么（因为如果我们了解居住地的意义，我就知道如何联络他们）？

　　专家委员会的讨论显示了居住地这个概念的深层的模糊性。居住在某地是什么意思？每当提出一个标准，你立刻可以想到完全合理的例外。比如居住地是你睡觉的地方，但若我在墨西哥度假，我就算居住在墨西哥吗？比如居住地是你经常睡觉的地方，但若我是一个旅行推销员，并不在特定的地方过夜。比如居住地是你收信的地方，但很多人以留局待领的方式或通过旧金山的城市之光书店收信，他们并不住在那些地方。比如居住地是一直可以联络到你的地方，对我而言目前是华盛顿大学社会系，但我肯定不住在那里。比如居住地是你放衣服的地方，是你……

对大多数人来说，大多数时候所有这些地方都是同一个地方，他们通常睡在收邮件的地方，这个地方同时也是他们放衣服和最容易被找到的地方。但是有时候有些人，是一直在不同的地方做不同的事：他们把衣服放在一个地方，却在另一个地方睡觉。对他们而言，概念并不是充分的，如果我们把这些人算进来，就得把这个概念分解成各种成分指标，并分别看待。换句话说，我们必须了解到，这个概念所隐含的经验概推是不正确的：所有那些条件并不总是一起出现。

【131】

"一个概念的各种指标总是粘在一起"这个观念并不成立，我们可以将其看作延伸及复杂化你所研究的世界之理论的起点。玛丽莎·艾丽西亚（Alicea，1989）研究波多黎各的回流移民现象——从圣胡安或蓬塞迁移到纽约或芝加哥的人，又回到了波多黎各岛上。她发现事实上这些移民频繁往来于两地的家，所以把他们看成移民会令人产生误解，不如把他们看作有"双重大本营"（dual home bases）的人，这更实际也更有用。正视这个研究结果则意味着，一个根植于"居住地"这个概念的"事实"——人只能"居住"在一个地方——也只不过是一种可能性，在给定的案例中也许为真，也许不为真。

我举这类例子有时会让读者／听众觉得很烦，它们看来像是隐含了一种极端的构成主义，让我们根本做不了任何研究。在"居住地"这个案例之后，我举的例子更让人烦：哈罗德·加芬克尔（Garfinkel，1967）对阿格尼丝这个案例的描述，让人口学家非常困惑。阿格尼丝是个跨性别者，先改变了社会性别，接着又改变了生理性别。作者质疑人口普查怎么确定某人已经正确地被归类为男性或女性。难道要每个人都脱下裤子来确认分类吗？如果连居住地或男性女性如此简单的概念都无法精确使用，你又怎么能够观察或计算呢?

　　艾丽西亚的研究显示,把概念看作经验的概推,可以帮助你避免分析上的错误。我们通常认为移民一次只住在一个地方,当他们迁移时,不再住在过去住的地方而搬到另一个地方住。嗯,当然,他们确实搬到其他地方了,但事实上他们在两个地方都拥有某种意义的家,在美国大陆及波多黎各的家(当然,究竟是什么意义的家也是个值得进一步研究的问题)。你无法假设,住在第二个地方对于他们的意义与住在迁移之前的第一个地方完全相同。在迁移之前,他们可能将家 1 视为唯一的家,但在获得家 2 之后,他们可能决定不放弃第一个,于是在两地之间来回移动,就像有钱人每年夏天到别墅度假一样。这个故事的感伤之处在于,无论在哪个地方,这些人都无法得到"真正的家"所能给你的好处,比如稳定的经济基础,或来自懂你、爱你的人的情感基础。(但是拥有两个家也不一定是一种损失,卡罗尔·斯塔克的研究显示多个家对于贫穷的小孩而言是有好处的,他们可以"离家出走"到同一条街两户之外的邻居或亲戚家住一阵子。)

　　把概念看作经验概推的窍门,帮助我们解决了一个未深思熟虑的看法——认为概念的所有特质总是很匹配,所带来的问题。将其拆散,视其为能够独立各自变化,便可以把技术性的问题转变成理论发展和诠释(articulation)的机会。

概念是相对的(Concepts Are Relational)

　　我曾经教过《社会研究经典》这门课。在课堂上我们读过简·默瑟的《标签化智障者》(*Labeling the Mentally Retarded* Mercer,1973)。这本书研究"智障者"(mentally retarded)在加州大学河滨分校如何被标签化。这个研究证明了临界智障(borderline retardation）和"真"智障伴随的显性生理残疾不一样（任何人都知道这个道理，但是理论家就是想去证明），是墨西哥裔或黑人小孩上学时所得的一种疾病，离开学校以后就好了。

有一天我在班上开了一堂课，提出了所有描述人的术语都是相关联的，这就是说所有术语只有在被视作术语系统的一部分时，才具有意义。这不是我的新主意。我想我第一次看到这种说法时，是在马克思主义历史学家（可能是 E.P Thompson 或 Eric Hobsbawm）的著作里，他们说阶级是相对性的术语："中产阶级"或"工人阶级"，只有在互相对照，或和"上层阶级"对照时才有意义。这些术语含义就是这种关系的特征。"工人阶级"意味着你在替"雇主阶级"工作。

【 133 】

这看起来天经地义。很明显人们记住了，但一转身就忘了。他们是如何遗忘的？他们想象的是某一阶级自然就拥有某些特色文化或生活方式，而不管它属于哪种关系体系中。这并不是说就不存在各种阶级文化，而是强调阶级文化来自于一群人相对于另外一群人的关系，这种关系会制造出某种环境，至少是部分环境，让他们的独特生活方式得以发展。

所谓"欠发达国家"的概念也是如此。这个案例所使用的方法很简单，就是把"欠发达"（underdevelop）当作动词"去欠发达"（to underdevelop），很明显，是某些国家或组织让所谓"欠发展"（underdeveloppment）这个概念成立。这个例子显然混淆了两件截然不同的事：一是欠发达的地方只有相对于已发达的地方才有意义；二是"发展"分布是某些组织刻意创造的特质。

我在课堂上讨论这些时，有个学生是临床心理学家，她很难接受默瑟的结论，坚持认为精神智障是真实存在的，并非只是定义或相对性的问题。她说，至少某些个案中的小孩确实是深度智障。我用下面这个问题回应她，我问学生我是高还是矮（如果你量一下我的身高，大约是五英尺十英寸，在当时并不是非常高，但也不矮）。他们看起来很困惑，摇摇手表示我是中等身高。我坚持要个答案，他们当然给不出来。我说，我曾经是大学老师中比较矮的人，因为有位同事有六尺九寸高，另一位有六尺六寸高，但他们离职以后我就变高了。我问一位日本的访问学生，我在日本算不算高个子，她尴尬地笑了笑，最后回答"是"。我读高中时个子足以打篮球，但现在不行了。接下来我便指出，身高是你用以认识别人的一个似乎真实的事实，这种真实和你认为一个人智障或聪慧是一样的。

【134】这里运用的窍门是，把任何似乎是描述个人或群体特性的术语，放进它所属的关系体系（system of relations）语境中。这会让你明白，特性不仅是某个东西"有实体存在的事实"（physical fact），而且也是对那个事实的解释，也就是根据与该特性相关的其他事物赋予这个特性以意义。首先，找到与其相关的其他特性，这些特性同样也被赋予意义，它们进而构成可能性系统（system of possibilities）。从"深度智障"到"智障"、"正常"、"天资聪颖"，最后到"天才"的等级序列就是一个好例子。

不仅如此，我们还可以继续分析，这个系统又与什么相联结呢？为什么这类区别在普通的正常人看来是如此"自然"呢？为什么它们似乎得有十足的合理性和重要性，才继续发生作用？我指出，我自己在绘画领域是"深度智障"。我永远无法像我班上那些"好画家"一样画一棵树或一条狗。这让我觉得很羞愧，也确实对我的生活略有影响。我另一位同学会画画，但在音乐领域却是"深度智障"，老跟不上调，所以她在小学班里面合唱时，大家总是叫她只做口型就好。

为什么我说的这些不过是自嘲，并不严肃？因为，很显然以上这些无能根本"无关痛痒"，不会画画或跟不上调，不会真的带来什么坏事，可能只会觉得有点讨厌，或感到一点点羞耻。你也许希望能像其他人一样轻松做到这些简单的事情，但我们的世界并不要求所有人都要会唱歌或画画。

然而，这个世界是有序运行的，我们必须能做一些事情，但是那些"智障"者就不容易做到，或做不好，或根本不会。某些人或机构规定：要一定程度，至少是最低标准掌握一点阅读能力或算术能力，要"跟得上"大家，你要在一定时间内学会各种观念与技巧，会看地图、说时间、理解方位，等等。这样才能和他人相处，否则，你就是"迟钝"。

刘易斯·德克斯特（Dexter，1964）写过有关"愚蠢政治学"（The Politics of Stupidity）的文章，他指出，先人及当代人用某些技能来建立并维系世界，所以这个世界多少有些非做不可之事。你可以建立另一种世界，这个世界的身体能展现出优美和灵巧的身姿。在这样的世界中，开门前必须先演练一套复杂的肢体动作，笨拙的人可能无法做到，非常笨拙的人根本开不了门。我们可以称他们为"笨蛋"，然后为他们设置特殊入口，也许再为他们开一些特殊治疗班，以便让他们能"自力更生"。尽管到最后我们可能仍必须很遗憾地说，天生的基因限制让他们无法办到。

【135】

身体特性与它们的社会重要性之间有很远距离。我们拥有各种特性，但是只有其中一些，因其包含在关系体系的方式，而被视为具有社会重要性。当身体与社会秩序的安排机制认为这些特质是"必要"的，它们就变得重要。以身高为例，如果你的身高在某个范围之上或之下，环境安排就会给你造成不便，如果你太矮，坐在标准座椅上脚就够不到地；如果你太高，一不小心头就会撞到门。我们美国的社会安排比其他社会宽容一点，尽管如此，非常高的女人和非常矮的男人在寻找伴侣时，还是会遇上我们普通身高的人所没有的问题。

所有这些都是有历史背景的。几个世纪前人们平均身高比现在的人矮，所以 15 和 16 世纪建造的门，除非重建，否则当代的人一不小心就会撞到头。以简单算术这个技能为例，在现代，不懂加减或其他简单算术运算的人一定是"发育迟缓"的人，甚至可能是"智障"。不过那些技能并非向来都必要，帕特里夏·克莱因·科恩的著作《算数人》（*A Calculating People*）告诉我们，直到 19 世纪，普通的美国人才真正需要这项技能。在此之前，店主及店员可能需要，但一般人不需要。类比于"识字"，她称这些技能为"识数"。这个名词强调的是，因为在现在这些技能具有社会价值，已经融入日常的运行中，所以我们才把它视为重要的人类技能。早些年，这些技能可能只是有趣的文化装饰，就像唱歌或吹长笛，但绝对不"重要"。

技能和特性不只有变得更重要的时候，也有变得不重要之时。黛安娜·科赞尼克《绘画艺术》（*Drawn to Art*）一书（Korzenik，1985），描述了绘画这个技能的重要性在美国社会的反复变化。十九世纪中后期，一些重要人士认定美国工业化落后的原因是美国人不会画画。大多机械装置的发明及改造在厂房中进行，而工人以他们操作机器的详细经验，凭空想出改良及发明的方法。若要有效率，工人必须能够绘制平面图，根据图来设计所需要的零件和建造设备。但美国工人没有受过机械制图的训练，也不如其他国家的工人（比如德国工人）那么擅长制图。于是采取以下措施：开展成人补救课程运动，以便让工人学习必要的技能；推动更系统性的小学绘画教学。但这个重视绘画的阶段相当短暂，其他的发展使得绘画不再那么重要。也就是说，在 1930 年代，【136】就算我不会画画，小学还是能毕业，并被视为一个聪明的学生。（另外还有潦草的字迹，在没有打字机的时代，可能也是一种严重的残疾。）

谁来决定哪些特性重要到足以作为重大的决定性区别的基础呢？有时是我们最亲近的同行，如我不会画画、你不会算术或她五音不全是否严重到应该受到负面对待，以及我能记住一千首流行歌曲并随时可以在钢琴上弹奏，或你能模仿加里·格兰特（Cary

Grant）、格鲁乔·马克思（Groucho Marx）或朱迪·加兰（Judy Garland），是否值得接受特殊奖赏。在这些方面默瑟的研究结果有时候很重要。比如对于哪些特性更重要的决定，有时候掌握在特定的专业人士手中，这些人凭借圈内人才懂的方法进行判断。但默瑟的研究中真正令人震惊的发现是，当由老师推荐班上小朋友参加智力测验时，原先被贴上智障者标签的种族及族群总体差异消失不见了，墨西哥裔、黑人或白人的比例竟然和学校的总体分布一致。是的，**只有**缺乏小孩子课堂教学实践经验，同时也无法借助其他与小孩有关的知识来解释测验成绩的人，在负责为小孩做智力测验并归类是否为智障时，才会出现墨西哥裔小孩过多被贴上智障者标签的状况。因此，通过职业专长的发展和垄断导致这类决定被专业化，是另一个会影响"个体特性"如何包含在一组社会关系中的重要历史变量，这使得这些特性变得更为重要。

政治和权力同样也会影响关系体系，一些特性因此变得重要。如果有个负面特性要分配，有权力的人通常可以避免分给他们自己或和他们有关的人。反之，如果要分好处，他们会尽力留给自己享用。1980 年代，美国国会（为寻找平衡，在分配特殊资源给贫困人口，即所谓"地位低下的阶层"儿童接受教育时，也给了中产阶级一些好处）批准了一个"资优"儿童计划。我想，才华与天赋的区别，虽属于正面，却和"重度"及"轻度"智障的区分有异曲同工之处。【137】

这个"资优"儿童计划，给公立学校教授视觉艺术的老师出了一个难题：要怎样选出合格的有才华或有天赋的儿童，让他们接受额外的训练与机会呢？虽然从整体而言，中产阶级的父母更在乎视觉艺术以外其他的技能和天赋，但有这样的机会，他们仍想争取一下，迫切到甚至要求一定要有科学依据来决定谁能得到特殊待遇。这是我参加一个会议的结论，这个会议原本声称是要讨论艺术的"创造性"，最后事实上变成交流"你能否设计出一个关于某些能力的测试？这样我就可以告诉家长，入选资优计划的小孩是以这个测试的分数为基准，请不要再烦我了，你的小孩分数低我也没办法"。

于是老师的烫手山芋变成了测试者的问题。你要如何测量视觉艺术能力？这是个严重的问题，因为艺术标准要达成共识，比取得算数或阅读标准的共识要难很多。然后，视觉艺术里有个"众所周知"的重要标准——绘画，恰好就是我不会的。不幸的是，就算假设绘画能力不难测定，但绘画能力与成功的视觉艺术家之间并无明显的相关性，并不比诸如视觉空间关系、色觉或其他你能想到的概念性能力更密切。进一步地说，如果你用诸如成功的标准看待艺术家，显然你也把一些社会或商业技能（比如推销）带进来了。再进一步地说，有些视觉艺术，特别是摄影，根本不需要具备任何绘画能力，所以任何以绘画为基础的测验，必然会产生一些显著的错误。

我离题啰唆了"资优班"的故事，想说什么观点？我是想说，中产阶级家长的力量，能够影响这个关系体系的形式，进而影响其重要性，以及不同种类的人取得资源的可能性。但他们的权力可能还不足以胜过那些手握决定权的专家。

【138】

从这个案例看出的第二个观点是，至少存在两种关系体系。一个是名声好而令人向往的位置处于测量表中间，例如身高就是如此。这让我们回想到之前讨论过的休斯的观点，我们从平均数往两个方向检验偏差，观察超出更多的人与更少的人。在他的案例中，一个人想按套路进行性生活时，就意味着既不想比其他人"更糟"（那会被贴上"浪子"或"荡妇"的标签），也不想比其他人"更好"（也就是"伪君子"）。然而，在另一种关系体系中，越往某个方向，对生活的声望及其结果"越好"，而越往另一个方向就越糟。智商就是如此，其他特性比如艺术能力亦然。

总结一下这套窍门：首先将术语放入关系所包含的完整范围中（比如"高"必然对应"矮"、"有天分"必然对应"没天分"），然后去了解这组关系现在是如何组织的，在过去不同的时空里又是如何组织的（比如去理解 150 年前不懂算术的意义和后果，比较与现在有何不同）。最后，看看事物怎么被组成为此时此地的样子，以及与哪些社会安排的联系共同维系了这套关系体系。

维特根斯坦窍门（Wittgenstein's Trick）

我早就有了一本路德维希·维特根斯坦的《哲学研究》（*Philosophical Investigations*），但是我以休斯教我阅读齐美尔社会学文章的方式来阅读这本书：不用完全理解作者的意思，而要触类旁通，形成能运用于自己研究与思考的想法。维特根斯坦书中的一个点子变成了我的标准技能之一。因为是从《哲学研究》中的一段话中得到的启发，我就称它为维特根斯坦窍门。

这本书每个段落都有编号，其中一个段落讨论意图（intention）与意志（will）的哲学问题。维特根斯坦是这么说的："但我们别忘记这一点：当'我举起手臂'时，我的手臂是向上举的。问题就在这里：如果把我的手臂举起来的事实从我举起手臂这个事实中抽出，那还会留下什么东西呢？"（Wittgenstein，1973：§ 621）这个窍门的精髓就在这里：如果我从一个事件或对象 X 中取走了 Y 特质，那还剩下什么？

【139】

这个窍门可帮助我们清除一个想法中巧合和偶发的部分，而留下核心部分，也有助于我们把现象的形象中心从它所属的特别例证中剥离出来，就像维特根斯坦借着分离偶发的肢体动作，独立出我们对于意图的直觉形象的核心部分。这里有个例子。我曾经是一个讨论现代艺术专题小组中的一员，小组里有一位成员，三年前开始认真投资收藏现代艺术品，并且已变成一个财力雄厚的收藏家。轮到他发言时，他展现出渊博的知识，讲述他的"藏品"，包括了大量的画作、雕刻及其他艺术品。我听着他说话时，心想："我也跟他一样，有一屋子的画作以及其他艺术品，但我却没有藏品，为什么？"于是我使用了维特根斯坦窍门，问自己："如果我们从收藏这个概念中，抽离出收藏家在家里拥有大量绘画作品及其他艺术品的这个事实，那还剩下什么？"我转而向我的资料（收藏家正在发表的演说）寻求解答，他立刻针对我的问题提供了部分答案：他的收藏，和我的那些仅仅是一堆物品不同，具有他所谓的"方向"。我的那堆什锦杂物来自我一时的兴致和怪想，而他的收藏代表他的收藏品味不是寻常平庸的。相反，它包含着知识与训练过的识别力（他自己的以及他的指导者的），并因此有集体的、明确的目标与结构。同样，他的收藏具有"未来性"，被某个方向引导着。这些收藏会成为博学的专家反复评估的对象，成为艺术世界行为和进程的一部分，在这个世界中，收藏是一件很重要的事。而我的东西得来就不是如此，而是相反：喜欢了就买，或用我拍的照片换来的；我的收藏只是私人行为，除了对我和我的世界重要外，没有任何的重要性。（"只是"这个词在这里很重要，意指哲学所讨论的"仅仅"[merely]、"不过是"[no more than]）。

事实上，这位收藏家开始发言时，我就认识到了，在家里拥有的艺术品（或办公室、或其他居住或工作的地方）未必说明某人有收藏。在一个地方堆积艺术品，未必是收藏的**概念**。为什么未必呢？如果你是专攻新而流行的艺术（就是那位收藏家收藏的那种）的商人，卖出作品前（第三位发言的某商人小组成员向我这么解释），一定会坚持让买家把作品借给美术馆展览。如果你是艺术品商人，正试图为一位艺术家建立名声，却把他的一件重要作品放在中西部某个人的客厅里，那不管你卖了多少钱，对你或对那位艺术家都不会有什么好处。这件作品必须放在"重要人

【140】

　社会学家的窍门：
当你做研究时你应该想些什么？

物"（指的是在这类画作展示、购买、贩卖的世界中的重要角色）看得到的地方，才有助于事业的发展。很多美术馆就是这个过程的一部分，买家必须有机会看到这些作品。事实上，几个月前我参观纽约艺术家们在阿姆斯特丹市立美术馆的作品展，就看过很多那位专题小组商人成员代理的一些艺术家的作品，其中有一些正是那位收藏家的收藏。虽然真正"拥有"，但收藏者可能长时间看不到他大部分的收藏品。事实上，很多人会经常把收藏品出借给美术馆，时间或长或短（美术馆则希望出借人的遗嘱中会把这些作品留给他们）。

接着，使用维特根斯坦窍门，我把在家里拥有很多艺术品这个部分从"收藏"这个概念中抽离。还剩下什么？看来，留下的（我想至少在这个情境中，应该是对这个问题的共识）是这样的想法：收藏家是拥有金融和文化资源（后者就是布尔迪厄所说的"文化资本"）的人，他们选择并获得的艺术品，最终将成为现代艺术中的主流。在这位收藏家的发言中，他说了类似这样的话："重点是发掘将流芳千古的艺术家最好的作品，也就是在艺术史上将具有主流地位的作品，而你的回报是你的判断力将在历史上被人所赞赏。"从这个观点看，艺术品在何处是无关紧要的，是否拥有这些艺术品本身也无法让你成为一个收藏家。艺术品仅仅是一个有形符号，代表着收藏家投入大笔资金的果敢决断，以及他对艺术品的选择具有富于远见和鉴赏力的声望。这才是理解何谓收藏的关键部分。（这也是为什么有些艺术圈的人，对把约瑟夫·赫希洪奉为伟大的收藏家有异议，华盛顿特区还有座大美术馆以他为名。他们抱怨道，如果你只是走进艺术家的工作室，看一圈就决定买下所有作品 [据说约瑟夫·赫希洪常这么做]，怎么能算伟大的收藏家呢？那还有什么远见和鉴赏力可言？当然，这是艺术圈的抗议，不是社会学的判断。）很显然，不仅收藏者的行为对于了解"收藏"这个概念很重要，圈内其他人的行为也很重要，他们决定收藏者的搜集行为在艺术史上是否具有重要意义（我的想法有部分借自 Raymond Moulin 针对法国及国际艺术品市场的分析 [1967，1992]。细心的读者会发现，这个窍门是描述你的研究对象，但不使用任何细节的另一种方式，类似于贝克的窍门）。

扩展概念的范围（Enlarging a Concept's Reach）

维特根斯坦窍门让我们分离出我们认为有相同点的一组案例的共同特性，从这些特性，我们可以建立概推，也就是概念。一旦我们独立出某些社会关系或过程的共同特性，并给它命名之后，就可以在其他地方去寻找相同现象。监狱文化研究提供了一个好例子。

研究监狱的学者（例如 Sykes［1985］）已经说明了男子监狱中的犯人如何发展出一种精细的文化。犯人建立囚犯地下政府，接管很多在混乱中维持秩序的功能。他们建立非正式但井然有序的市场，提供香烟和毒品，并为喜爱穿时髦衣服的犯人提供定制的囚服，还提供各种私人服务；他们把性行为组织化；严格规范囚犯的行为，强调永远不能向狱警和长官透露其他囚犯的消息。

监狱文化的分析者把这些创造归因于监狱生活的剥夺性：囚犯被剥夺了自主权，他们便开拓出一套统治制度，拿回一些自主权，并为了维持这些自主权严格执行囚犯规范（主要是禁止向监狱工作人员打其他犯人的小报告）。囚犯被剥夺了毒品、时尚的衣服以及其他公民生活中惯有的物品，他们便组织市场提供这些东西。被剥夺了性，他们便凑合出监狱独有的弱肉强食的同性性行为，而不损男子气概的自我认知。想更清楚地了解对这一点的一系列普遍性观点，相关的社会学概推可以追溯到威廉·格雷厄姆·萨姆纳的研究，他认为犯人为解决监狱生活的剥夺性所带来的问题而集体创造出了一种文化。

到目前为止，一切看来都不错。沃德和卡斯鲍姆（Ward and Kassebaum，1965）随后把这个理论搬去研究女子监狱。结果却发现，监狱文化理论说的事情一件都没有发生，而且正好相反，连监狱长官都抱怨没有囚犯规范：这些女人永远都在互相打小报告，给她们自己以及监狱工作人员制造了很多麻烦；没有真正的地下市场存在；性生活并不像男子监狱中弱肉强食半组织化；取而代之的是，这些女人发展出假性家庭，由具有男子气概的女人扮演丈夫及父亲的角色，底下有一群妻子和女儿（也可参见 Gialombardo［1966］）。

这些差异，即已有监狱生活理论所预期的事情都没有出现，是否会瓦解"监狱生活的剥夺性导致监狱文化的形成"这个概推？或者关于监狱的任何概推都不成立？并非如此。这个概推并非指所有监狱都完全相同，而是指过程，不管在哪里发生，过程都一样。在这个过程中，条件的变化导致结果不同（但无论如何，这其实仍是一种比较经典的概推形式）。

在这个例子中，理论并没有错。但是你必须放入正确的变量值理论才能正确。你仍旧可以说，监狱生活的剥夺性导致监狱文化的形成，但是只有在你了解剥夺性对男人及女人来说意义不同时，理论才能成立。女人并没有被剥夺自主权，她们对研究者解释说，因为她们从来不曾自主过——她们总是生活在保护之下，并且服从于男人的权威：父亲、丈夫或情人。监狱所剥夺的正是这种保护。因此，她们并没有发展出一个地下政府取代她们未失去的自主性，而是发展出一套同性恋关系的体系，在其中一个女人成为男性保护者的替身。

新来的女犯人会特别害怕。因为犯罪的性别分布差异，男子监狱中有很多是职业犯罪，因抢劫、盗窃和其他不那么暴力的犯罪而入狱服刑，然而大部分女性犯人则是因为毒品或卖淫而入狱，以及典型的业余"激情犯罪"，也就是谋杀而入狱。因此女子监狱的谋杀犯就比较多，听起来似乎是个十分危险的地方，即使对那些知道自己并不危险的谋杀犯来说（她们只是杀了欺侮她们的人而已）也一样。所以，即使谋杀犯也会找其他人照顾自己。另外，女子监狱通常允许犯人购买想要的东西，例如化妆品和衣服，因此并不需要地下市场。

简而言之，女性囚犯被剥夺的东西不同于男性囚犯，是由于她们在监狱外的生活不同，因此她们在监狱里的需求也不同，监狱的运行方式也不一样。她们的文化对应了这种差异。概推仍是成立的，即使结果迥异。

这个窍门的应用通则是，不要把某件事的特定例子和它所属的整体类别的现象相混淆。在所有的环境中，剥夺性都可能导致集体发展出文化实践，以缓解剥夺性，但是组成剥夺性的内容则可能大不相同。

当某个类别有个广为人知的名称，且这个名称也用来称呼同样广为人知的一类情况时，最有可能以偏概全。这也就是为什么研究"教育"的人，几乎总是研究学校。学校是教育进行的地方，不是吗？每个人都知道那些。依照传统的定义，教育是指一群有知识的人，教一群比较没有知识的人。一般来说，接受教育的人通常也是权力及地位较低的人（例如儿童或移民），这些都是在学校里发生的。这就是教育**是**什么。

然而，如果我们把教育和学习看做一般性的社会过程，就没有理由认为那些过程只在学校发生。不限定学习的地点、方式或学习者，我们可以把这个主题重新定义为人们学习事物。那么我们就可以把小偷教其他人最新行窃技术的方式，或者年轻人教别人吸毒或从事性行为的方式都纳入教育研究的搜集案例当中。不过这只是个小小的讽刺。因为每个人都知道，那些行为根本不是"教育"，任何明理的外行说到这些时，所意指的都不是教育。教育意指的是学校。

但是，即使学校本身这么认为，我们社会中社会化良好的人也如此相信，或至少假装相信（以便看起来不像傻瓜），我们仍没有理由假设学习只能在学校里进行。你可以拿年轻人如何学习吸大麻作为学习的案例来研究，如斯查普思和桑德斯在 1970 年的发现一样，你也会看到，年轻女性通常向男朋友学吸大麻，男性朋友之间则互相学习（如果换个时间，发现可能不同）。忽略通常用来定义概念的例证，你就能扩展概念的范围。凭此你就已经发现了"教育工作"的新人、新工种和新关系。 【144】

　　其他传授知识、技术以及观念的行为，极有可能和男朋友教女朋友吸毒的过程有很多共同点。比如说，过程可能与加尼翁和西蒙（Gaghon and Simon，1973）所描述的很接近：年轻女性教男朋友怎么谈恋爱，尽管他们已经各自单独练习过好一阵子了；男朋友则教女孩子如何性交，同样，他们也已经独自练习过了。如果这个过程运作良好，彼此学到了对方的知识，他们就会或多或少以标准化的方式来谈恋爱。

　　这种同伴教育以及相互学习的过程，同样也可以在学校及其他的教育机构中找到对应。个人电脑的使用者经常互相教对方如何操作自己的机器，尽管也许到处都有更传统的标准化教学课程。传统教育机构里的学生（参见 Becker，Geer，and Hughes，[1968]1994）经常互相教对方如何应付约束和管教，以及哪些地方可以浑水摸鱼，比如，哪些作业是不得不做的。

　　教育的标准模型还有另一个变量。某些教学与学习不同于定义概念原型中的小学及中学教育，且是完全自愿的，比如钢琴、网球、法语课。这些课程由营利机构开设，往往是私营机构，而且没有固定的学期。学生拿不到学分与学位，他们就是去上课，直到觉得没什么可以学了为止。师生间的权力分配和传统刻板印象中的学校大不相同，这肯定是种不同的一般典型（见 Becker，1986a：173-190 的讨论）。

"扩展概念的范围"的一种好方式（也许是最好的方式）是，彻底忘记名称，集中关注进行中的集体行为。这个策略有个很好的例子，就是欧文·戈夫曼（Goffman，1961，1963）的分析。在《精神病院》（*Asylums*，1961）这本书中，戈夫曼分析具有"全控机构"（total institution）特性的地方，其成员（修女、海上的船员或精神病人）的生活，以及他们对这种生活在调适方式上有何共同点。而在《污名》（*Stigma*，1963）这本书中，戈夫曼则分析在背负不同污名的人周围形成的典型社会形式。戈夫曼这些分析的卓越之处在于他用一般化的角度看事情，每个人都有一些污名，不只是盲人或缺胳膊少腿的人；而每个机构，在某些方面都是全控机构。以集体行动的形式的意义，替换概念的传统内容，可以扩展概念的范围以及我们的知识。

该结束本章了，在下一章我们将用一些严谨的形式逻辑，思考一些处理概念的正规方法。

逻　辑

　　我们已经探寻了所有应该探寻的地方，发现了应该发现的东西，并使用前面所探讨的窍门，去探索了那些我们原本不会想到的地方。（例如，就如在"抽样"一章所述，我们除了讨论魔鬼的方向，同样也把天使的方向作为案例，以此形成概推的基础。）我们找出很多东西，包含了各种现象，并且对这些案例有了很多了解。

　　但还有更多事要做要学。有些窍门帮助我们从已经知道的事情获取更多信息。我们总想知道更多的事情，有些窍门可以帮助我们无需更多数据就能了解更多的事。这些窍门或多或少是纯粹逻辑性的窍门。我所称的"逻辑性窍门"，并不是指运用严谨的三段论式逻辑，即根据亚里士多德的或其他什么规则，对已知的事物进行简单综合（这些规则没什么不好，有些和我接下来要描述的主题也有关系）。我指的是，若（if）已知的事物为真，则可以运用逻辑性思考的窍门去找出还有什么可能性成立。也就是说，我们可以从已知的部分得到些什么来激发我们的想法，并且若非如此我们就无法获得这些想法。

　　这就是逻辑：根据一些规则操作已知的部分，产生新的东西。也就是你可以通过数学系统操作原来的全部数据，产生你从未想象过的，隐藏在这些原始数据里面的结果。

　　我们得出这些新的东西并不是为了好玩。逻辑带来的可能性告诉我们，我们可以到更多的地方去寻找更多的发现，就像元素周期表告诉科学家，某些从未想象过的元素可能存在着，等待被发现。社会学研究是一个不断往返的过程，你探索世界，思考所见，再回到世界探索。本章做得最多的将是思考，而思考的结果将为我们下一步的工作提供线索。我将会提及两种主要的逻辑窍门：找寻论证中隐藏的大前提，以及使用真值表生成各种可能性组合的清单。 【147】

寻找大前提（Find the Major Premise）

古典逻辑论证以三段论著称，最经典的例子是：所有人都会死，苏格拉底是人，所以苏格拉底会死，故得证（Q.E.D.）。这类论证一般区分为大前提（major premise）——陈述公认的一般性事实（在例子中为"所有人都会死"），小前提（minor premise）——陈述一个公认的特定事实（在例子中为"苏格拉底是人"），以及结论（conclusion）——陈述小前提为大前提的一个特例，因此包含于或涵盖于大前提所叙述的一般性事实内。埃弗里特·休斯使用这个古典逻辑来理解美国种族关系的问题，这种方式也可以概推于很多其他情景。

休斯感兴趣的地方在于，1940年代社会科学家怎么被引入歧途，放着真正的研究不做，而试图去反驳种族主义者的事实陈述。这些误入迷途的改良家遇到有人说"黑人闻起来比白人臭"，他们就着手证明，白人事实上并无法区分白人和黑人汗水有何不同。当这些研究者发现，数据显示华裔美国人觉得白人流汗也特别难闻时，他们便欣喜若狂。休斯说，这些研究者之所以被误导，主要是因为没有看清楚他们所反对的论点的逻辑。他用如下方式解释这个隐藏的逻辑：

每个合理化种族和族群不公正的言论，都是用三段论得出的。他们提出小前提陈述所谓的事实，却不提作为依据原则的大前提。

我们这些所谓"自由的社会学家"不推动对方及自己去面对大前提，反而以为只要质疑、驳倒小前提，也就是所陈述的事实，就足以推翻那些言论。

我们来看下面这两个常见的叙述："种族隔离法案的行为（以法令形式为黑人隔离出公共设施，比如公共戏院座位、厕所、餐厅及理发院）有其正当性，因为黑人有体臭。"以及"应该禁止犹太人读医学院，因为他们太有进取心。"

【148】　　他用如下的方式分析这些主张：种族隔离措施有其正当性的论点，以一个叙述不明确也缺乏实证的大前提为开端，主张有体臭的人应当使用隔离的公共设施。接着就是一个叙述明确但未经实证的小前提，也就是黑人有体臭。如果这两个前提都成立（不须多说，这个"如果"成"真"得有多难），那么接下来的结论应该是：黑人必须使用隔离的公共设施。

以同样的方式分析第二个主张，也可以这样解读：

进取心超过某种程度的人应该被禁止读医学院 [大前提]，犹太人的进取心超过了这个程度 [小前提]，因此，犹太人应该被禁止读医学院 [结论]。（Hughes，[1971]1984：214）

休斯感兴趣的地方在于，这些三段论的大前提他认为是被隐藏了。也就是说，当这些不公正的合理化言论出现时，没有人完整地说出整个三段论。他认为这是因为"美国文化中的人们，包括相信种族平等与种族不平等的人，以及使用这些合理化言论的人，都不注意挑明说出 [这些隐藏的大前提]"：

有些广告告诉我们，除非体味好闻，否则我们不能晋升为工厂主管或者企业销售经理，我们是被这些广告吓到的人。那种威胁同样让美国女性惶恐：如果她身上有一点不好闻的味道，可能就找不到男朋友，或失去现在的男朋友，而连她最好的朋友都不敢说她有体味。[他在这里提到当时有个除臭剂的广告标语："就连你最好的朋友也不会告诉你，你有体臭问题。"]但从来没有人告诉我们，这个快要失去升职或加薪机会的家伙，到底在什么时候必须注意让自己好闻一点，也没有人告诉我们，这个可能会失去的男朋友是刚交女朋友时就鼻子很敏感，还是后来才介意起这种细节。不过这些广告和"获得成功"这个伟大且正当的美国梦之间的关系，却是一清二楚的。因而不难理解，为什么我们不去质疑黑人体臭这个所谓"事实"背后的大前提。（Hughes，[1971]1984：215）

休斯接着检验另一个主张背后隐藏的类似大前提："地位较低"的社会群体迁入街坊，会使这个街坊的房产价格降低，因此 【149】应该防止这种人迁入街坊。在这个三段论中，许多群体会发现自己在美国的城市中有两种身份，既是迁入街坊而降低该地房产价格的人，又是因别人的迁入造成房产价格降低的人。这里的大前提主张：在美国，虽然为了"获得成功"必须表现出积极的态度，但最好不要让这种积极态度以及赤裸裸的利己主义表现出来。这也是人们不愿明说的一面：

我也许是街坊中——通过别人对我的态度可以知道——那些让街坊看起来不那么高雅的人之一。这可不是令人愉快的经验，尤其当我联系到我自己的境况，唯恐今后当我家业有成，特别是买了一套很贵的房子后，有些我不想交往的人威胁到我所在的街坊的品位。（215-216）

接下来我要谈谈在犹太人学医学院的三段论中，同样没有人愿意探讨的大前提。

我们美国人不太喜欢谈论哪种进取程度是恰当的，也许进取心超过一定程度，就会成为该受惩罚的恶行，但是要成功实现目标，却往往需要超越这个程度的野心。

休斯的例子在现在似乎有些过时，但他考虑的问题或许不像我们想的那样已成为过去式。他分析的问题主要是关于族群歧视的言论，以及思想正确的人应该如何面对这些言论。他对这些问题的建议至今仍然很中肯。

但我在这里想强调的是休斯所使用的分析窍门。他指出，一些常见的种族歧视言论，逻辑论证都是不完整的。有人说了一个结论，并以一个事实陈述作为小前提来支持，但这个完整的三段论从来没有公开陈述出来。只需一个简单的逻辑练习你就可以知道，必须是怎么样的大前提，才能让小前提导向那个结论。因此他教我们的第一个窍门是：找出隐藏的大前提。

【150】休斯教给了我们更多的东西。他要我们进一步问，是什么因素使这个不完整的论证形式这么令人信服且无法反驳？大前提并不总是全部如同休斯的例子那样模棱两可，但他的分析引导我们去思考一个不变的事实：大前提是植根于人们的日常生活中的，不须揭示或证明。因此，分析的第二部分就得采用**更社会学**的而非逻辑性的分析。采用更社会学的分析，目的在于找到一种日常生活模式，这种模式是人们在处于某一社会情境下的典型问题、约束以及机会之中，所产生的确定性常识。

从更普遍的角度来观察问题，这个窍门可以帮助我们解决几种常见的研究问题。我们研究的人经常做一些看起来奇怪、难以理解的事情。只要我们找出被遗漏的大前提，观察这个大前提在日常生活经验中如何形成和被支持，我们往往就能理解那些行为了。例如，我们经常看到或听见人们在不同种类的事物和人群之间划区别，但是我们很少听到他们解释为何他们的区分是正确的。

进一步地说，我们的理论推理经常（可能用"一般"或"一直"更恰当）遗漏重要的东西，但其实这些遗漏点可以通过逻辑分析找到。找回这些遗漏点，我们的思考和理解就可加入新的方面。如果我们检查自己的经验，发现了一些因身为社会科学家而导致遗漏掉的东西，那就更好不过了。因为我们可就此学到重要的教训，并在解决其他研究问题时派上用场。

了解奇怪的话（Understanding Strange Talk）

在我们收集数据（通过访谈、观察我们研究的人或组织，或阅读他们的资料）时，我们经常听到或读到划分界限的语言，我们听到人们使用一个众所周知的、社会学意义中的区隔[1]——"我们"跟"他们"，或更一般形式的"这个"跟"那个"。你可以借由这些区分，诊断那些组织和人的处境及生涯。当你的笔记记录到这种做区分、划分界限的举动时，你就知道应该采取进一步的行动来发现更多问题。是谁在划分界限？他们这么做是为了区分什么？他们做区分、划界限的目的又是为了什么？

【151】

划分界限：以疑神疑鬼病人为例（Drawing The Line: Crocks）

有一种划分界限的主张是以"有这种（this kind）和有那种（that kind）"开头的。多年来，我都用医学院学生经常使用的术语——"疑神疑鬼的病人"（crock）的故事来娱乐田野研究课的学生（我希望我娱乐到了他们），说明在田野中我们可以怎么运用窍门来揭示人们未明确说明的预设，从而发现应该追寻的问题，以作为

---

1 Distinction，可以理解为是区分，但这里作者提出社会学意义，我们就借布尔迪厄提出的、中文翻译中较常采用的"区隔"替换"区分"。——译者注

解决当下的研究问题（为了找到问题，今天该做什么、该跟谁说话或该观察谁）的一种方式。我们接下来要讨论的窍门不只可用来揭示意识形态上的矛盾，并可直指复杂社会活动的核心，看这些活动是如何组织和完成的（接下来的冗长说明，原本是为了其他目的写的，但也可以作为人们"做田野"时事实上在做什么的真实案例来读）。

1955 年秋天，我搬到堪萨斯城，在堪萨斯大学医学院开展田野工作，研究我在本书前面提过的医学教育（Becker et al.，[1961]1977）。当我在秋天去到学校时，我知道应该研究医学院学生及医学教育，但说真心话，除了"和学生混在一起"、去上课、处理一些手头的事之外，我对我即将要开展的田野工作一点想法都没有。

我甚至对我们的"问题"，尤其是我们要调查什么，也没有什么想法。社会学家构建了一个关于社会学与心理学的交叉领域，叫"社会化"（socialization）。罗伯特·默顿和他的合作者已经研究过医学院学生向医生角色转变的社会化过程。也许我要研究的就是这个，但我当时不习惯用这种方式描述我将要做的工作。我博士论文研究学校教师职业生涯，可以被归入"教育社会学"的领域，但那似乎不是研究医学院学生的最佳方式。在将我的问题概念化这方面，当时我最多只到了这一步：就是我知道这些小孩从这一头进入学校，四年后从另一头出来，之间必定发生了一些事情。

不管怎样，我当时更开心的事是举家从尔巴纳（离开那里真是一件快乐的事）搬到堪萨斯城（我希望，后面也证明这是真的，在这里可让我更好地练习我的其他才艺——弹钢琴），我还知道了如何在堪萨斯大学医学中心庞大的建筑里穿梭而不迷路。

【152】　　当时我对医学教育组织几乎是一无所知，我安慰自己，我的

无知会如"名言"所说，让我没有任何偏见。多么科学啊！我甚至不知道，还得由别人来告诉我：四年医学生课程，头两年学得最多的是理论。之后两年是"临床"，学生在病房工作，照顾病人。

多亏学院院长指点，我决定从医院内科一群三年级的学生开始调查。这里有两组三年级学生，由不同的医学院老师主管，院长吩咐让我进入"和蔼可亲的"医生主管的那一组。随后我马上知道，另一组医生是传说中的恐怖人物，脾气令学生、护理人员和他大部分的病人闻之色变。

我原本不知道内科是做什么的，但后来很快就知道了，只要不是外科、小儿科、妇产科或其他有名称的专科，剩下的都跟内科有关。我也很快知道，内科医生自认为是医学界的知识分子，而且其他科的医生也这么认为。相对地，外科医生被认为是抢钱的禽兽，至于精神科医师，大家觉得他们本身也是疯的。

当时没有研究问题引导着我，我也不想马上去解决理论定义的谜题，只是关注这里到底发生过什么事、这些人是谁，他们在做什么、谈什么。我四处溜达，最重要的事就是熟悉即将跟我一起度过接下来六周的六个学生。我是个爱耍小聪明的犹太人，来自芝加哥大学，他们则来自不同小镇或者堪萨斯州和密苏里州的大城市，但我们一开始就处得很愉快。他们对于我做的事、我的研究和我的工作很好奇（他们想知道"你做这个工作挣多少钱？"）。他们觉得我研究他们还能挣到钱挺好的，也并不怀疑自己是否值得费心研究。

我们都不确定哪些事我"可以"做，或者他们的哪些事是"隐私"，但其他人都不反对我跟着他们。显然，我可以跟他们一起上课，或跟他们以及主治医师一起查房。但是，当第一次有个学生站出来说"嗯，我现在得去检查病人"时，我知道我得自己主动开个先例。

院长或其他人都没有说过，学生检查病人时我可以在旁边看。【153】

但也没有人说我不能看。病人进行身体检查时我如果在场，可能会被说成侵犯病人隐私，只不过在医学院里提出这个事情可能会被当成笑话，因为在医学院中，一些私密的检查程序，比如直肠和阴道检查，通常都是在一群观众面前进行的。而学生刚来医院，还不太熟悉检查病人的工作，一般不怎么想让我看到他笨手笨脚的样子。但是如果我把这个情境确定为"这个社会学家不能看我们检查病人"，那我就无法看到学生所进行的一项主要工作了。于是，我强装镇定面不改色地说："好啊，我跟你一起去。"他一定认为我知道一些他不知道的事情，所以也没有意见。

查房是这么进行的。我研究的内科医生工作组有一项"服务"，即对口负责病床。这项任务由一到两位住院医师及一位实习医师执行。工作分配给六个学生，每个学生负责一个病人，帮病人检查身体、记录病历、安排化验、做检查及计划疗程。请记住，所有的工作都会由实习医师、住院医师及内科医师各做一次，实际的治疗则由内科医师决定。

每天早上，小组成员全体集合去检查所有病人，这就是查房。在每张病房前，内科医师与病人交谈，询问护理人员昨天以来的进展，并借此机会对负责病人的学生提问，进行非正式的测验，测验的内容很广，学生对于可能会出现的问题都很紧张。

我在医学院的第一周，跟着学生例行查房，我有一个大发现。不是研究者经常报告的那种"啊哈！"的突破性发现，而是占去了我和学生下一周大部分时间的探究性工作。这些工作盘根错节，我和同事的研究计划在上面花了不少精力。

有一天早上，我们查房时遇见一位话痨病人，她向医生抱怨身上各种不适、疼痛以及不舒服的地方。可是我发现没有一个人把她的话认真当回事。走出门时，一位学生说："哥们，她真的够疑神疑鬼的！（Boy, she's really a crock!）"我大致明白他的意思，他是说这个病人在"胡说八道"（crock of shit）。这事很显然引起他的反感，但他在说什么呢？她那些症状有什么不对吗？那不有趣吗？（顺便说一下，这第一个疑神疑鬼病人确实是个女的，而下一个被判断不是疑神疑鬼的病人是个男性，正好"确定了"医疗的刻板印象：疑神疑鬼的人几乎都是女的。）

如同我说过的，我发现"疑神疑鬼"这个词的意义，并不是靠直觉的灵光一闪。相反，这是运用了找出隐藏的前提的窍门，按照社会学理论化的引导，一步步推出了隐藏的前提。过程大致如下面这样。我一听到那个叫切特的学生说病人疑神疑鬼，便迅速开始用理论分析，虽然是很快，但是还有点深度。我有现成的理论可以应用到这里，花哨地说就是：当某个地位类别的成员对他们经常互动的另一地位类别成员做出令人反感的区分时，这样的区分便会反映做出区分的成员的利益。更确切也更易于接受的说法是：学生对几类病人进行区分，把部分病人形容成是令人反感的，显示出他们想要在此关系中最大化利益，即他们最不想要什么。为了更清楚地联结大前提和小前提，我们可以说，学生做出这样的区分，是缘于他们认为不言而喻的一些前提，也就是那些对他们来说非常明显，根本不必说或者不必想的前提。

所以当切特说一个病人疑神疑鬼时，我瞬间就做了这个理论分析，然后提出一个深刻的理论性问题："疑神疑鬼是什么东西？"他看着我，那表情好像在说这是随便哪个该死的笨蛋都应该知道的，所以我又说："说真的，当你说她疑神疑鬼时，到底是什么意思？"他看起来好像有点困惑，他知道自己当时说人家疑神疑鬼时是指什么，但是现在反而不确定该怎么解释。他支支吾吾了一会儿，然后说那是指心身病。这满足了我的好奇心，让他暂时得以脱身，尽管我仍想知道，心身病患者怎么会侵犯到身为学生的实习医生的利益。

不过，就像一个优秀的科学家该做的，我得进一步确认我的发现，于是我闭上了嘴。我们看的下一个病人，检查结果是胃溃疡，主治医师借胃溃疡病人的例子，就心身病上了短短的一课。这十分有趣，当我们离开病房时，我决定试验我的新知识，我对切特说："疑神疑鬼，对吧？"他瞪着我，仿佛我是个笨蛋，说："不，他不是疑神疑鬼。"我说："为什么不是？他有心身病，不是吗？你不是才刚告诉我什么是疑神疑鬼吗？我们不是花十分钟讨论过的嘛？"他看起来比之前更加困惑，另一个学生在一旁听到我们的讨论，试图澄清："不，他不是疑神疑鬼，他真的有溃疡。"

我不记得之后的所有细节。但我记得我让所有的学生都对这个问题产生了兴趣，同时，我不停地问许多问题，并将结果用在之后的案例上。我们最终一起为疑神疑鬼下了定义，所谓疑神疑鬼的病人是那些感觉身体处处都有毛病，但却没有可识别的身体病症的人。这个定义很有效，在未来很多检验中都成立。

但我的问题只解决了一半。我知道学生都认为疑神疑鬼病人很讨厌，不过我仍不知道原因：一个感觉身体有很多毛病实际上没病的人，究竟危害到他们什么利益？是什么没有说出来的前提，使得这变得理所当然？我问学生，他们回答说，你无法从疑神疑鬼病人身上学到任何对将来行医有帮助的东西。这个回答让我明白了，医学院学生想最大化利用学习机会，学一些对职业有帮助的东西。这一点都不令人惊讶，但如果真是如此，那么贬低疑神疑鬼病人的重要性就有些矛盾了，因为这也是很多病人啊。事实上，他们的老师，主治医师，也指出内科医师日常职业里遇到的大部分病人可能都是如此。所以疑神疑鬼病人应该提供了绝佳的实务训练啊。

当我追问这个矛盾时，学生告诉我，他们日后确实会遇到很多这种病人，但是在学校时诊看这些病人学不到任何东西。总之，这不是他们想要学的就对了。那么他们想学什么呢？他们解释说，所有老师都说，应付疑神疑鬼病人的最好办法就是跟他说话，谈话会让疑神疑鬼病人觉得好一点。可是学生觉得在遇到第一个疑神疑鬼病人时就已经学会这招了，接下来遇到的病人并不会增加他们对疑神疑鬼病症状的知识，或关于它的不同的诊断、治疗方式。疑神疑鬼病人并没有体现出要解决的医学难题。

学生说，他们想学的是书本上学不到的一些知识。他们很守本分地读书、精心准备查房时经常出现的抽问，还有其他诸如此类的事件，但他们相信在校时学到的最重要的知识不在书本上，而在于我与我同事最后总结所称的"临床经验"——一个活生生的人身上出现的疾病景象、声音及气味。当你实际将听诊器放在病人胸前，心跳杂音实际听起来是如何的，而不是录音中的声音；出现这种声音的病人看起来是如何的，又会怎样谈他们的感觉；糖尿病病人或心脏病刚发作过的人看起来，甚至闻起来又是如何。

【156】

你只能从具有这些实际身体症状的人身上才能学到这些东西。从一个每天都觉得自己心脏病发作，却没有心跳杂音、没有心电图异常、没有心脏疾病的人身上，你学不到任何与心脏病有关的知识。疑神疑鬼病人没有可被直接观察的病症，所以导致学生失望。这显示出现代医学实务里面一个重要而且特殊的特征：偏好用个人经验作为指导实务使用的知识来源，胜于偏好用科学文献。我们最后把这种特色称为"临床经验"观点，并发现它的踪迹无所不在。但最重要的因素也许是，即使是那些发表过科学论文的教职人员，在回答学生关于医学期刊发表过的问题时，也大多会说："我知道那是前人的发现，但我试过那程序，对我没用，所以我才不管期刊怎么说。"

疑神疑鬼病人还有其他让人气愤的特点，在我的一连串发问之下，学生终于还是解释给我听了。这些学生长期过劳，永远都有新病人要照顾、要上课、要读书读论文、要在病人图表上做笔记。检查病人一直都很花时间，检查疑神疑鬼病人更是没完没了。这些病人喜欢描述一大堆的症状，而且确信每个症状都很重要。他们想描述他们细节雷同的病史，其中有些人甚至还说服内科医生为他们动了不止一次手术（这些学生认为这些医生不应该这么听病人的话）。对于这些手术，他们的描述更是事无巨细。（我记得有个病人动过多次腹部手术，到后来她的肚脐眼完全消失不见了，给我们所有人都留下了很深的印象。）

因而疑神疑鬼病人比其他病人占去更多的时间，但对解决你的困扰又没有任何帮助。在这里，医学院生活的另一个重要特色出现了：学生或护理人员都是以时间这个最稀缺的商品，来交换其他有价值的东西。我们发现这个观点的踪迹也是无所不在。比如说，学生经常彼此交换病人。为什么？嗯，如果我有三个心肌梗塞（也就是心脏病发作，这是我从学生那儿学来的）的病人，而你有三个糖尿病病人，显然做个交易对彼此都有好处，这样我们都不用浪费时间去经历同样的事件，而是可以换取另一些同等有用的知识与经验。

【157】

最终我发现，学生不喜欢疑神疑鬼病人有第三个原因。学生们希望能像他们的老师一样演绎医学奇迹，不一定是起死回生。他们知道这不是件容易的事，也不总是能成功，对他们而言，医学实务对他们真正的报酬是"做点什么，然后看着生病的人好起来"。但是在一开始就没有任何病的人身上，没有办法演绎医学奇迹。学生眼中的疑神疑鬼病人，既然不是"真的生病"，也就无法当作医学奇迹的题材。

我们后来把学生的这种态度称为"医学责任"观点。这种观点的踪迹同样无处不在。对外行人来说最奇特的发现也许是下面这个观念：除非你做的事是如果做错了就会让病人致命，否则你干的工作就不是医生。这反映在我们都听过多次的对皮肤科医生的嘲讽："你害不死任何人，也治不好任何人。"这当中更精确的一般说法是："除非你能害死人，否则你治不了人。"

因此，要了解什么是疑神疑鬼病人，你得仔细探究那些简单的词语中蕴含的多重意义，特别是要找出话语的逻辑，找到学生

社会学家的窍门：
当你做研究时你应该想些什么？

（和有这样想法的医务人员）的行为立足的大前提。这里的窍门一点也不炫，但需要投入很多精力，就是去追踪那些乍听奇怪，甚至不知所云的术语，了解其用法和意义，若有不懂的地方则请教他们，请他们解释，我们再对照自己的所见所闻，便可从人们习惯上用来解释并正当化其行为的说法当中，形成被遗漏的前提。

这可能看起来挺简单的，但有时人们所做的区分非常普通而且琐碎，一不小心就溜走了，使我们错失一些原本应该掌握的分析性理解。一些其他例子，比如萨缪尔·斯特朗（Strong，1946）在对 1930 年代黑人社区社会类型分析中描述过的："赛马狂"或"汤姆大叔"等；巴里·索恩（Thorne，1993：112-119）关于学校和操场上的儿童的研究分析中提到的："娘娘腔"、"男人婆"和"狐狸精"等性角色术语。再如某些职业内部的区隔：尤其在需要面对公众的职业中，这类区隔更是随处可见。（比如医生，和他们做学生时一样，也常区分常规或有趣的病例；或保安，他们往往会区别对待对他们尊重与否的住户。）

【 158 】

"那不是（什么东西）"（ "It Isn't [Whatever]" ）

研究者经常会听人们说"什么**不是**什么"，比如："那不是摄影"；"那不是科学"或"那不是犹太人的"。这就是三种既鲜明又常见的"那不是"：艺术的、认识论的以及族群的。你听到的这些提法是一个很好的判断标志，表示那些人试图保留现在他们所拥有的且不愿意与他人共享的特权，并且想继续保留。这种陈述有的出现在谈话当中，有的存在于文字之中，而且多半是"准官化"说法，利益受到威胁的团体经常会冒出一些代表（也许是自命的）提出这些说法。如果你想要理解这种陈述的社会学意义，你应该问：这个陈述在什么情况中出现、提出陈述的团体有什么问题、陈述者又试图防止其他人（这些人的身份也有必要考察）得到什么好处。有一件事是你不能做的，就是不论什么情况下，不要试图去决定"它"真正是什么。尽管有很多社会科学家认为那是社会科学家该做的事，但我认为不是。我们的工作是观察别人，看他们是如何遵守各种"社会规则"的，而不是去判断这些"社会规则"是否具有正当性。

乔治·赫伯特·米德的客体论（如 Blumer［1969：61-77］的陈述）可以用来说明这个例子。一个客体是通过人们对待它的方式而形成的。这种关系中包括了社会客体（说明白一点，就是指人）。因此，命名，也就是说该物是或不是某物，是一种说明人们应该如何对待该物，或者名称一旦确立人们将会如何对待该事物的方法。

我将用一句评价语作为案例来说明。"那不是摄影"这句评价语在历史上及当代都可以找到数以百计的实例。当别人给传统艺术摄影师展示了看似"在行"并已成功传递了某种风格的照片，可是这种风格不是传统摄影师们所使用的、感觉舒服的、所认同的或做得到的风格时，就容易出现这句评价。如果摄影艺术界接_{【159】}受了这些摄影师做的这些风格，那么现在的传统形式将被取代，或者至少得和这些新风格共享已有的东西。特别是对于新式的摄影制作及展览方式（比如用电脑展览照片），当代艺术摄影师评论说："那不是摄影。"这话不外乎是在说："我不想创作那种作品的人可以在大学摄影系或艺术学校任教；我不想他们有接受美国国家艺术基金会摄影部资助的资格；我不想他们的作品在我展览的地方展出，或是在我发表的地方发表。"这或许可以称为"我的地盘我做主"，但这样归纳并没有完整传达出他们做出这种区分的意义，因为这些评语所涉及的也是现实的概念。说"那不是摄影"的人，已将他们的全部或部分生活，围绕着某些东西组织起来，即认定哪些特定的行为及理解方式才是"正确的"。换句话说，这是他们看世界的方式。行事风格不同的人，不仅妨碍了他们的生计，也挑战了他们对于现实的掌控。这才是隐藏在那些带有敌意的言论背后的意思（Becker，1982：305-306）。

"那不是科学"这种划分界限的方式，掌控现实的意图同样非常强烈，这也是一种认识论，很特殊也很重要。对于很多学者和知识分子来说，科学是特殊的。而说科学与其他形式的知识有区别，就等于宣告，要获知对于世界的可靠知识，就不能以个人信念和性情方式为转移。这种方法其实是对非理性的防范，后者会有爆发并破坏今日所知文明的威胁。当科学家想贬低他们领域中具有威胁性的新知识时（如发生库恩式革命，亦即范式的转移），他们可能就会说那不是科学。布鲁诺·拉图尔（Latour，1987：179-213）追随古迪（Goody，1977），用大篇幅分析讨论大分裂 [2] 的问题，以及假设存在于"他们"（野蛮人、非科学家）和"我们"（文明的、理性的科学人）的思考方式之间的深渊。

划分界限的另一个版本发生在某人希望借助说"什么事或什么人不是什么东西"，来防止自己受到不想要的对待。因而，大麻是或不是毒品，全看你认为政府应该怎么处置它；吸食大麻的人算不算瘾君子，理由也一样。

上面这些例子都运用了同一个窍门：寻找隐藏的前提，即某 【160】些人所陈述的言论的基础。找到奇怪的用语和奇怪的界限，这是让隐藏的前提现身的两条线索。当你找到未明确说明的前提时，你要继续问，在人们的生活中，到底是什么因素使他们认为，需要提出他们的观点，并把其大前提隐藏起来。

那又怎样？（Or Else What?）

有时候，没有把论证完整叙述出来的人就是社会科学家，面

---

2 the Great Divide，即英帝国殖民当局于 1947 年 8 月 15 日实行的印巴分治。——译者注

对这种特殊情况，上面说的窍门很有用。这种情形比你所能想象的还要频繁，通常发生在所谓"功能主义者"的分析中。这种理论探讨我们的社会如何满足人们必要的生理和社会需求，尤其是更为重要的社会需求。这种理论致力于确立需求，以及应需求而生成的相应社会功能，类似于研究生物系统，要确立供应养分、排除废物及繁殖等需求，并找出实现这些需求的结构，通过结构如何实现需求的事实，来解释生物系统存在的原因。

埃弗里特·休斯在一篇讨论"持续经营"[3]的论文中说明了这种研究思路错误的地方。他使用的"持续经营"这个词，别人或许会用"机构"或"组织"代替：

> 把各种事件与环境二分为正功能（functional）或负功能（dysfunctional），长期来看可能用途有限。一方面是由于这种分法假设了有人知道什么东西是有功能的，也就是说其有益于系统；另一方面则因为（正、负功能）本身就含有价值判断，预先假设了系统（持续经营的企业）的存在。这个系统是为一个已知的，同时也是正当的目标而存在，从而任何干扰达成这个目标的行动和环境都是负功能的。人类最常为目的、利益及功能而争论不休，许多企业借此而兴盛，尽管其中有些企业显然比较能适应这种争论，也比其他企业更能对这些目标进行现实转换。企业召开年会决定来年的目标十分常见。今年我们打篮球是为了主的荣耀，还是为了摧毁某种主义？当然我肯定不是在主张目标或成功应该排除在企业研究的考虑之外，相反，我认为发现目标与功能和企业的关系，是我们的另一个主要任务。（Hughes，[1971]1984：55）

【161】

休斯批评功能主义研究思路包含一个特征，就是他们使用命

---

3 going concerns，财务会计术语，也译作正常运行的企业、繁荣的企业，表示一家企业在可预期的范围内不会出现破产清算的风险，是会计的一种基本假设。——译者注

令式语气。当社会科学家在说必要性塑造了有组织的社会活动时，经常使用命令式语气：如"一定"或"必须"等习惯用语。诸如："每个社会组织都一定要限定自己的范围"或"每个社会组织都一定要控制越轨行为"，等等，请自行填空。命令式用语强调必然性：如果一个组织或社会"一定要"做某些事，嗯，那就"一定要"，就这样，没什么好说的。言下之意（在坚定的功能主义者的文章里，有时甚至是明确说）是：要不是这样，这个组织或社会将很容易消失。这个言下之意还有一个更强悍的版本：必要性是逻辑问题，几乎是定义的问题。如果社会或组织不合逻辑或没有必备要素，它就不再是真正的社会或组织了。

这里有个有用的窍门，当你读到或听到那些自恃正当的命令语句时，问一个简单的问题："那又怎样？"因为这类必要性的根基，绝不像那些陈述所设想的那么显然或不可动摇。

问"那又怎样？"可以追查出这个必要性成立所需的条件，没有什么东西是那么必要的，除非有什么其他事情一定会接着它发生。"一个组织一定要限定自己的范围。"那又怎样？"不然就会跟其他组织混淆。"对，有时候组织之间就是会相互混淆。那又怎样？世界又不会灭亡，是吧？"如果和其他组织相混淆，它就不能有效运行。"哦，我知道了，不过谁说一定要有效运行了？这就是休斯上面谈的主题：设定目标是组织的一种行为形式，而非不可抗的自然法则。此外，谁来设定用以评价工作的效率标准呢？这些都是严肃的、值得研究的问题，既不是偶发问题也不是细枝末节。"不止那样，界限的混淆将会影响到所有的近邻，最后影响到整个社会，社会因此就不能有效运行。"（功能主义者又这样回答。）好吧，谁说社会的各个部分就那么容易泾渭分明？

"如果那些任务没有完成，社会就会灭亡啊，看看罗马帝国的下场！"嗯，罗马怎么了？它消失了吗？没有，它只是变了。那样很恐怖吗？"你到底想干嘛，来砸场子的吗？"

【162】

对社会科学家关于必要性的说法，也许这样理解更恰当：他们这么说是希望大家把目光投注于某些部分，这些部分是他们认为的社会问题，并期望大家都认同。可是社会问题并不是独立于定义的过程而存在的（Spector and Kitsuse，1977），社会问题并不就意味着社会出了毛病，它的本质就是一些问题。某人因为某时某地的某种经历，产生了某种疑问，并将之定义为一个社会问题，这才有一个社会问题形成。这种事不是随便哪个同样遭遇的人就能做到的，而是某些特定的人才做得来。

当我说："组织必须惩罚越轨，不然它的规范就会失效。"这是指在某种意义上有些组织将拥有无效的规范。我这么说并不是表示我主张"在那种情况下，组织将无法生存"，这个命题根本无法如此证明。但这种主张让无效规范的问题看起来非解决不可，也就是像一个真正的社会问题。毕竟，是问题就应该解决嘛。宣称一个组织拥有无效规范这一事实命题，换句话讲就是对越轨的惩罚有其必要性，"避免规范崩溃"就这样变成了既定先决条件。然而，社会学这种实证科学，并没有要求社会学家不计代价地避免规范的崩溃。许多社会科学家可能愿意承担这种道德或政治责任，许多人也确实在这么做。不过很容易就可以看到，也有别的道德或政治责任认为强有力的规范是坏的，而不是好的。信奉个人自由的无政府主义者，可能就秉持这种结论。事实上，大多数改革组织都以这样的前提在运行，改革者坚持认为别人认为好的、必要的东西，其实都是有害的，应该改掉。

就理论而言，如果我们只专注于一个可能的结果，如规范的崩溃，而没有关注包含各种可能结果的全部范畴（我们在扩展和复杂化研究的抽样问题方面，已经花了不少精力），这会导致这个全部范畴里的其余可能性统统变成了一个无所谓的"其他"项。如果我说，组织为了有效运转，一定要惩罚越轨，那么除了"完全有效率的社会"以外，其他结果都会被看作无足轻重的"其他"

项。于是所有的可能性都会被区分为"有效率的"和"其他"，而谁会管"其他"是什么？反正"其他"中的任何一个结果都没有效率，因而它们都不是好东西。证明完毕（Q.E.D）。然而其他可能性也值得分析，因为许多值得我们注意的有趣情况，是介于完美的组织效率性和完全的紊乱之间的。

此外，效率也不是唯一可以用来区分组织类型的因素。分析者选择自己的研究趣向时，是基于各个方面的权衡，而不仅仅是对科学的追求。我们对有些科层组织不感兴趣，这些科层组织里的官僚就好像封建庄园里的底层仆人（我们在第 4 章已经看到过，西北大学都市事务研究中心的职员是如何对待那位想要数据的学者的）。但不感兴趣并不是因为它不能够被作为科学的社会学所研究。把某些社会现象归类为"其他"，其政治意义是：这些社会现象根本不值得操心。这就是为什么在美国的人口普查中，多族混血的人不想被归为黑人、白人或西班牙人，而是想被归为他们所属的那种混血，总之完全能确定的就是不想被归类为"其他"。（正如我们已经看到的，人口普查中的这种问题看起来是方法论性质的，却又呈现出政治性特点，如果普查少统计了年轻黑人男性，就减少了分数中分母的人数，从而人为地提高了他们的"犯罪率"。）

定义的不同表达形式，也可能会包含同样的政治性问题。有时候使用命令式语气的研究者会说，除了高效率或高竞争生存力以外，一个组织还有没有其他存在形式，对他们是无关紧要的，因为他们只是希望把有效率或生存力界定为他们的研究主题。所以缺乏这些特点的组织不会引起他们的兴趣。对这种态度的批评同上面一样。我们不是应当关注所有的可能性吗？这并不意味着要对所有的事情感兴趣，人们如果想追求这种无法达到的完美，最终结果往往是全然放弃。我的意思是，你应当让问题更完整，这样才能更好地处理它。"更完整"是指关注更多的可能性，可 【164】

以使你找出更多造成当下情况或现象的因素。接下来的一节，我将详述如何使用逻辑法则操作我们已经了解的东西，以使所有的可能性"完整地"呈现出来。

真值表、合并及类型（Truth Table, Combinations, and Types）

之前我已经描述过一些窍门，用于丰富研究中的变量和看待社会现象的角度。我坚信，意象可以启发我们的研究，帮助我们认识社会生活的各种特征，这些特征的构建方式有助于研究者掌握更多更丰富的特征。而合理采取抽样，可以最大化发现的可能性，这些可能性可能你之前完全没想到过。增加我们所思考的社会特征或层面的多样性，不同于认定某些现象在给定范围内变化。变化性和多样性是不同的两件事。我之前提过，最大化多样性是好事，但还没有真正地解释过为什么。现在我想讲讲利用这种方法形成多种可能性的益处。

但是首先我们得要了解，为什么包含了所有可能性虽然有诸多好处，但对于社会学家来说，如何操作却成了问题。我们来讨论拉扎斯菲尔德与巴顿提出解决该问题的一个办法。他们是这样描述的：

有时候，质性观察分析会遇上数量庞大、充满变化的特殊事件，无法把它们视作独立的描述性特质，或按它们的交互关系进行处理。在这种情况下，分析者往往会提出较高层次的描述性概念，只需依据单一原则判断，就可以将大量的特殊观察归总到这些概念之下……

有份关于澳大利亚某村落失业情况的研究，研究者充分使用大量分散的"令人惊讶的观察"：虽然现在村民时间更多了，去图书馆借书读的人却更少了；虽然受制于经济窘迫，他们的政治活动反而减少；比起还有一些工作可以做的人，完全失业的人并没有积极地在其他城市找工作；失业工人家庭中的小孩，比起有工作家庭的小孩，对工作以及圣诞礼物的渴望更有限。研究者困难重重，因为参与访谈的人老是迟到或是很难凑齐。人们慢慢走路，很难安排一场确定的约会，"村子里好似没有一件事正常运作"。（Boundon，1993：121）

他们解决这个问题的方法，许多社会科学家也都使用过，这个方法就是将杂乱无章的事件合并成摘要叙述，也就是合并成一个类型： 【165】

基于这些观察结果，终于发现了这个村庄的整体特征，这是一个"疲倦的社区"。这个推测渗透在村民行为的各个方面：虽然人们没什么事要做，但他们在行动中疲态尽显——似乎受到了精力麻痹症的侵害。（Boudon，1993：121-123）

查尔斯·拉金提出了另一个解决方法，他阐释了类型模式（typology）的用途：

经验性类型模式很有价值，因为它们是由各种变量的值的可阐释组合形成的，这些变量描述了某一类别中成员的特征，或理论上或实质上相关。值的不同组合可看作代表一般现象的类型……我们可以以社会科学的速记法理解经验性类型模式。一个单独的类型，就可以取代整个变量及变量交互关系的整个系统。而相关的变量聚集在一起，组成一个多层面的特质空间（attribute space，拉扎斯菲尔德所采用的一个概念，下面很快就会讨论到）；一个经验性类型模式的用处在于明确研究对象的定位。测试经验性类型模式的终极方法是，看它能帮助社会科学家（也暗指他们的听众）掌握一般类别现象中的多样性，多样到什么程度。（Ragin，1987：149）

这里我要说的方法，是把原始的创造类型的过程复杂化、系统化。原始过程不过是对一大堆事物进行命名，这种命名意味着"所有研究对象常常甚至必然聚集在一起"（这就是我在前面说"概念是经验的概推"要表达的意思）的命题。我要讲的这些方法，尽管表面上十分不一样，但可以被视为原始做法的升级版本，都是为了掌握和最大化运用这些经验多样性。三种不同的方法强调原始做法的不同部分，不同的形成背景下，使用不同的描述语言和术语，但都是采用"把少数相关特质合并成一个类型"的方式进行。其中的数学版本，称作"组合数学"；逻辑版本则通常要借助"真值表"来讨论；而社会科学家最熟悉的可能就是"质性变量的交叉分类表"，最简单的是四格表。不管哪种形式，本质都是运用逻辑方法合并已获知的东西，以使我们从中知道更多。

我将讨论的社会科学方法包括：属性空间分析（property space analysis，如保罗·拉扎斯菲尔德和艾伦·巴顿分别及共同描述的）、质性比较分析（qualitative comparative analysis，由查尔斯·拉金引入社会科学的布尔运算 [Boolean Algorithm]），以及分析性归纳法（analytic induction，与艾尔弗雷德·林德史密斯、唐纳德·克雷西等人的研究有关）。每种方法我都会举例，讨论其历史和背景，以解释清楚各种方法如何不同，以及为什么不同。比较之后，我们就会知道三者的共同基础，就是逻辑学家称之为真值表的古典逻辑方法。真值表可呈现某些特性的所有可能的组合，进而创造出类型。

艺术品与真值表（Art Works and Truth Table）

我们可以在很多地方找到关于真值表概念与程序的简单解释。阿瑟·丹托是一位哲学家和艺术评论家，我们先讨论丹托提出的关于艺术界（Danto，1964）的一些特征。丹托提出逻辑分析的形式，目的不是我们感兴趣的社会科学（他关注的是美学），但仍可为社会科学所用。他分析中的两个特征吸引了我。一方面，他做的是纯哲学技术的研究，他的操作手法看起来直截了当而且符合常识，不过在仔细研究后，发现真是简约而不简单。这也是为什么他的定义那么麻烦。另一方面，他也不是为玩逻辑而逻辑，他讨论这些操作，是为了攻克艺术品评判中那些实践体悟方面的难点。他以不同的方式告诉我们，如何运用这些操作，从数据中挤出更多值得研究的东西。我将用一些篇幅来引用他的研究，并逐一解释每段话在说什么。

丹托以讨论"谓语"开始，他说的谓语也就是我们用来描述对象的"描述语"。原则上，我们可以判断谓语的真假。他说如果对象属于某种类别，就会有成对的"谓语"。比如说对象是一个鸡蛋，对于任何一个鸡蛋的描述，每一对中必定有一个词语一定为真，但这一对词语对同一个蛋的描述不可能同时为真。比如，这个鸡蛋不是生的就是熟的，两者不能同时成立。如果两者皆不成立（比如煎锅就不可能是生的，也不可能是熟的），那么，不管它是什么东西，总之就不会是蛋，因为所有的蛋一定符合其中一个词。他将这个概念应用到艺术作品上：如果有个东西在这类互相关联成对的相反特质（他将谈到"相反"，但不是现在，因为在这里他还在打基础）中，至少有一个为真，那它就是艺术作品。但有许多对象两者都不成立，因此也就不是艺术作品。他用下面这种方式（你可以欣赏一下丹托陈述主张时经常用的专业哲学语言）来说这一点：

【167】

现在，我要将互相关联成对的词语视为"相反"，并预先坦诚，这个老式词语具有模糊性。"相反"不等同于逻辑学中的"矛盾对立"，因为"矛盾对立"一定适用于每个普遍对象，但有些对象则不需要适用"相反"的双方。在一对"相反"的谓语用于某个对象之前，这个对象首先必然属于某个类别，因此，一定有至少一对"相反"可以适用于判断该对象。所以"相反"不是"矛盾对立"。对于"矛盾对立",一些对象可能两方都不成立,但"相反"却不能两者都不成立:因为对一个对象而言,如果连一对"相反"都不能应用于它,那么它一定是被放错了类别。因此,如果对象属于指定的类别,那么"相反谓语"的作用就等同于"矛盾对立谓语"。若 F 和非 F 相反,则对象 o 必须属于某个类别 K,两者之一才能合理地适用于 o;如果 o 属于 K 类别,那么 o 不是 F 就是非 F,且两者互斥。这类可以合理地适用于 $(\hat{o})Ko$ 的"相反谓语",我定名为"K-相关谓语"。一个对象属于 K 类别的必要条件是,至少有一对 K-相关的"相反"谓语可以合理地适用这个对象。但事实上,如果一个对象属于 K 类别,每对 K-相关的"相反"谓语有且只有其中一方适用于这个对象。

这个既严谨又专业的陈述方式避开了语言上的陷阱,而我的松散表述就可能会掉入这种陷阱。不过即使松散,对我们这里要达到的目标来说也足够了。

丹托接着考虑了一个有趣的可能性,也就是这类成对的"相反"词语(他称之为"K 类别艺术作品的 K-相关谓语"),其中有些,人们从来都没想过将其应用于艺术品,实际上却能合理地应用。还有一个同样有趣的可能性,就是处理作品的人也许只【168】知成对"相反"词语的其中一个。在这种情况中,既然不知道另一个"相反"词语的存在,这些人可能就会得出结论,认为这个单一特质的存在就是这件艺术作品的决定性特征,它们就是使作品成为艺术品的要件。在第一种情况下,没人知道这个特质的存在;而在第二种情况下,每个人都知道它的存在,但无法想象艺术作品竟然有可能不具备这个特质。

令 F 及非 F 为一对"相反谓语"。可能有史以来每个艺术作品都是非 F。但是既然没有一个东西是艺术作品同时也是 F，就可能永远不会有人想到非 F 是个关于艺术的谓语。艺术品的非 F 特性就没有被注意到。相反，如果既定时间点之前的作品都是 G，到当时为止，也就不会有人想到，可能有个东西是艺术作品同时也是非 G；这样一来，G 就会被认为是艺术作品的**决定性特质**，但这时事实上有个东西，在 G 合理地被认定之前可能本身就是艺术作品，这样的例子中，非 G 也有可能被认定为是艺术品。如果这样，那么 G 本身就不是决定该类别的特点。

这段话相当抽象，现在丹托要在逻辑的骨架上置入艺术史的血肉：

令 G 为"具象派的"、F 为"表现派的"。在既定时间，它们与它们的"相反"，是艺术评论中唯一与艺术相关的谓语。

"具象派的"，是指精确再现人物、物体或景观的艺术品，例示长久以来人们认为艺术作品必须具备的东西，如果艺术品不具有具象，它就不是艺术品。而"表现派的"，是指表现出艺术家主观经验的艺术品——展示了在其之前，没有人认为它和艺术品有联系的一些东西，直到有人出现并使它变得重要，这些东西才能存在。

现在令"+"表示一个特定谓语 P，并令"–"表示相反的非 P，我们就可以建立如下的风格矩阵：

他说的"风格矩阵"就是我之前提过的真值表：一种可表示"表现派的"和"具象派的"这两个特征在逻辑上所有可能的组合方式的方法。

表现派（F）	具象派（G）
+	+
+	−
−	+
−	−

所以一件作品可能是兼具两种属性、只有其中之一或两者都没有，该表穷尽了所有可能的组合。丹托创造这些组合并不是因为逻辑上的好奇心，更因这些组合吻合我们可认识的艺术风格：

这些横的列表示现有的艺术风格，以艺术评论的词汇来说就是：具象的表现派（如野兽派）、具象的非表现派（安格尔 [Ingres][4]）、非表现的表现派（抽象表现主义，abstract expressionism）、非具象的非表现派（硬边抽象）。当我们加入艺术相关的谓语，我们就以 2 的 n 次方的比例清晰地增加了现有艺术风格的数量。

也就是说，当我们加入一件艺术品可能拥有的第三个东西——比如概念内容——我们就再加入了四种可能的组合，因为 2 的 3 次方等于 8。

逻辑本身并不能决定在整体中加入什么关键词语，那是由艺术界成员来决定的。逻辑只能告诉你，每当你加入一个新的词语（或谓语）——某种关于艺术品的新东西，你得到的可能的艺术品类型数量就增加了一倍。

要预先知道哪个谓语将会被加入，或会被其相反的谓语取代，当然不容易。但是假设一位艺术家，决定 H 从今以后对他

---

4 法国画家 Jean Auguste Dominique Ingres，一般被认为是新古典主义画派。——译者注

的画作是一个艺术相关的谓语，那么事实上，H 与非 H 都成为**所有**画作的艺术相关谓语；如果他是第一个出现且是唯一的 H 画作，所有其他画作就成为非 H。整个绘画的社群变得更丰富，现有的风格机会也会倍增。这种对于艺术界整体有追溯力的丰富特性，让我们同时讨论拉斐尔与德·库宁[5]，或者利希滕斯坦[6]与米开朗基罗变得可能。艺术相关的谓语越丰富，艺术界里的个别成员也就变得越复杂；一个人越是了解艺术界所有人，他与其中任何成员互动的经验也越丰富。

这个分析结果令人大开眼界的地方在于，随着创新的艺术作品增加，这些新谓语或特质被加入，先前的艺术作品就获得了过去没有的属性。

就这点而言，需要注意的是，假设有 m 个艺术相关的谓语，【170】下面一行就会出现 m 个带减号（－）的谓语，这一行倾向于被纯粹派霸占。纯粹派艺术家洗刷自己的油布，清除他们认为不重要的东西，他们相信自己已把艺术的精华提炼出来了。然而这正是他们的谬论：在他们的单色方格中，有多少艺术相关的谓语能够成立，在艺术界就有多少其他成员的作品也成立，而且，只有在"不纯净"（impure）的画作存在的情况下，纯粹派的作品才能以艺术作品的形式存在。严格地说，莱因哈特[7]的一个黑色方块与提香

---

5 Willem de Kooning（1904–1997），威廉·德·库宁，美国抽象表现主义的代表艺术家，后被称为纽约学派的一部分，其以"折中主义者"自称。——译者注

6 Roy Lichtenstein（1923–1997），罗伊·利希滕斯坦，美国波普艺术家。其作品常以卡通人物作为画中主角，后又模仿通俗连环画，创作了一批战争画。以戏仿其他画家的作品而出名。

7 Adolph Frederick Reinhardt（1913–1967），1930 年代到 1960 年代活跃在美国纽约的抽象派画家。——译者注

的《神圣和世俗的爱》（*Sacred and Profane Love*）[8] 在艺术上一样丰富，这说明了什么是"少即是多"。

丹托提醒我们要记住，某些属性"不在场"（absence）并不是没有含义的，而是没出现本身就是该对象的一个真实属性。

流行，就像它发生的一样，往往偏好风格矩阵中的某些行。这种力量之强，连博物馆、鉴赏家以及其他艺术界里无关紧要的人，都坚持认为或追求所有的艺术家都是具象派，这也许不过只是为了增加进入特别有声望的展览会的门路而已。这样一来，就会把现有的风格矩阵一分为二：总共有 $2^n/2$ 种方式来满足这种要求，然后博物馆就可将符合这些人所选主题的"方式"全部展出。不过这是近乎纯社会学取向的问题了：矩阵中的每一行都具有相同的正当性。我认为艺术的突破就在于，为矩阵多加一列的可能性。

丹托最后干脆以"近乎纯社会学"的思想作为总结：艺术界各种组织的捍卫者，只承认这些另类风格其中的某一些，并借此来限制艺术的定义，则这些组织承认的艺术品风格的数量就会减半。这个有趣但不那么显而易见的结果，是纯逻辑操作的结果。

丹托作这些分析并不是为了做哲学区隔的乐趣。他用抽象语言所描述的这些事，正是马塞尔·杜尚（还有他的追随者和他的同事）在艺术界崭露头角时，艺术评论家及美学家的反应。这些艺术家创作的作品，特性是当时已知的艺术作品所没有的（也就是说，他们即非具象派也非印象派），却被当时艺术界的重要成员接受，视为真正的艺术作品。经典的例子是杜尚的《雪铲》（*Snow shovel*）。他到五金店买了一个雪铲，签上名，然后这个雪铲就变

【171】

---

8 《神圣和世俗的爱》，提香（Titian）1514 年左右的油画作品，这幅画以白色裙袍表示爱的神圣。——译者注

成了艺术品（依据的理由是，因为他是艺术家，所有任何他签过名的东西都是艺术品）。许多人不这么认为，但收藏家还是买了这些作品，并在大博物馆里展览，评论家还写了关于这些作品的严肃文章。因此就实际来看，它们**是**艺术品。美学家可以争论，但艺术界已经定案。因此美学的风险是：为这些对象辩护了，而它们还没有成为艺术品，还没有具备成为艺术作品的特质——没有 F，也就没有 G。但这些东西具备 H，这个概念性的特质 H 这时候就得被视为任何艺术作品的关键特质（或谓语），不管它有没有出现。

接下来可以用丹托的方式表达我要分析的三个方法。他的方法的核心在于：我们可以识别出客体的特征，如高度或重量（或是具象派或表现派），这让我们在看其他客体（相关种类的）时，也会注意其在这个特征上的值，即使这个值为零。我们无法知道一件东西的所有特征，只有在发现一个客体具备的这种特征十分不同于已引起我们注意的客体时，我们才会意识到这些特征。一旦我们知道这个特征存在，我们从此就可以用它去看其他具有这个特点的客体，尽管形式或程度可能不同（极端情况时这个特征根本不存在）。

接下来我要讨论的方法都是基于这样一个概念：对象都属于同一类别，类别中每一个对象的特征，是由该对象各种相关的特质出现或不出现组合而成。拉扎斯菲尔德以属性空间分析法研究的权威主义特征类型就属于这种类别，其中的特征是权威被执行的方式，以及家庭成员接受的方式。这种类别也可以是由个体组成的，如拉金与他同事的研究，发现在这个类别当中的成员，在政府科层体系中流动的经历程度各不相同，年龄、教育程度以及其他一些特征，都关联着那些不同变化的结果；或者罢工这种类别，有些罢工会成功、有些不会，其中的特征是：有否繁荣的产品市场存在、有否对罢工者有利的威胁，或有没有大型罢工基金会的存在。这些都是布尔运算方法的案例。在林德史密斯对成瘾的经典研究（Lindesmith，1947）中是鸦片药物成瘾者的类别，我在讨论分析性归纳时会使用这个例子。在某些条件组合下，这个类别的特征可能是早期的经验导致他们成瘾。在每个案例中，真值表都可以产出所有的可能性，然后将之组合，即得出研究者可以分析的类型。

【172】　以上这些方法可以归为同一类窍门，这类窍门专门处理复杂性，这些复杂性是由于我们强调要尽可能广泛和系统地找出不寻常现象而产生的。我会把大部分的注意力放在阐明这些方法的逻辑上。这些窍门通常是特定研究计划在其特定环境中运用这些方法时自然产生的，因此它们没有任何特殊的命名，而只有方法的名称。不过别被骗了：它们仍有用，且属于最有用的一类窍门。

属性空间分析（Property Space Analysis[PSA]）

调查研究者通过"应答者"填写问卷得到数据，或与他们访谈，再根据访谈填写问卷。然后研究者得到大量个人的多个离散的事实：年龄、收入、教育程度，以及他们对不同主题的看法。保罗·拉扎斯菲尔德与他同事经常使用普查作为社会学结论的基础，研究不同的现象。例如利用广播推销美国国家债券（Merton，1946），选民决定投票给哪个候选人的方式（Lazarsfeld，Berelson and Gaudet，1948），以及美国军队的组织（Stouffer et al.，1949）。如何描述这些复杂现象本身就是个问题，他们经常通过建构组合或包含许多方面的类型来解决。拉扎斯菲尔德认为，这些操作方法运作的逻辑很值得探索。他和研究伙伴一起，为建构范畴、方面和类型，发展了一系列的方法和概念。

拉扎斯菲尔德看到，这些特征非常复杂，很容易遗漏一些重要的模糊之处，如不解决，就会让分析变得混乱，变得更加让人困惑。他也看到，为了推动研究找出新发现，更为重要的是完全探索出类型里隐含的逻辑可能性，不要埋没原本可以推进实证研究的有用线索。

为解决将不同特质合并为类型的问题，他改编了建构真值表的系统化程序。他阐释了一种合并逻辑可能性的方式，以把各种可能性纳入符合经验事实的合理序列。他称这种操作为"消去法"。接着他又反过来，从特定的类型中，抽出原先已经建立的类型的各种特质。这个操作，他贴了个别扭的标签——"探构法"。为了这么做，他使用了"属性空间"（property space，他有时也称之为"特质空间"[attribute space]）的概念。在此，我们就把整个系统及其相关的操作称为"属性空间分析"（PSA），尽管就我所知，拉扎斯菲尔德本人从未使用过这个术语。

【173】

属性空间（Property Spaces）

拉扎斯菲尔德在很多地方描述过属性空间的基本概念，而且经常使用相同语言和相同的例子（他当时未经大脑的性别歧视，现在让他有点难堪）：

假设要考察一定数量对象的几个特质。我们考察其中三个：身高、美貌与是否拥有大学学位。以类似解析几何学参考系的方式图像化这些特质是可行的，例如 x 轴在这里对应身材，在这个方向中，可以用英寸真实地测量对象；y 轴对应美貌，在这个方向中，对象可以按照一定的顺序排列，因此每个对象都获得一级名称，第一级表示最美丽；z 轴对应学位，在这条轴上，每个对象有或没有学位。这两种可能性用正负号标示，可以随意选用在 z 轴上中心对称的两个点来代表。然后，每个对象都可以在这个特性空间中用特定的点来代表，比如（66"，87%，+）。如果这些对象是某个特定样本中的一群女人，那么这其中的某个女人很可能是 5.5 英尺高、美貌排行比较低，并且有一个大学学位。在这个空间中，每个个体都对应着一个特定的点（但不是每个点都对应一个个体）……当然，这个分类系统中有多少个特性，空间里就有多少个维度。（Boudon，1993：212）

在这个例子中，各个属性被放在一个三维的属性空间中，第一个属性是身高，是所谓连续变量，可以用数字来测量；第二个是美貌，但却不容易用实际数字表示，而是根据表示特性强弱的顺序来放个案，结果就是顺序变量；第三个属性是大学学位，这个特性是一个简单的是或否，称为二元变量。有了这三个维度，【174】我们很容易把这个属性空间形象化为一个真正的实体空间，其中每个个案都占据一个特定具体点。电脑程序在数秒内就可以绘出三维空间的样本的坐标分布图，你还可以"旋转"这个图像，"看见"相似个案的聚集。

如果只有少数几个范畴（极端情况下，只有两个）的属性，比如丹托分析的艺术形式特征，使用拉扎斯菲尔德认可用的这些方法就很容易操控这些特质。当它们如上述例子中的美貌及大学学位时，就使用顺序变量及二元变量。然后，将那些"变量"交叉分类，就很容易以表格形式呈现属性空间。个案在各个决定了分析走向的变量上的取值，决定了其所属的格子。（连续变量或顺序变量，比如身高或收入，通常会被分为几组分析。比如，为了方便分析，我们可能会把人们的实际收入划分为富裕、贫穷及两者之间，它就成为"分类的"变量。我们总是尽可能使用统计方法，比如相关，来避免这类数据中的信息丢失。）

这个操作方法通过将特征的几个类别交叉分类，生成了所有种类的类型，罗伯特·默顿使这个方法声名远扬（为对他表示敬意，我们把这个窍门称作四格表窍门）。我个人曾用最简单的形式建立越轨类型，这个例子大家可能看着眼熟。通过考虑人们是否破

社会学家的窍门：
当你做研究时你应该想些什么？

坏一定规则，以及那些人是否被认为是破坏规则（请注意，这两个是二元变量），进行可能的组合，生成了以下这个简单的表格：

越轨行为的类型

	顺从行为	犯规行为
被认为是越轨	错误指控	完全越轨
没有被认为是越轨	遵守规矩	隐秘的越轨

我所设计的类型表中，呈现了这两种特征的可能组合，每个特征只有两种可能的情况。

更一般地来说，这个窍门是为了识别你想用于描述你研究的案例的特征。我们把这些特征恰当地进行划分（比如：使用非数字的差异，眼睛或头发的颜色，存在或不存在）；然后制表，在这个表格中，其中一个特征的类别作为表格行的标题，另一个特征的类别作为表格列的标题。接着，每个格子容纳一种类型，这个类型和其他的格子中的类型在逻辑上要有区分。把这些情况合起来，格子的全体就构成逻辑上存在的所有类型。

【175】

（我也可以像丹托一样，用真值表呈现这些概念：

遵守规矩	被认为是越轨
+	+
+	−
−	+
−	−

最上面一行是错误的指控类型，遵守了规矩却被认为违反规矩；第二行是顺从者，遵守规矩同时也被别人看作遵守规矩；第三行显示了纯越轨，没有遵守规则且被人发现是在越轨；最后一行是隐秘的越轨，破坏了规则却没有人知道。）

因此，前面建的表格，和以正负号标示类型的真值表，从逻辑来说是相同的。用表格的方式创造类型有一些优势。表格给你一个物理的空间，你可以把你已经生成的类型名称放在空间中，就像我把越轨类型放入表格一样。更棒的是，表格可以容纳不同特征组合的案例的绝对数量，或所占百分比，这就提供了关于案例的又一特征。原本为两个变量设计的空间，于是就可以呈现三个变量，格子中的数字，可以进行比较和假设性评估。如果我已经拥有信息，我就能够比较男人与女人、黑人与白人、超过25岁的人、住在大城市中的人，或者其他各种越轨类型的百分比。并且因此就可以做一个有趣的测试，看看我把人填进这些格子的过程中，究竟有没有性别或种族上的差异。这种分析方式受到调查研究者的偏爱。这也许是拉扎斯菲尔德偏好表格形式的原因（其实他也很了解真值表，甚至在我引用的材料中他就曾使用过这种方法）。

【176】 这个程序[9]的一大优点是，不管你用哪种形式，程序的逻辑保证了除了它界定的类型以外，不会也不可能有任何其他类型。在考虑谁应该被纳入分析时，你可能在实证上是错的，也就是你的类型没有和任何真实世界的东西对应。但若你只考虑你已经界定的相关东西，那么表格的格子或真值表的行就已经是全部情况了。

但是，这些图示方法并不是清晰明了的现实之窗，并不比文字表述强，它们也有缺点。图示方法和其他每一种表现数据和概念的方式一样，说清楚一些事情的同时也遮蔽了另一些东西。拉扎斯菲尔德所偏好的表格形式，很难呈现合并连续变量而产生的属性空间。此外，尽管把属性空间的逻辑延伸到三个以上变量很简单，但是这种技术的具体操作会变得很麻烦（尽管我之前提到电脑图示法有可能解决这个问题）。拉扎斯菲尔德最喜欢引用的一个例子，包含了种族、教育和出生地三个变量，这三个变量都

---

9 构建属性空间的过程。——译者注

是简单的二分变量（这类数据经常通过调查获取），但仅凭此就可以清楚说明困难所在。若要显示这三个变量的可能组合，我们就要使用八格表，这也已足以说明视觉呈现的复杂性了（八格还算可以接受的程度）。

	出生在美国本土的美国人		在外国出生的美国人	
	白 人	非白人	白 人	非白人
有大学学位				
无大学学位				

我们可能还想在上表加入城市居民或农村居民，作为第四个变量。拉扎斯菲尔德用两种办法这么做。第一种方法就像我已经提到过的，你可以把住在城市里的居民比例放到每一个格子中，以此表示增加的变量。或者你可以制作两个和上面一样的表格，一个代表居住在城市的人，另一个代表居住在农村的人。从操作上来说，一旦表格超过四个变量就无法阅读了。这就是说，无法使读者轻易地进行像我之前提到的基础统计操作：比较两个数字，看它们是否相同，或者换句话说，是否一个比另一个更大。因此，分析者使用数个变量做成大型表格，从分析来说就没有用处了。（Barton 的讨论举了一些很好的例子 [1955：55-56]。）

如我们已经看到的，我们能够轻易地把表格转化成真值表，【177】反之亦然。这里，我们用相同的一套组合，用真值表的方法，呈现拉扎斯菲尔德三个项目的所有可能组合，非常简单，就像是非题一样。为了之后的讨论，我对这些组合进行了编号：

无论是传统表格里的格子或真值表中的行，这些根据逻辑创造的组合就是你用于将来分析的类型，而且确定没有未列入的类型（除非像丹托一样，引入一个新的特质）。要注意到，如丹托

组合编号	大学学位	白人	美国人
1	+	+	+
2	+	+	−
3	+	−	+
4	+	−	−
5	−	+	+
6	−	+	−
7	−	−	+
8	−	−	−

所提到的，每次加入一个新的特质，类型的数量便会加倍，而且还得假设这些新特质全部都是二元变量。如果还有更多分类，表格就变得更糟糕。而每去掉一个特质，你就会减少一半的类型数量。

消去法（Reduction）

拉扎斯菲尔德也认识到，如果变量经交叉分类后生成太多的类型，就会产生难题。但对这个问题他有解决办法，他称之为"消去法"，可以把这种表格中的不同组合锐减为一类。这里告诉你怎么做。

假设我们已经生成上述真值表以及表格包含的类型。现在，我们有的类型比我们认为我们需要的要多（当然，我们为何需要这些类型是个重要的问题）。拉扎斯菲尔德要我们把上述三个变量——种族、出生地及教育程度——作为三个造成不同程度社会优势的因素。因为身为黑人（他把"黑人"等同于"非白人"，但两者当然不同）是很大的社会弱势，我们可以把四个包含"黑人"的类别（第3、4、7、8类别）合并为一类，而不会丢失任何信息；这就是说，只要被分派到这个格子的人就是黑人，我们就知道（我们从之前的经验带入到研究的知识）他们的出生地是否为美国或外国并不重要，教育程度也不重要，无论他们排在这些变量的哪一列，都同样会遭受实质的社会弱势。如果我们合并这四个包含黑人的格子，并不会丢失任何关于社会弱势的信息（或是某些人所说的预测值）。我们可以用同样的理由，同样的方式，合并外国出生白人的两种类型（2 和 6）：在外国出生是个实质的社会弱势，使得教育程度的差异在社会优势这一点上变得不重要。在美国出生的白人则可以用教育程度有效地区分出来，这个教育程度可能会对社会优势造成差异，因此我们保留 1 和 5 作为相互独立的不同类别（这只是个假设性的例子，用来突出这个方法而已。拉扎斯菲尔德和我们一样，都知道实际操作的情况要复杂得多）。

以这种常识性的方式合并所有这些类别，我们已把八个类别减少为四个。我们已经减少了需要记录的事物的数量，且也没有丢失任何计划要分析的东西。我们现在有了更容易处理的类型，但这些类型仍旧和我们还没有使用消去法之前一样，包含了这些方面所能产生的所有可能性。拉扎斯菲尔德描述了三种用于减少我们所要处理的类型数量的方式，虽然每一种都会产生一些难题，但它们对于减少混乱而言仍是有用的窍门。

功能消去法（Functional Reduction），和上述例子一样，也可以利用在经验上已知的事实来做一些消去法：

> 在功能消去法中，两个特质之间存在一种事实上的关系，这种关系可以减少组合的数量。比如说，假设黑人不能获得大学学位 [例如法律规定]……事实上某些变量的组合将不会发生。这样的话，就可以简化组合系统。有些组合完全被消除，而有一些组合因极少发生，而不需要专门为这些组合建立类别。（Boundon，1993：161）

因此，功能消去法可以消除两种组合：逻辑上或真实社会不可能发生的组合；不相关的组合，也就是极少发生的组合。

因此功能消去法是个经验事务。我们通过组合发生的频率决定合并哪些格子，不必为实际中不存在的组合留空间。但是，应该通过列出所有可能组合的清单提醒研究者。判断是否有特殊组合的案例存在真的**是**经验问题，因而我们必须检验实际中的发生频率，而不能忽略那些"每个人都知道"的组合。为了找到不一样的案例（如我们在第 3 章所建议的类别），爱质疑的田野工作者可以通过属性空间分析，生成所有逻辑上有可能的特质组合，然后特别留意常识中不会发生的组合，也就是那些功能消去法消除的对象。然而有可能组合事实上存在，在社会意义上却"看不见"，也就是不为社会所接受或承认。例如，在密西西比州纳切兹市的老南方（Old South）[10] 社会体系（如 Davis，Gardner，Caste［1941］所描述的）中，每个人都属于两种肤色种姓中的一种，而这两者之间没有正当的社会流动（如果你是黑人，就无法像工人阶级变成中产阶级一样，变成白人）或通婚（通过跨种姓性关系出生的孩子也不具备正当性）。但是考虑父母的所有可能种族组合，将提醒研究者稍微动点儿脑子就能想到的事：不管社会逻辑怎么说，都会有这样的小孩存在。知道了这些，可能会引导研究者去深入调查人们如何面对种族种姓制度的社会逻辑，他们在分类这种社会意义"不可能"生出的子女时，又会遵循什么规则。

主观消去法（Arbitrary Reduction）是指为不同的特质组合分配指数，通常用于把各种不同特质的客观条件视为等同。比如一条对住房条件的分析：

---

10 也可以从 *Nola Nance Oliver*，*Natchez: Symbol of the Old South*，Kessinger Publishing，2007. 一书中找到对这种美国独立战争前的文化的描述。——译者注

一些项目，诸如水暖设备、中央供暖、制冷，等等，被专门选中作为"住房条件"的指标，每个项目各占一定比重。拥有中央供暖和电冰箱，但没有水暖设备的情况，可能可以和有抽水马桶但不具备另外两项指标的情况等同。因此两种情况都得到相同的值。

换句话说，同一类型成员都拥有一个同样的潜在抽象特性，比如"住房条件差"，但你无法直接实地测量这个特性。因此，你可以主观地发明一种积分表，给拥有电冰箱或中央供暖，或任何其他你认为可作为住房品质指标的项目打分，然后根据打出的分数定义你的类型，即使这些在不同格中的合并案例实际特征并不同。这个程序把某些特定的房屋设备项目视为等同，从而减少了可能的组合数量。它是"主观的"，因为你计算的项目潜在特质的关联并不确定，你也可能选择另外的一组项目，那就是将另外不同的项目组合等同看待了。

实用消去法（Pragmatic Reduction）。拉扎斯菲尔德仍引用种族、出生地及教育程度的例子来解释实用消去法，这是一种根据研究目而设计的方法——在拉扎斯菲尔德的例子中，是为了研究社会优势。社会学分析可能有很多好理由不把所有黑人都合在一起，但是当谈到社会优势时，你可能就会这么做。因为身为黑人，用埃弗里特·休斯（Hughes，[1971]1984：141-150）提出的分析性术语说，就是一个"主要地位特征"，这个特征超过任何其他情况，对一个人的社会弱势有决定性的影响。（重复一遍，这种陈述通常是为了启发性的目的而提供的简单例子，不要把它们当作真实世界的描述。詹姆斯·鲍德温 [James Baldwin] 曾写过，唯一比在美国做黑人还糟糕的事，就是在巴黎当个穷人。）因此，为了这个特定的目标，你可以把所有黑人合并在一起。

实用消去法的第二个例子是影响"婚姻美满"的两个变量组

合。想象有两种特质，都分为三级（如妻子对丈夫的满意程度、丈夫的经济成就，先不管应该如何测量这些指标）。组合出的特性空间产生九种类型（也就是得出的表格有九格，或真值表中有九行），拉扎斯菲尔德说：

假如……我们发现，如果妻子对丈夫感到满意，那么经济条件就不会影响婚姻关系；而如果妻子对丈夫的态度平平，丈夫至少要有中等以上的经济条件才能使婚姻美满；要是妻子对丈夫感到不满意，那么只有丈夫有非常好的经济条件才能挽救婚姻。如果问题是要把所有的婚姻区分为两组——"态度—成就"组合，一组是利于良好婚姻关系的组合，另一组是不利于婚姻美满的组合——（接下来）便是随之产生的消去的图表。（Boundon，1993：161-162）

【181】 伴随这个例子生成的表格有九格，其中有六格由优势组合占据；另外三格（低成就与中等满意或低满意，还有中等成就与低满意）则被劣势组合占据。男人的经济条件与女人的反应两者之间的九种可能性，很实际地被变为两种。

不管哪种消去法都能把类别变少，把逻辑上不同区分的组合合并为同一类，并为了分析的目的为它们取相同的名称。

探构法（Substruction）

拉扎斯菲尔德给这个窍门取了一个拗口的名字："探构法"。探构法在逻辑上与消去法相反，消去法为求简洁而合并组合。探构法则把组合拆开来追求发现。

社会科学家喜欢创造类型模式，但很少按照逻辑程序建构，因此依靠这个挖掘他们研究内容的全部丰富内涵很难。但是要记住，类型模式与属性空间分析有着逻辑上的关联：类型模式是变量交叉分类后，为所生成的表格中每一个格子所取的一组名称，表格中的格子就是类型模型。拉扎斯菲尔德使用这个逻辑关联创造了一个方法，去发现构成任何特定类型模式中的维度。他说："一旦一个类型系统被研究专家建立，其永远可以被证明，在它的逻辑结构中，它能够是属性空间消去法的结果"（Lazarsfeld and Barton，1951：162）。他认为大部分的类型模式可能并不完整——它们是用以上我们刚讨论过的方法，合并表格中的一些格子，减少复杂的属性空间而形成的，尽管连类型专家可能都不知道进行了什么操作。结果的类型模式并没有提出或告知其隐藏的可能性。因此拉扎斯菲尔德在解释如何缩减一组类型时，又发明了一种方法来撤销消去法，重新发现完整的属性空间以及构成它的维度：

发现特定类型系统所属的特性空间，以及隐藏在特性空间中曾被使用的消去法，是在实践上具有重要性的程序，所以它应该有一个特别的名字，我主张使用"探构法"一词。

还原某种类型所属的特性空间，以及可被推导出来的消去法，【182】
并不是假设类型的创造者心中真有这套程序。我们只能说，不论他实际中是如何找到这些类型的，他都可以借助探构法，按照逻辑发现这些类型。

拉扎斯菲尔德认为这个窍门具有实践上的重要性，后来也证明他的这个主张是对的，这个窍门具有实践上的重要性。这个精彩的方法，可以像挤牛奶一样导出那些用逻辑无法推出的想法和见识，虽然这种情况极其少见。研究者使用这个技巧，"将了解到他是否忽略了一定的案例；也可以确保一些类型不会重叠；还可能会使分类对于实际的经验研究更有用"（Lazarsfeld and

Barton，1951：163）。他为了示范探构法的效用，举了这个例子：埃里希·弗罗姆（Erich Fromm）所主持的家庭内部权威结构的研究。

弗罗姆区分出四种权威情况：完全权威、普通权威、缺乏权威、反抗权威。拉扎斯菲尔德使用从父母和小孩那访谈到的问题中的项目，重构了在弗罗姆划定的类型中所暗含的完整组合阵列（array）。首先，他把"身体惩罚"及"对小孩行为的干涉"作为父母权威的测量指标，并把可能组合减少为三类：两者皆做的父母、两者皆不做、只做其中之一（有两种情况被视为等同）；他类似地把小孩对于上述三种类型的接受度缩减为："是否和父母发生冲突"及"是否顺从父母"。一个 3×3 的表格呈现出九种执行与接受度的可能性组合：

父母的执行程度	小孩的接受度		
	高	中	低
强烈	1	2	3
普通	4	5	6
微弱	7	8	9

九种组合中，有七种与弗罗姆的四种类型有清楚的关系：1 和 2 是完全权威、4 和 5 是普通权威、8 是缺乏权威、3 和 6 是反抗权威。弗罗姆的类型模式不能解释 7 和 9 两种组合，而且至少有一种（7）是他显然想都没有想到的可能性：有些小孩的父母没有执行太多的权威，但小孩却希望他们这么做。逻辑提出了可能性，研究工作则了解它们是否属实，这就是你使用探构法的窍门。

【183】

每个类型模式后面只有一个特性空间和一个消去法吗？拉扎斯菲尔德认为，可能不是。类型通常是模糊且主观的，因此会模棱两可，你通常可以从中抽取出不只一组维度。源于同一个类型模式的不同特性空间可以互相转化，这就是"结果诠释"的逻辑，也是他那著名的操作方法——若想发掘两个变量之间关系的"意义"，可以通过引入第三个变量，增加前二者的关系。"这种解释在逻辑上包括：一方面把原先通过消去法提取的特性空间，还原"探构"到另一个类型系统；另一方面则也在这个新的空间里找寻导致这些类型系统出现的消去法。这就是转换的意思"（Lazarsfeld and Barton，1951：167）。在这里，我不继续进一步寻找这些可能性，但是这当中必定可以发现一些有意思的东西。

拉扎斯菲尔德使用真值表和真值表转换成的表格来创造类型，并紧密关注他所操作的消去法和探构法来改变分析者处理的类型数量，参考调查访问及问卷调查来收据数据。他创造类型模式，再使用建立表格、消除法与探构法窍门进一步使其复杂化，以发现调查中测量的各变量之间的关系。居住在一个亲共和党的邻里社区，对想投票给民主党的爱尔兰裔天主教工人有什么影响？如果你的兄弟姐妹都把票投给民主党，但是你的工人伙伴们都投给共和党，那么你在选举日会屈从于这种"交叉压力"的哪一边？他认为类型的用途主要在于定义类别，类别又可以用来理解变量之间的关系。这个答案让他很满意，它提供了"在理论定义的观测中，一个成因的平均影响。"（Ragin，1987：63）这正是许多社会科学家一直要找的。

质 性 比 较 分 析（QCA）（Qualitative Comparative Analysis）

尽管如此，很多社会科学家追寻的是不一样的东西，使用传统调查方法的分析程序，会导致他们遇到很多问题。查尔斯·拉金发展出质性比较分析（有时也称为"布尔分析"，后面我【184】将说清楚理由）来处理传统分析方法难以应付的棘手问题：

（a）数据处理量庞大，案例数量庞大，相对而言每个案例的信息却很少（典型的例子就是为行政目的而做的调查与统计所得到的数据）；（b）历史案例非常少的分析，尤其是关于特定国家的历史，以及对这些国家特定历史事件的解释（例如，在什么情况下，接受国际货币基金组织援助的国家会发生暴动？）。

在第一种情况中，数据繁多，用传统分析方法照旧会产生副作用，但研究者往往把这些副作用看作获得科学研究成果所付出的代价，从而置之不理。阐明并解决该问题的典型方式，取决于是否发展出新的统计方法，让分析者可以用介于 0 与 1 之间的数字，评估某个或某些自变量对于某一因变量变化的"贡献"。因而，我们可以用拉金使用过的例子（Ragin, Meyer, and Drass , 1984）来说，种族对于一个人在拉金和他同事研究的联邦科层机构的升迁机会有 $x\%$ 的"贡献"，而教育则"解释"了 $y\%$ 的贡献，资历则有 $z\%$ 的贡献（诸如此类还有其他有数据的几个变量）。

但这些数字很难靠直觉理解，所以我把那些表达形式放在引号里。说教育"解释"了 $y\%$ 的升迁机会，却没有说明这个"解释"是如何发生的。我们是否可以这样说：决策者考虑给谁升职的情况中，有 $y\%$ 是以教育作为标准？或者说，决策者把一些分数相加得出总和——种族几分、教育几分、资料几分，等等——就像老师给考试打几分、作业打几分、课堂出勤打几分的方式一样，提拔分数够高的人，那么教育对结果有多少分的"贡献"？又或者，这是一个复杂的程序，决策者先决定竞争人选是否达到教育程度的标准，然后再决定这些人当中谁符合资历的标准，最后在剩下的人当中以种族做筛选，如此持续下去，直到所有变量都考虑完？这个"解释"纯是统计，要把这些数字转译为活生生的人所做的具有社会意义的行为，则是一道构建意象的具有想象力的练习题，不必以是否对研究情况十分了解为前提。

【185】

社会学家的窍门：
当你做研究时你应该想些什么？

进一步地说，这些分析要回答的问题经常不是人们想要问的。虽然了解到某些变量对于升迁的贡献，我们却并不知道年龄、性别、种族及其他特质如何组合，才可让人们得到符合科层体系规则的升迁，研究种族歧视的学者会对此感兴趣。在这样的案例中，我们要找的是现象的状况，而不是某个结果的个别"贡献"。

在历史分析这种情况中，分析大量案例的方法并不管用，也根本无法发挥作用。因为国家数量不够，所以没有足够多的案例来满足惯常的大拇指规则，也就是在一个格子里面无法累积到做统计分析的足够样本。即使苏联最后瓦解为很多个国家，也不可能有足够多的国家可用作这种分析。典型的解决办法是用更整体性的方式重新定义问题，这样就会产生足够的样本，但同时也会失去原本问题的特殊性。（此处以及本小节其他地方，我会大量借用 Ragin［1987］及 Ragin，Meyer 和 Drass［1984］的论证与实例来进行分析。）

进一步地说，历史分析经常想要关心的特定事件，往往之前的历史研究已经揭示了大量的事实：俄国革命、1929 年经济大萧条、新教对科学发展的影响。许多社会学的经典问题都属于这种形式。已经形成的对于这些事件事无巨细的知识，反而阻碍了传统的分析技术，因为传统分析方法不是处理大量变量、时间序列及其他类似东西的好方法。我们想要的，是可以让我们使用全部已有知识的技术。

从更基础的方面来说，质性比较分析方法体现了一种思维方式，其对社会科学研究的看法和拉金所称的"变量导向"[11] 的分析方式截然不同。就如我已经解释过的，变量导向把理论视为各变量对于我们想要的结果的相对重要性的陈述，这些结果正是我们想要解释的。这些解释注定是普适性的，而社会学法

---

11 variable oriented，心理学理论更多地译为"变量定向"。——译者注

则概括性很强，这些变量独立于社会或历史的语境，发挥着它们的影响力。根据这个观点，你就是通过创造"数据竞赛"来做研究的，一个社会现象有一些互相竞争的、有着各自所偏爱的变量的阐释方式，优胜者就是可以解释了最多研究问题的变量的那一个。更重要的一点也许是，这些思路只想找到待解释的问题的一个答案。但实际上，待解释的事件可能产生于多种因果关系条件组合当中的任何一种组合。拉金说：

> 他们"社会科学家"不对类别范围较小的现象（例如关于国族抗争的类型）提出问题，反而倾向于重塑问题，这样可以把问题应用在范围更广的类别（比如跨国家变量对政治不稳定程度的影响）。他们也不尝试厘清影响了不同结果的成因所处的不同语境，反而倾向于估计一个成因对于各种不同场景（最好是不同的样本）的平均影响力。（Ragin，1987：vii）

拉金并不是要完全抛弃传统的多变量统计分析，而是想为社会科学家要解决的问题提供更合适的替代选择。他发现代数中的集合与逻辑，通常也称为布尔代数（以发展出该理论的十九世纪英国数学家、逻辑学家乔治·布尔命名），可用来建立这些替代性选择。我们已经讨论过的建构真值表是这种代数的基础，事实上，真值表就源于代数。我将对这些事物的版本做粗略的描述，清晰呈现方法的内在逻辑，以便与我们讨论的其他方法做比较。拉金的著作中包含了一些对这个方法的描述，以及几个应用案例。他和同事在第三世界国家暴动（Walton and Ragin，1990）、雇佣中的歧视模式（Ragin，Meyer，and Drass，1984）、族群政治（Ragin and Hein，1993）等研究中使用了这个方法。这些题材技术性十足，你自己研读一个或几个案例才是通盘理解的好方式。

在这一节我们讨论的三个方法中，显然布尔代数法的"逻辑性"最清晰。

这个方法保留了隐藏于研究现象的情况的复杂性，同时也尽可能地简化这些复杂性。他发掘出最小数量的变量的组合（记住，一个变量组合就是一种类型），这些组合（同时地）产生待解释的结果。因而：

> 要在整体的语境中，理解形成整体的各部分之间的关系，而不是在一般共变模式的语境中，理解那些描述了可比较单位之总体的不同变量间的关系……因果关系是同时发生的，结果则以条件交集来分析，通常认为，任一组合都有可能会产生特定结果……多变量统计方法起始于对各种成因及其相互关系的简化，并将它们看作变量；相反，质性比较的方式，则从假设最大的因果复杂性入手，随后，对这种复杂性展开批判。（Ragin，1987：x）

尽管各种布尔方法与属性空间分析看起来十分不同，两者的相似之处却非常有趣。接下来我会时不时提到两者之间的相似点及不同点。

步骤（Procedures）

布尔分析法的基本步骤很简单（等一下我会举一个简单的例子）：

1. 决定你想调查的结果，以及要用哪些"变量"来"解释"结果。

2. 把每个变量与结果都定义为分类变量，通常以是否具有某些要素来界定。你可以把它们处理成二元变量（如白人或非白人），也可以把几个可能性中的每一个，都处理成是否具有某个类别的变量（白人或非白人、黑人或非黑人、亚裔或非亚裔，等等）。（有一些转换的方法也能把连续的定量数据转化为这种类别，这不是该方法所独有的）。

3. 制作一个数据矩阵，也就是包含行与列的表格，提供空格容纳所有变量组合。这种形式是处理定量数据的标准做法，也可以轻易地转化用于质性数据。

4. 对数据矩阵重新改变格式，变为真值表的形式，列出具有或缺乏这些特质的所有可能组合。

5. 两种状况之间的差异，如果不会影响结果，就不能成为解释情况之间不同的原因，那么这些差异就不需要考虑。举一个例子：如果工会成员绝大多数属于同一种族，成功地进行了罢工行动，而其他成员来自不同种族的工会组织，也成功地进行了罢工，那么工会成员是单一还是多种族的，就不能作为罢工成功的成因。研究者可以依照这个规则把真值表"减为最小"。"如果两个布尔表达式（比如变量值与结果的组合）之中，只有一个成因条件不同，但仍产生相同结果，那么这个区分布尔表达式的成因条件就可视为无关而被移除，以创造一个更简单的合并式。"

6. 使用拉金文本中所描述的系统化程序（一种算法）寻找"质蕴涵项"，也就是用最少的必要变量组合，建立一个恰当的结果解释，移除那些在逻辑上非必要的变量组合。在这里我不描述这个方法，因为在拉金的著作及其他地方都有详细的描述，他和他的同事还写了一个电脑程序，可以帮助你完成这个工作。在此我们只需要理解结果是以代数方式呈现，罗列出具有或缺乏某些变量的组合，并且能够"涵盖"（解释）你感兴趣的结果。

7. 解释所得出的方程式。这十分容易：比如，当变量A与B，以及变量C与D中任何一个出现时，结果X发生；或其他某些变量有或无的组合的类似表达式，会和我们研究的结果共同发生（除此之外，如拉金所说明 [Ragin，1987：99-101] 的，这些方程式可以使你轻易地辨识并区分出研究主题中你感兴趣的必要且充分的成因）。

拉金举了一个假设性例子（详见 Ragin，1987：96ff.）。研究者认为成功的罢工行动有三个主要成因：这个产业的产品有繁荣市场，用 A 表示；其他工会的同情罢工会造成严重威胁，用 B 表示；以及大笔罢工基金，以 C 来表示。他把罢工编码为成功（S）。（缺少某个条件则以小写字母表示，所以不成功的罢工用 s 编码，又如缺少大笔罢工基金则编码为 c）。具备或缺少这三个成因有八种可能的组合：Abc，aBc，abC，AbC，ABc，aBC，abc，ABC，只有四种（在这个假设的例子中）能导致罢工成功（AbC，aBc，Abc，ABC）。那么把这些抽象的编码用名字还原：当出现繁荣的市场和大笔罢工基金，虽然没有同情罢工的威胁时，罢工会成功；或者，当既没有繁荣的市场，也没有大笔罢工基金，却又有同情罢工的威胁时，罢工会成功；以及⋯⋯请你自己还原另外两个吧，对你有好处。

这个代数方法提供了一个简化的解决方案。不需要进入琐碎的数学细节，就可以把这个方程式缩减为三种情况（AC，AB 或 Bc）。这些情况还可以进一步被简化为代数式 S=AC+Bc，也就是当存在繁荣的市场以及拥有大量罢工资金，就会出现成功的罢工，或者（加号在布尔符号中并非表示增加的意思，而是表示逻辑运算符中的"或者"）当存在同情罢工的威胁以及低罢工资金的情况，也会罢工成功。还有另外一种操作方法可以让你指定罢工失败的条件，在这里我就不谈了。

以上这些看起来都很抽象，数学的方法也让人心生恐惧。但其实这个代数既简明又扼要，简单到连我都可以搞懂，所以你也没什么好怕的。应用到实际数据上也很简单，拉金给出了很多例子（和任何数学问题一样，你得自己花时间去运算）。有些问题

【189】

看似困难，比如当案例具有相同的成因组合，却有不同的结果时，你该做什么？如果某些组合在现实生活不存在，又该怎么办？我【190】在这里再次建议你参考拉金的书，自己寻找研习解决办法。

不同的思考方式（A Different Way of Thinking）

质性比较分析与属性空间分析有这么多的共同特色（比如使用真值表），以至于两者看起来像同一件东西的 AB 两个版本。但事实上并非如此。就像拉金一再指出的，两种方法寻求不同的结果，对于社会科学的目标，及探索的问题答案种类，也有不同的意象。在某些方面（但不是全部），它们是两种不同的范式。

成因。布尔研究法对因果关系的看法非常不同于传统定量研究。定量研究者寻找的是在各种各样的环境中，一个变量对其他变量的效果。一个成功的传统研究计划会创造出一个方程式，解释一个成功的罢工结果分别有多少是由繁荣的市场、同情罢工的威胁以及大笔罢工基金这三个变量造成的。研究者并不希望这个方程式从此罢工到彼罢工而有所变化。如果变量的效果根据情境而有所变化，那么它们就不可靠，研究者就没有得到想发现的结果。

另一方面，布尔派的研究者并不希望成因是各自独立运行。相反，他们想看到研究语境中，各成因的效果随着其他因素的出现或缺乏而产生变化。通常的解释是"多重同时性的"（multiply conjunctural）：同时性是指这个成因被理解为因素的组合，多重性则是说很多这样的组合可能会产生相同的结果。布尔派研究者希望能找到不止一个主要的因果路径，研究结果不止在一组条件下发生。不同的因素可能以不同的、有时甚至是矛盾的方式组合，却产生相似的结果。既然你没有调查过所有必要条件来得出完整解释，那么你的解释就无法用来说明所有案例。

以毒品成瘾这个问题为例。各种研究普遍发现，二十世纪末美国城市中的瘾君子身份是男性、年轻人、黑人、西班牙裔及城市居民。这些相对比较稳定的研究发现被作为证据引用，证明瘾君子的年龄、性别、族裔跟居住地等（成因），和毒品成瘾（结果）之间是有联系的。解释这种联系的方式，和研究者对瘾君子的生活所持的意象是一致的——记住，这种意象并没有经验基础，它的基础主要建立在中产阶级研究者对下层阶级生活的幻想上。这个意象暗示，在这种绝望的生活环境之下，人们渴望毒品提供的"解脱"，从而不可避免地走上成瘾这条不归路。

艾尔弗雷德·林德史密斯（Lindesmith，1965）发现了这个理论的一个主要问题：十九世纪后半期，毒品成瘾与一组十分不同的人口学特征相关。当时的瘾君子多半是白人妇女，通常来自小镇或农场，而且正值中年。很容易解释这种差异：这种人能轻易取得毒品。历史上那段时期，美国政府对于鸦片的销售几乎没有控制。成药，特别是调配好的用来治疗"女人病"——当时常见的委婉说法，多指与更年期有关的困扰——的成药，通常都含有高剂量的鸦片，而且任何人在街角药店都买得到这种药。女人购买、服用这些药。当中有些人因服得太多而成瘾。

【191】

1911 年，美国政府通过"哈里森毒品管制法案"（Harrison Narcotics Act），有效清除了合法市场中含有鸦片的药物。从此妇女们再也不能从街角药店买到成药，有的女人就去找好说话的医生开处方，但大部分人只能忍受戒断症状的困扰，并将戒断症状当作最初导致她们服药的更年期问题。

哈里森法案通过后的几年，出现了一个地下市场，并渗透到无法防止毒品交易入侵的居民区中。毫不令人惊讶，这些居民区通常是黑人与西班牙人居住的社区。因为毒品交易是非法的，处于销售末端的人可能是十几二十岁出头的男孩。这种男孩的年纪还没大到可以做中间商，却是犯罪最容易发生的年龄。而如果你卖毒品，或者买卖就在你身边的街道和公寓进行，你就有取得毒品的便利渠道，并被你看到的各种事挑起好奇心，从而沉湎于吸毒。这是成瘾过程中极为重要的一步。

毒品成瘾的各种"成因"，比如年龄、性别、种族、族裔及是否居住在城市等，从历史角度来看，其效果是非常易变的。它们的因果影响，只是因素组合中的一个元素。因此，因果影响是组合，也是成因的综合，而不能将每个因素的影响相加而成为成瘾倾向的指标。当任何人都可以轻易买得到"药品"时，会成瘾的是美国正值更年期的女性；当法令迫使毒品销售转向非法生意，你或你的邻居在其中会得到一份工作时，会成瘾的是处于很穷的贫民区中的年轻黑人男性。这些完全不同的因素组合能产生同样的结果：成瘾。更一般地讲，不同的条件可能符合相同的因果关系要求。换句话说，在表面的人口学特征之下，藏着一些更具一般性的特征未被发现，例如可获得性。毕竟那些表面特征无法解释成瘾的变异性。

【192】　　拉金使用"虚幻差异"（illusory difference）的概念来描述这个问题：

> 经常无法用简单的表格和共性分析辨识隐藏的共性。研究者必须允许这种可能性存在，即看似不同的特征（例如性质各异的"可得性"系统），却可能有相同的结果。在比较抽象的层次上，它们的因果关系是相同的……但不是在可直接观察到的层次。因而，两个对象之间或许存在着一个"虚幻差异"，如果从比较抽象的层次考虑，那事实上是潜藏的共同成因。（Ragin，1987：47）

异例（Deviant cases）。质性比较分析和属性空间分析处理"偏差"的方式也不同。一个异例（这个词在接下来对分析性归纳法

社会学家的窍门：
当你做研究时你应该想些什么？

的讨论中扮演着突出角色）并不按照研究者所认为的及所预测的方式发生，因此挑战了研究者想下的结论。你做研究，收集数据，大部分案例都"如愿发生"，但有些就不是如此，它们会导致其他案例所支持的结论也让人怀疑。在典型的调查分析中，如果已经进行了属性空间分析，理论已设定两个变量之间存在因果连接，则属性空间分析表中，规定了组合值的格子应包含了所有案例，而其他组合的格子则应是空的，没有案例。（因为以此方式建立的表格，所纳入的预测和预期的案例，被称为"位于主对角线上"；而在真值表中，行用于描述研究者预期的所有案例。）传统定量研究者接受这种相异的（或称"反面的"）案例，他们认为这是现实世界中的随机变异特性造成的一个可预期结果，也可能是测量变量的方式有不可避免的缺陷，又可能是有的变量没有被纳入分析，因为没人知道怎么测量这些变量，甚至根本不知道它们的存在，或不知道它们在研究问题里起了作用。传统的研究者，通常在研究的后期才寻找缺失的变量（这同时也是为了改进测量方法）。但是他们并不期待所有的异例都消失，而且对以下这种描述出现概率的陈述十分满意，比如"来自破裂家庭的小孩在某某程度上，比来自完整家庭的小孩更可能成为问题青少年"。这样的陈述之下，哪怕有一些来自完整家庭的小孩是问题青少年，一些来自破裂家庭的小孩不是问题青少年，也不能否定将这两个变量联系起来的基本观点，只要大多数的小孩都符合研究者所指出的理论组合就可以了。

而布尔派的研究者则着眼于发现另一种关系，在这种关系中，【193】同样的因素组合一直会产生相同结果，没有例外，也没有异例，他们甚至指望最终（嗯，未来的某一天吧）能够说明研究的现象下的每个案例，对这些案例都有一个解释。在他们试图揭示这些永恒的关系时，他们希望且也期待在这条路上发现"异例"来拓展分析的边界。布尔派研究者致力于发现理论上没有预期到的案例，因为他们期望这能够引导他们发现一些新的、至今仍未预见的因果模式。他们寻找的各种结果，我们可以称之为模式化的多样性：在不同情境下以不同方式运作的成因网络所衍生出的一个相关类型复合体。（一个很好的例子是男女监狱文化的成因网络、情境与结果，请参见第 4 章的讨论。）他们寻找更多的情境，把它们加入到解释的公式中，寻找更多种结果，把它们加入需要解释的清单中。

结果他们经常做一些严肃的调查研究者严格禁止的事（尽管实际上他们经常做成）：他们决定不将他们发现的异例视为理论的例外，而将之看作至今为止尚未被发掘的现象，这个现象值得并且也将有一个自己的类别。（我们讨论分析性归纳法时会再看到这个变动。）研究者经常在研究的过程中发现，他们本以为一些案例属于他们想要解释的类别，但实际上却不属于。这些案例与这个类别中的其他成员有很大的差异。这就让布尔方程式出了意外，他们因此认定也许所有的成功罢工都不相似。但传统研究者却坚持认为，对这种意外只能惋惜，你不能把案例重新分类，并且重新叙述研究的假设。这些墨守成规的人坚持认为，面对这些异例时，必须从新的样本中重新收集数据，然后才能验证你的假设。这种不切实际的要求，当然会让质性历史研究做不下去，因为质性历史研究无法收集新的样本，像林德史密斯的研究，是基于与难以发现的成瘾者访谈，在这样的要求下就根本没法做。中肯一点来说，根据实际经验修正思考的意愿——调查研究视之为"恶"，事实上却是科学之"善"。这也就是拉金（Ragin，1987：164-171）一直强调的：在证据与观念之间对话。

布尔式分析者试图把社会生活的复杂性模式化，还会产生另【194】一种结果：他们并不担心表格中不同的格中有多少个案例。如果理论说年轻黑人男性应该是瘾君子而有些并不是，而且还有些中年白人女性是瘾君子，那么你在两个案例中各找到多少样本没什么区别。一个跟一百个都一样，都显示了理论没有将一些重要的可能性纳入。所以拉金指出：

> 这个方法和抽样及抽样分布的概念没有什么关系，因为它并不关心伴随不同因果模式的案例数量的相对分布。比相对频率更重要的是有意义的因果模式的多样性。（Ragin，1987：52）

然后要让这个方法完全发挥效能，我们需要一种抽样方式使案例的多样性最完整。这我们在第 3 章已讨论过。

分析性归纳法（AI）（Analytic Induction）

属性空间分析和质性比较分析试图解释的结果，潜在范围非常广，很多研究者并不追求这种解释方式。他们的兴趣不在于找到所有的冷门领域和可能性，而是出于理论性或实际的理由，只对所考虑的一个特定结果感兴趣，也是他们所认为的唯一真正有趣的结果。用我们的话来说，这种研究者实际上只关心真值表里的少数几行（在有限的案例中，实际上经常就只有一行）。他们把你觉察到的真值表分析法其他组合放到"我们不感兴趣的事物"这个"其他项"中。当研究者及理论家认为他们研究的现象是"重要问题"时，他们经常这么做。他们认为，这些现象要么社会中每个人都很关心，每个人都觉得应该要做，要么是这个现象具有特殊的理论属性。药物成瘾问题就满足了这两项要求。这个问题既是存在已久的"社会问题"，也是一些人"明明很艰辛，又要面临严重的刑罚，却仍要做"的有趣例子。药物成瘾不仅冒犯了社会的道德观念，同时也冒犯了所有这些理论——依据这些理论，毒瘾问题早就该消失了。

有些社会学家用"分析性归纳法"处理这类问题，因此，人们说分析性归纳法的标准案例正是这类问题，并非偶然。分析性归纳法经常被认为和我们讨论过的其他方法是对立而非互补的。

它通常也被认为和真值表没有关系。但实际上，当我们以真值表的形式呈现它的逻辑时就会看得很清楚，它事实上与属性空间分析及质性比较分析在某些方面是相似的。（上述传统看法的重要例外，就是查尔斯·拉金 [Ragin，1994：93-98] 对于杰克·卡茨 [Katz，1982] 的"志愿律师"［poverty lawyer］职业生涯研究的分析。拉金和我在这件事上的想法类似，你可以伴着本节的分析阅读他的著作。）

罗伯特·库利·安格尔（Angell，1936）有时被誉为社会学研究使用分析性归纳法的先驱，但这个方法要追溯到约翰·斯图尔特·穆勒的契合法（method of agreement）以及差异法（method of difference）[12]。（你可以在 Ragin［1987：36-42］那里找到一个简单的解释）。距现在更近的先驱则是乔治·赫伯特·米德及其诠释者赫伯特·布鲁默。两人皆强调反例的重要性，也就是可以推翻假设的实例，他们把反例视作促进科学知识发展的关键。基本论断是，"发现自己的观点是错误的"乃是学习新知的最佳方法（见 Mead，1917；Lindesmith，1947：12）。

"古典"分析性归纳法可参见我在本书前面提过的艾尔弗雷德·林德史密斯（Lindesmith，1947）对毒瘾的研究。克雷西（Cressey，1953）与我自己 （Becker，1963）则以此例为原型，分别应用于研究盗用公款与吸食大麻。这三例研究借助描述造成毒瘾、金融犯罪、吸食大麻的一步步过程，解释了这些研究所关注的结果。就像质性比较分析法一样，分析性归纳法对于结果的解释是不变的：它适用于每一个符合有待解释现象定义的案例。

当你使用分析性归纳法时，理论的发展与检证是通过一个接一个的案例进行的。当你收集了第一个案例的数据时，立刻想生成一个解释。然后把这个理论用在第二个案例上。如果理论能恰

---

12 John Stuart Mill（1806—1873），英国心理学家、哲学家和经济学家。他在《逻辑学体系》（*A System of Logic*，1843），创造出五种逻辑方法：契合法、差异法、契合差异并用法、共变法及剩余法，简称为穆勒五法。——译者注

当地解释第二个案例，这就肯定了你的解释，你可以继续找第三个案例。但一旦你遭遇"反例"，原先的解释无法说明时，你就得改变你的解释，把这个麻烦案例包含的新元素合并进解释，或者你也可以改变将要解释的现象之定义，把不符合的案例踢出去。研究者经常以后一种方式排除许多案例，当案例被重新定义为不是理论所要解释的对象时，研究者或多或少就忽略了这些案例。拉金也把这两种做法推荐给布尔法的使用者。

这里描述的分析性归纳法，可以和前面提过的用三个典型案例阐释的研究方式共同运用到该类研究中，研究者探讨通常被标签为越轨的某些行为形式，逐个访谈被认为有这种行为的人。如果你想象一下以该方法做调查访谈，你就可以了解这种方法和其他方法的联系。在做调查研究时，你几乎是一次性收集好所有数据，调查的问题或提问的方式均不能改变，否则就失去了案例的可比性，也失去了采集相似数据的可能性。相反，用一次一个访谈的方式收集数据，则可以轻松自然地发现新变量。在这种研究形式中，往往会说这是"过程中的步骤"，而不是说它们是"变量"，并探索其中的含义，观察它们在后续案例中的作用。同样，这个方法也更容易处理那些现象中的变化，这个现象本身就应该视作不同的理论实体，需要个别解释。属性空间分析的优点在于，它可通过操作逻辑上的各种可能性，创造并分析类型。质性比较分析的优势则在于强调组合性解释，寻找形成独特和不变的结果的因素组合；分析性归纳法则擅长于发现一个解释应加上或抽除什么，解释才能成立。

研究者很少使用分析性归纳法的经典形式，因为它似乎只适用于研究少数与越轨过程有关的研究问题。你也可以说，对于那些研究问题就应该选这种方法。但这么说好像这个方法除此之外就没有别的用武之地了。事实上它经常以不那么严谨不那么专一的方式广泛使用，尤其深受想要描述分析如下过程的研究者的喜

【196】

爱，比如对分手的研究（Vaughan，1986）；组织行为的复杂性研究，这种行为被广泛称为"机构"或"组织"，或埃弗里特·休斯称之的"持续经营"。民族志学者经常运用分析性归纳法的基本逻辑，发展有组织活动的各个部分及其交互联系的描述。在这种不太严谨的形式中，分析性归纳法最适合用来回答"如何？"的问题，比如说"这些人如何做 X？"，待解释的 X 可能是农业社区的土地使用权制度、工厂中的工作关系制度、学校组织，或任何研究社会组织的学生有兴趣的其他议题。

【197】 严谨的分析性归纳法（Rigorous Analytic Induction）

毒品成瘾。艾尔弗雷德·林德史密斯是赫伯特·布鲁默（我在第 2 章讨论过他对研究的看法）和埃德温·萨瑟兰（我也讨论过这位发明"白领犯罪"概念的犯罪学家）的学生，他创造了一个模型，为后来的分析性归纳法研究者所仿效。他的论文最后以《毒品成瘾》（*Opiate Addiction*，1947）的标题出版成书。他分析了多年来和"六十到七十个(吗啡和海洛因)瘾君子"做的访谈。研究也立足于研究和毒瘾有关的已出版文献中的案例及题材。他致力于：

> 理解并提供一个合理的理论性解释，来说明瘾君子的行为，避免对他们的行为进行道德批判或族群判断。这个研究的中心理论问题由一个事实抛出，这个事实就是有些人有机会接触毒品并吸过吗啡或海洛因，后来变为瘾君子，但在同样条件下，有些人却能幸免。我试图解释这些不同的反应，如同接下来会看到的，这促使我进一步思考毒瘾的基本特征及毒瘾的形成条件。（Lindesmith，1947：5）

林德史密斯发展他的理论以回应（拉金会称之为对话）访谈对象告诉他的事，每当案例材料显示理论有错误或不完整时，他就修正理论。

林德史密斯的成瘾理论认为，一个人要上瘾，将经历一个三步骤的过程（在第 3 章我已简单讨论过这个理论）。首先，他们长时间大量服用某些致瘾药物，形成了生理习惯——也就是说，他们的身体已经适应了致瘾药物，药物的存在变成了身体正常运行所需的东西。然后，因为某些原因（例如无法取得药物，或对这种经验失去了兴趣）他们停止服用药物并很快地产生戒断症状，从不舒服（流鼻涕以及一些类似流感的症状）到严重困扰（肌肉痉挛、注意力无法集中）等症状的特征组合，但还没有弗兰克·西纳特拉在尼尔森·阿尔格伦的电影《金臂人》（*The Man With The Golden Arm*）中表演的那么夸张。（Lindesmith [1947：26-28] 概括了这些作用）。最后他们将戒断症状解释为停服药物的结果，也把自己解释成已是瘾君子。他们知道这意味着从这时起，必须有规律地注射药物才能维持正常的生理和心理状态。然后，他们针对自己这个新理解做出反应：再打一针来减缓症状。到这个点，他们开始出现瘾君子的"常态"行为：不计一切地确保药物供应充足，以免再度出现戒断症状。他们不会一直成功，还是会经常忍受戒断反应，但他们一定会尝试这么做。

【198】

林德史密斯的理论认为，任何经历过这三步的人都会成为瘾君子，而没经历过的人就不会。他所有的案例都支持这个理论，并且在他的书中，甚至终其一生，他都在挑战批评者，如果他们能够提出反例，他就进一步修正理论。但没有人曾提出反例（我不能确定他的批评者是否非常努力地尝试过）。尽管如此，这个理论仍饱受争议和批评。

他最终的理论在有些方面和刚开始的版本有些不同。他的研究不仅仅是对照事实以检查想法是否正确那么简单。有时候访谈对象还会告诉林德史密斯一些事，这些事证明林德史密斯当时的理论版本是错的，这些访谈对象本身就是反例。比如：

> 第二个研究假设是，当人们认识或感受到他们正在经历的是戒断症状时，就是上瘾者。而如果他们没有发现戒断症状，则不管存在其他任何条件，他们都不会成为上瘾者。
>
> 这个公式……在一种案例中禁不起证据的测试，我们发现一些经历过戒断症状的案例，虽然他们的戒断症状不是很严重，却没有使用药物来减轻痛苦，且永远不会变成上瘾者。（Lindesmith，1947：8）

当林德史密斯发现这种反面案例时，他或是改变理论（如上例），或是重新定义所要解释的现象。后面这种做法争议更大。毕竟这意味着在他的研究过程中，一旦他决定这些反例不是他希望了解的毒品成瘾案例，他就会把它们抛弃。在他所发现的与他如何定义他想解释的案例之间，存在密切的、持续的对话。

【199】

林德史密斯还对照文献中的数据，检测他的理论可导出的逻辑含义。比如说，在他的理论中，对成因的推理意识和能力是关键角色。未来的成瘾者必须能够推断他的症状是缺乏药物引起的。如果不了解因果关系的概念，想不出"如果怎么样那就怎么样"的联结关系，也就无法做出这个因果推论。因此，他推论，年纪太小做不出因果推论的小孩（比如根据皮亚杰的说法）与动物（我们假设动物也不会因果推论，虽然这点并不那么清楚）应该无法成为上瘾者。但他阅读的心理学及医学文献却告诉他，婴幼儿（例如毒瘾母亲所生的婴儿）与动物（实验室中关于成瘾的研究对象）在生理上确实会形成成瘾的习惯。但婴幼儿及成瘾的猩猩却不会产生人类上瘾者的一般行为。

林德史密斯的成瘾理论在政治上存在争议（如他之后的解释，请参见 Lindesmith，1965）。联邦麻醉品管制局，以及治疗毒瘾者的肯塔基州莱克星顿公共卫生服务医院的医师，都认为他的理论是错误的，因为这个理论似乎主张成瘾不是软弱或犯罪型人格引起的，而是在任何人身上都有可能发生。这些医生认为，这个理论可能会引导无知且不够警惕的公众做出结论：解决成瘾"问题"的最佳方式，是让医师开药给成瘾者。联邦机构坚决反对他的理论，基本上是基于道德理由（Lindesmith，1965）。

具有政治争议性的结论通常在方法论上遭受攻击，先前我们讨论过对于林德史密斯研究里抽样问题的批评，在此我不再重提。目前与我们的主题有关的批评，在于他定义研究对象的方式。研究者是怎么定义研究对象的呢？你可以半途改变对研究对象的定义吗？或改变应当要解释的样本的构成要素吗？传统的做法认为，不行，你不能这么做。

林德史密斯则认为你不但可以，并且应该那样做。他认为在研究开始时，他对于成瘾者的定义并不恰当，不仅武断，而且也不是基于对于成瘾过程或瘾君子世界的真实知识。因此他认为他的研究议题不仅限于了解人们如何成为瘾君子，或了解什么"引起"成瘾，同时还要让成瘾者及成瘾是什么的定义更加精准。这意味着他在研究过程中改变对研究对象的看法并没有错。在过去及后来的分析性归纳法中，他经常会采用这种相互澄清的概念解决方式，以明晰研究问题（比如，人是如何变成瘾君子的），并定义出研究问题的构成要素及这些要素在现实生活中如何呈现（比如，如何定义成瘾者及毒品成瘾）。

你将会发现，这种数据与意象的对话与拉金（Ragin，1994：93-100）所强调的布尔方法的精髓是相同的。在布尔方法中，重新定义研究对象和修正对研究问题的解释是同时进行的。从拉金

【200】

的描述中你可以看到两者的相似性。他说"分析性归纳法用于构建意象并寻找相反的证据，因为用它能看出这种证据是改进最初意象的最佳原始素材"（p94）。使用布尔法时，他也用了相似的描述："基于证据的意象，在简化真值表的过程中，以区分案例子集的条件配置的形式浮现"（p130）。

我们把林德史密斯的分析转化为真值表来理解。当你改变解释研究结果的理论时，你在成因列表中加入一个因素、一个变量或过程的一个步骤。换句话说，你在真值表中加入新的一列，其中可以包括正号或负号。这样，真值表中行的数量加倍，即所有因素的可能组合的数量也就跟着加倍。这表示现在每一个案例（造成改变的案例以及以前出现的案例），在这个特性上都有一些值。例如，有上瘾者诉说他有戒断症状，但没有再注射药物来减缓症状，那应该加上一栏，标示为"注射以减缓症状"，当中每个案例都有一个正号或负号。

另一方面，当你清除一个或一类案例，你得做两件事。首先你要在描述过程结果的清单上加入一个新变量：也就是一个新栏，其中有正或负号来描述每个案例。这和在成因的清单上加入新的可能性，效果是一样的。接下来你要在定义好新栏以后，删掉有正号的组合，这样你就可以把反例排除在你理应解释的领域之外。

因此，分析性归纳法的基本程序是把真值表缩减为一行，这【201】一行包含了待解释的结果之所有案例，所有栏都是正号。其他组合则视为不相关或研究者无兴趣。这并不表示它们从所有角度来看都是无趣的，而是你只想解释一个特定的结果，如毒品成瘾，其他结果就不值得解释。事实上，要让那一行变得清楚明白，还需要很多材料。这就是形式严谨的分析性归纳法的问题所在。

林德史密斯的研究显示了这些问题。他找到了他所要的解释，即寻求关于毒品成瘾的普适理论。而且真的也没有人能够挑战他的理论。但他也付出了代价。他对成瘾相关的很多其他方面也有深厚研究，尤其是毒品的法律和文化定义与成瘾之间的相互影响。但是他严谨且专一地执着于分析性归纳法的程序，意味着他无法以同样逻辑井然的方式，像处理成瘾过程那样，来讨论其他许多他也很在行的对象。真值表形式的逻辑，可以用于研究成瘾过程，却无法处理更为复杂的集体行为网络，也就是药物以及法律执行的世界。这就是这种研究方式的问题：如何保留逻辑的优点，同时完全兼顾社会组织的复杂性？

盗用公款。唐纳德·克雷西是分析性归纳法发展早期的另一位倡导者，他是第二次世界大战后林德史密斯与萨瑟兰在印第安纳大学的学生。他的博士论文，后来以《别人的钱》（*Other People's Money*，1953）为书名出版，研究盗用公款行为。用更恰当的方式说，他本想研究盗用公款，却很快就在数据收集上碰到了大难题，进而迫使他重新界定他的研究。这些问题，以及他的解决方案，为以分析性归纳法的形式使用真值表提供了另一种视野。

林德史密斯的研究主题是毒品成瘾，是大量的集体行为。瘾君子的世界包括了友谊圈、市场及互助系统。"毒虫"相互认识，他们会把他们合意的研究者介绍给其他可以接受访谈的人。然而，盗用公款是独立的、秘密的行为，虽不是一般的小奸小恶，但也不是什么职业犯罪，更没有创造出同伴和共谋的小社会。因此，你找来访谈的盗用公款者，并不认识其他和你有联系的盗用公款者。找到一个成瘾者（或者说职业小偷）就为发现更多同类打开了门；而找到一个盗用公款者，再就没有了，你必须重新寻找。

所以克雷西找到盗用公款犯做访谈的唯一办法，就是去监狱采访那些已被判刑的人。这样做和研究其他犯罪案例不一样，并不会产生严重的抽样问题。这么想是有理由的，监狱里的窃贼并不是所有窃贼样本中抽出的随机抽样，而是由盗窃技术欠佳，或没有跟职业贩子做好妥当安排的人（参见 Conwell and

【202】

Sutherland，1937）组成。换句话说，他们和从没蹲过监狱的人不同，这意味着导致他们犯罪的原因的故事可能和外行人完全不同。然而盗用公款者最后几乎都会被判入狱。审计员总是会出现，发现有些钱丢了，并且很容易查出谁造成了资金缺失。到这个地步就为时已晚了，只有潜逃出境（有些盗用公款者确实这么做）一途，所以监狱里外的盗用公款犯都非常像。

但是，使用在监狱找到的样本还有一个更深层的难题。它是定义性问题的核心，这种问题会影响使用分析性归纳法的研究者对样本中个案的取舍。不对吧，不应该有定义性的问题吧？因为每个人都知道盗用公款是怎么回事，不是吗？的确，盗用公款就是某人把手伸向公款，没有用武力或枪械，而是使用某种金融技巧。但是，用这种或多或少符合通俗定义的手段从雇主那里挪用公款的人，并不一定会以盗用公款的罪名定罪入狱。法律上要定这种罪，要包含一定的要求，检察官必须满足这些要求，才能使控告成立。不过就算检察官知道被拘留的人偷了钱，可能也无法满足盗用公款的法律要求。尽管如此，他可能会以其他类似的罪名控告盗用公款的人。结果，犯下盗用公款罪的人，最后却以"对于受委托保管之财物的盗窃""欺诈"或伪造文书的罪名入狱。克雷西解释说：

> （盗用公款）的法律类别，并不是用来描述一种同质性犯罪行为。有些人的行为并不充分符合盗用公款的定义但以这个罪行入狱；有些人的行为充分符合盗用公款的定义，却以其他罪行而被判入狱。（Cressey，1951）

【203】 所以一个盗用公款犯被判定的罪名，是反映了检察官胜诉案子的能力，而不是代表着和事实相对应的、惯常的、不可改变的定义。

社会学家的窍门：
当你做研究时你应该想些什么？

因此，克雷西不得不检查其他名目下的所有案子，以确保找到所有他想要的故事的人。以真值表的形式来说，他不得不删掉标签为"定罪为盗用公款"的那一栏，再加入一些新栏，用来记录新加入的其他一个或多个标准存在还是缺失，以区分出他感兴趣的案例。运用上面的常识性定义，克雷西从数个犯罪类别中选择访谈对象，此时，仍旧有另外一个问题，就是这个定义覆盖的人，彼此之间差异十分显著，因此不大可能以单一不变的解释来说明他们的行为（尽管他们的行为全都"一样"，他们全都私自挪用了老板的钱）。有些入狱的人符合一般的刻板印象，比如一个诚恳工作的好人，但是他遇到一些困难，所以偷钱，但他本来有意归还，可是东窗事发被抓了。然后，有些入狱的盗用公款犯是职业罪犯，他们想方设法在银行或金融信托机构获得工作。这两种状况你需要不同的解释。克雷西只对第一种类型感兴趣，即原本不打算盗用公款却还是做了。第二种类型可以很容易地被解释为有目的地运用专业技术，就跟外科医生做手术一样。不过这似乎不是他感兴趣的理论性问题，但也可能是因为其他人已经研究过了（比如他的导师萨瑟兰已经分析过职业窃贼的行为 [Conwell and Sutherland，1937]）。

所以克雷西把他的研究主题重新界定为：在金融机构工作、非因恶意而犯下的罪行。他忽略犯罪者被定罪的正式名称，并剔除不符合定义的案例（也就是说，去掉真值表中名为"取得工作以图行窃"这一栏里画正号的所有行）。虽然这里的讨论中，你并不是必须要知道这些人的金融违法行为的说明，但不讲又略显残酷。克雷西解释，他们的行为经历了三个阶段，第一，这些潜在的盗用公款者发生了不可告人的经济问题。这些问题对别人可能无害，但对在金融机构任职的人是毒药。一个大学教授赌赛马输了无所谓，可一个银行出纳员就不一样了，他或她不能告诉任何人自己需要额外的钱，而且不能以合法的方式

【204】

得到钱，或者他们认为不能以合法的方式获得。尽管不可告人的内容不同，但重点在于不可告人性，而不是特定的行为。接着，他们学会成功做贼的本事。这不难，因为他们在工作中本来就会用到这些技术，学做贼跟学工作一样容易。最后，当他们准备好行动了，他们就会找出理由为自己开脱，毕竟他们知道自己做的事是法律禁止的，是犯罪的行为。比如他们可能会安慰自己："反正这是个大公司，他们也经常干欺诈的勾当。"

抽大麻。林德史密斯的书刚出版时我就读过，他使用分析性归纳法的方式打动了我。我认为这是个好方法，可以处理我已积累了大量知识的主题，这些知识来自于我为舞蹈者伴奏钢琴的工作经历及个人的其他经验。我想，林德史密斯的理论可以衍生出一个有趣的变异：抽大麻（参见 Becker，1963：42-78）。

和毒品不同，大麻不会成瘾。人们更随意地吸食，有时抽很多，有时完全不抽。我不认为标准的生理学或心理学理论能够解释抽大麻的模式，而且根据我的观点，林德史密斯的鸦片毒品案例已经推翻了这些理论。但是类似林德史密斯的方法也无法解释抽大麻的现象，因为他的方法建基于存在适应戒断症状，而大麻吸食者并不会遭受戒断症状。需要解释的不是毒品成瘾的强迫行为，而是我描述为"为求愉悦而抽大麻"的自愿行为。我的解释也包括三个步骤，也就是一个教育过程的三个阶段：学习抽大麻，产生生理上的效果；学着认识这些效果（因为效果比较微妙，很容易被忽略或归因于"正常"的状态，比如可能只是口干舌燥），然后将这些效果归因为吸食药物的结果；接着学习去享受这些症状，这些并不"显而易见地"有趣（口干舌燥或头晕目眩没见得有多少乐趣）。

我发现了反例，因而需要重建理论和重新定义现象。其中最有趣也是最重要的反例，来自于访谈一位我在很多乐队合作过的乐手。他坦承从来没嗨过，也不知道别人这样说到底在

【205】

表达什么。我问他既然可能触犯法律到底为何还继续吸大麻？他解释说因为其他每个人都抽，而他不想看起来很古板。我认定像他这种案例（还有一个这样的案例在之后的调查中出现）不是我讨论的对象，以这个案例来研究同伴压力应该很有趣，但那不是我想研究的主题。所以我从样本中抽掉这个案例，并将这种案例描述为"这些人抽大麻只是为了声誉，代表着他属于特定的某一种人，但他本人抽大麻并没有得到任何乐趣"（Becker，1963：44）。也就是说，我从真值表中删除了"把声誉作为动机"但又并不感到兴奋的这一行（用＋表示）。包含声誉**且又**能够嗨的行（案例）则留下。

我使用分析性归纳法的方式和林德史密斯及克雷西一样，我跟他们同样对于自我意识及某些专门行为有兴趣，这就是说我想了解人们怎么认识到大麻是愉悦之源，以及怎么会把自己看成懂得抽大麻、让自己得到并且享受那种愉悦的人。不过，我比他们两人更坚持把行为的社会情境纳入解释，我强调人们通常（虽不是必须）会由更有经验的吸食者指导，学到吸食的技巧。

另外（我的研究与林德史密斯及克雷西的研究最大的不同之处），我并不满足于单一过程。我的分析还吸收了社会控制理论，这来自于我对抽大麻的观察——我发现抽大麻行为通常不会干扰吸食者的日常生活。为避免生活被扰乱，吸食者必须设法避免法律禁止抽大麻带来的后果，并避开许多经常要联系的、却认为抽大麻是坏事的人（父母、老板、同事等）。这些问题又导出另一个必需的调适过程，这次要面对的是社会控制力量。

随后我或多或少用分析性归纳法的方式，描述了第二个过程，并得出结论，认为人们只有在能解决抽大麻被定义为越轨行为所带来的麻烦时，才会开始并继续抽大麻。例如，持有并出售大麻是违法行为，所以不易取得大麻；如果你无法取得，便无法吸食。同样，吸食者必须设法隐瞒执法官员、亲属、老板或其他可能以 【206】

不同形式惩罚他们的人，并且吸食者必须说服自己相信，抽大麻并没有人们有时归咎于它的那些不良作用。如果以上任何一项条件没有达成，抽大麻的行为便无法继续。

把两个过程合并进一个模型，我将得到一个六步而不是三步的过程。这六个步程组合起来就构成了真值表中的栏。在这些栏里以正号和负号组合来描述抽或者不抽大麻的情况。因为，不像林德史密斯的受访者只有在外力介入时才停止吸食毒品，我的访谈对象可以随时开始，也可以随时结束吸食，我要处理的是停止后又随意再度吸食的组合。我现在看到并了解过可能性之后，就能够建立一个质性比较分析模式的真值表，这样就可以将分析系统化。我得出一组比克雷西与林德史密斯还要复杂的行和列，显示分析性归纳得出的可能性远比之前研究所呈现的多得多。拉金（Ragin，1994：94-98）所分析的卡茨（Katz，1982）的志愿律师职业生涯的研究，是充分找出可能性的完美例子。

我把学习怎么嗨，与适应社会控制系统这两个问题分开是有理由的。这两个过程虽然有关联，但对人们的吸食量以及吸食频率有着不一样的影响。不管大麻在社会法律情境中如何，学习享受药品的作用是必然发生的事情。法律是一回事，兴奋是另一回事。另一方面，应付对抽大麻行为的负面定义这个过程，是历史的偶然。因为存在对于大麻的社会控制，研究者才需要处理对抽大麻的社会约束。但是同时，也是历史的缘故，在我研究完成之后，物是人非，第二个过程中一些起作用的偶然性已不存在了。

这三个例子运用的是古典的分析性归纳法，严谨到令人痴迷的程度。它们构思了一个主要假设，用于解释一个特定的结果，并且严谨地排除与要研究的现象无关的其他结果。因此，我忽略了那些即使没有学会享受但仍继续抽大麻的人，因为我认为解释这个群体的行为并不有趣。尽管我能做，我也没有继续研究这个现象。不过这个现象对于研究"同伴压力"的人，就不是"无趣的"了。同样，克雷西排除掉那些混进金融机任职而**得以**犯下罪行的

【207】

职业罪犯，是因为他对那个结果不感兴趣。但把银行视为社会组织，并对其的运行感兴趣的人，可能希望把两种犯罪类型都纳入研究，并发展出对应的解释来说明这两个相似但不相同的结果。

我刚说的观点，无意批评林德史密斯、克雷西或我自己所做的选择。只是让读者看清楚，这些选择并非出于科学的考量，而是依赖我们想要解决的问题所下的决定。在过去，我们很容易选择调查范围较广的结果，解决范围较广的问题。同时研究各种结果的研究者，他所使用的方法与逻辑，从表面上看和分析性归纳法不同，但事实上却十分相似。这些方法可以被视为分析性归纳法的变体与延伸。

不那么严谨的分析归纳法（NOT-SO-Rigorous Analytic Induction）

奇怪的个案与比较。 有些社会学家（我自己是一例，埃弗里特·休斯则是另一例）爱用反例反驳每个看似合理的概推，会惹恼同行，特别是那些试图简化这些，甚至连生活也简化的学者。我在第4章提到我参加过一个会议，参会者试图设计一个针对艺术天分的测验，以绘画能力来测量。表面上看这并没有不妥，但当我问其他与会人士要不要把摄影当作视觉艺术，如果是的话（当然他们都这么说），如何用绘画能力来测量艺术摄影家的潜力时，一切立即不攻自破。医学院学生告诉我疑神疑鬼病人是心身病患者时，我搬用了同样的理论，我用胃溃疡的病人质疑他们；他们"知道"胃溃疡有心因性的成因（现在则被认为是细菌的原因，而非心理因素），但却也很有把握地相信这个胃溃疡病人不是疑神疑鬼病。

我的同伴提出关于绘画或疑神疑鬼病的概推，而我指出例外，这样做并不是为了当个烦人精。尽管这也蛮好玩，我本来就很顽皮。我这么做是为了探索隐含在我听到的谈话中那些关于艺术天分以及病人不当行为的想法。如果我可以如此轻易地想到一种大家都承认是艺术，却不具备他们归纳的艺术活动特点的艺术，那么他们归纳的这项特点就不是视觉艺术的决定性特征。如果我可以如此轻易地发现一个心身病患者，但不是个疑神疑鬼病人，那么它就不是疑神疑鬼的决定性特征。在这两例中，我运用反例（它们就是相反的例子）的方式就和别人作分析性归纳一样：寻找分析对象的新变量与新方面。坚持概推必须包含这个令人为难的反例，当你发现一个无法用现有组合解释的例子时，就在真值表中加入新的栏。

你不必为了使用反例，就真的要**看到**很多反例。如果你只是要用它来为你的研究情境或过程寻找更多的维度与元素，只要能**够想出**一个就够了。万一你想错了，这个意象的案例并没有产生和经验事实相关的元素，也不会造成悲剧。能够想到它，然后发现你是错的，总比你完全没有想到要好。这就是为什么休斯和其他人这么喜欢读科幻小说的原因。不是因为科幻小说作者拥有我们没有的洞察力，而是我们可以从他们事无巨细描述的一些东西中抽取出我们理论的反例。既然小说家与小说的数目远多于社会科学家和经验研究论文，他们一定比我们接触过更多的情境，描绘了我们在别处无从知道的各种可能性。

民族志实践。我或从小说里，或是凭空抛出奇怪的案例做比较，只是为了激发新点子，找点话题，或帮助学生跳出思维窠臼，也帮助我自己摆脱类似的困局。事实上，传统民族志田野研究的实践也经常使用这个窍门，但在解释之前，我必须先说明一些背景。民族志学者很少像林德史密斯或克雷西一样，专心致力于寻找一个特定问题的唯一解答。相反，他们通常对组织或社群的各种不同方面感兴趣，进而发展出一系列环环相扣的概推。民族志描述的力量，就在于理解这些不同的概推之间的相互支持。

例如，休斯通过描述加拿大一个小镇经历工业化的过程，向我们讲了一个复杂的故事，这个故事关于教士这个职业如何在说法语的家庭中兴起（Hughes，1943）：

> 小孩在同质社区中培养大，在那里，他们都因是农场主家庭成员而拥有受人尊敬的地位。但是在每个家庭中，所有小孩都必须听从安排，各有天命。其中有一个将成为农场的主人，并在本地教区内延续家庭。其他人虽然也在农场工作，但未来可能会成为教士、修女、医生、教师、商人、工匠、拓荒者，或者成为工厂里的一员。（农场的）主人属于同一阶级；他们的小孩注定散布在城市和工业文明的各行各业。令人惊讶的并不是家族的团结让这些人各安其分且不会有意无意地搞乱，而是这些人面对大部分小孩不会分得农场的任何一片土地的现实，只能在回忆中将其称为"家"，却依然各安其分。（p8）

> 坎东瓦尔镇（休斯研究的小镇）里几乎所有的教士都是农夫之子，年纪很小时就被送出小镇，由父母提供费用，进大学（collège）然后进入神学院读书（p171）。

> 宗教职业的一个关键因素在于它对家庭的作用，以及家庭协助实现这一成就的力量。教士们普遍证实，城市工人阶级不会出教士。在社区里有少数几个例子引起我们的注意，有小商人之子的教士，这些小商人事业虽然很成功，但他们的社会地位不是处于最高等级。在老居民的记忆中，社会地位特别高的家庭，不论新旧，从没出现过一位教士。虽然数据不足以证明，但我们也许可以这么认为，乡下人、中下阶级或市民有较高的宗教虔诚度，加上经营家族事业所形成的家族凝聚力，是最有利于引导儿子走向神职人员的条件。靠个人工资或薪水维持生计的家庭没有这个条件；中上阶级更世故的社会野心所表现出

的世俗精神也没有这个条件，虽然这些家庭经营的事业颇为成功。（p185）

这里存在（法国式的）继承制度，就是土地由最年长的儿子继承，不过也安排相对对等的生计给其他小孩；在孩子能够自力更生前，他们都是自己家农场的劳动力。提供给儿子或女儿（尽管在这个父系社会，更受关注的是儿子的命运）生计的方式之一就是让他们成为神职人员。农村生活的虔诚，尤其助长了这种氛围。这本书不厌其烦并且系统地分析了田野中收集到的大量数据（比如挨家挨户调查父子的职业），并对这个具有很强经验性的社会陈述提供了详细的证明。这个分析以各种表格为支撑，表格中纳入属于不同阶级、分处不同地理位置的全部家庭成员的信息。这个社会的整体图像，包括宗教、土地使用权以及经济发展等方面的制度，就在各方面环环相扣的概推中被建构起来的。

像休斯这类也探究这种概推方式的民族志学者，使用这个程序的同时也在使用分析性归纳法。他先对某个特性现象提出暂定的假设，比如家庭地位和宗教职业之间的关系。然后他寻找不符合假设的个案，重新思考概推，然后继续在任何可能发生反例的地方寻找反例。这也是我在探究"疑神疑鬼病"这个词的意义时所用的方法。找出不符合假设的证据，目的在于改善整体的图像——最终就是要有说服力地再现它的复杂性和多样性。

但民族志学者并不是通过要求人们为他们做一些特别的事情来创造数据——比如填问卷、参加访谈或焦点团体。相反，他们经常受制于"当下"，不得不一边做研究一边等待对他们而言有理论重要性的事件发生。他们得检测大量概推来努力建立一个整体的图像，就和休斯做的一样。因此，民族志学者无法像传统分析性归纳法研究一样，一心以严谨的方式探求任何一个单一概推。他们也不该这么做。他们的做法和分析性归纳法的相似点在别处：

两者都拒绝把不符合假设的证据当作无需理会的小意外，反而坚持把这些案例当作理论必须得解释的对象，并纳入叙事之中。

尽管如此，民族志学者仍然可以运用找出反例的窍门。布兰奇·吉尔和我研究堪萨斯大学校园生活（Becker，Geer and Hughes[1968]，1994）中关于校园领袖的问题时便采用这个窍门。我们对田野工作研究进行了分工。她研究兄弟会和姐妹会，我研究没有加入任何社团的人。有一天她访问兄弟联合会的负责人，并问他是如何得到这个位置的。他花了一个小时回答，从大一入学以来就开始的政治交易与运筹说起，说了一长串事情。我们对这种运作方式是不是不分男女地普遍存在很感兴趣。【211】

所以我们列出校园组织中最重要的二十多个位置，领袖有男有女，然后着手访谈。她仍旧访问男生。发现所有人的经历都和兄弟会联会会长很相似。我访谈女生，却发现令人意外的事。姐妹会会长的职务和兄弟会联会会长类似，我问她怎么做到会长的，她的回答令我惊讶："我不知道"。我说："你说不知道是什么意思？你怎么可能不知道？"然后她解释道，直到女训导长[13]打电话来祝贺她时，她才知道自己当上了会长。她认为，但是也不确定，也许是轮到她在姐妹会里当领袖，也许是女生联谊会会长提名了她，或者是训导长直接选的她。没有交易、阴谋和政治运筹等各种故事，就这样发生了。而且后来这成了一个普遍的发现，大学行政系统对待男女生的方式有很大的差异，并因此造成男女生在大学的经历也确有不同。

我刚刚谈到的是民族志的实践。不过，类似策略显然也适用于分析历史数据，或者结合从现有记录取得的统计数据。在这里我只引用一个有用的研究案例：利伯森（Lieberson，1980）在分析导致当时美国黑人社会经济处境的成因时，如何搜寻反面的且

---

13 Dean of Women，美国大学学生事务管理人员，有点类似于中国大学的辅导员角色。——译者注

复杂的信息。

　　系统搜寻反例的情况，经常出现在很多（或者说大部分）民族志学者分析与整理数据的程序中（详见 Becker，Gordon and LeBailly［1984］的描述）。简单地说，这类分析者搜集与主题相关的所有数据，然后看能否做出可以解释所有原始材料的陈述和概推。如果有些数据不支持这个概推，分析者就试着重构和复杂化概推，以解释那些难以处理的事实；另外一种选择是，分析者也可以尝试创造一组新的现象类别，以此有别于各种数据原本被划定的类别，这样这组新类别就有它自己的解释性概推。就此而言，处理碎片式的数据并从中建构民族志分析时，分析者模仿了分析性归纳法的操作。

【212】

组合的逻辑基础（The Underlying Logic of Combinations）

　　思考合并的大窍门就是：想组合！（这和最常见的方式——"想变量！"刚好相反。）你考虑某些元素，或者更好的方式是，你通过采集到的数据或随意获得的印象让世界自我呈现出这些元素。看看你感兴趣的案例是由什么组成，会得出什么样的可能组合，看看哪些组合以什么方式出现，为什么有的组合存在，而其他组合不存在。

　　我已经以很长的篇幅讨论三种组合技巧：属性空间分析、质性比较分析和分析性归纳，三者看似完全不同。但在零零散散的讨论中，我想要表达的是，在表面的差异下，隐藏着一个共通的逻辑和方法，被设计成不同的形式来解决不同的问题。这三种方法的共同目标是抽出一组概念或类别所具有的全部东西。三种方法都基于相似的理念，即在逻辑体系清晰的思考中提取出包含的所有可能性。

　　寻找所有可能性的方式，就是它的窍门，你可以学习和运用其中每一个窍门（或者，更恰当地说，具有家族相似性的相关窍门）。理解这三组窍门最好的方法，就是把它们看成真值表的不同应用方式，其中的行是将要研究的个案，栏则分配给个案的属性。一旦建立好各个栏，你可以用各个特性栏中标注"有"或"无"的组合来描述研究发现的每个案例。

甚至于，你可以借着算出有或无的所有可能组合，把人类社会的复杂性吸收进你的思考中。这能让你找到在实际生活中还没发现的各种案例的可能性。你也许永远也找不到真实的例子，它们可能不在你找的地方，或者根本就不存在。但是你知道它们至少逻辑上能存在——就像化学家在元素周期表列出的可能性——同时你也会知道你在寻找什么。你知道如果你没找到，不是你的表格出现了错误，就是你需要解释它们在表格中为何缺席。而这种解释更像是在分析中加入更多的元素，或在真值表中增加更多的栏。加入的那些栏，将创造出更多待研究的可能性。这样看的话，需要对可能性进行全面抽样的真值表分析是一种更正规的方式。

属性空间分析法窍门则是为了增加可能性，这很简单，也容易被理解，社会科学家们很熟悉这个方法：制作一张表格，行是一个变量的不同属性，列则代表另一个变量的不同属性。行和列交叉后得到的格就对应可能的组合，也就是类型。这种呈现可能性的方式不如真值表的方式那么好，因为它不能容纳太多的属性，不然会产生太多混乱的标题、副标题及格子，导致结果在视觉上不那么容易解读。不过这种表格有个优点，它有具体的空间让你放入数字：具备某个或某些特性组合的个案的数目或百分比。通过比较这些数字来评估一个变量对于另一个变量的相对影响，正是社会科学分析的一项关键特色，尤其是基于调查数据或者类似数据的研究更是如此。属性空间分析法，就是用来处理并有重点地呈现这些数据的一把好手。

属性空间分析法有两个附属窍门，也就是拉扎斯菲尔德与巴顿所称的"消去法"与"探构法"。这两个窍门是操作真值表栏位的补充做法：合并那些没有违背常识的列以减少栏位；而找出建立特定类型模式的原则，则可增加栏位。

质性比较分析法不太在意案例的数量或百分比，也不关注各个变量之间的影响力。创造出这个方法是为了别的功能：找出对历史事件的解释，就是那些我们已经太熟悉，以至于不敢下任何简单结论的历史事件。它用于指向对各种要素组合而成的整体的描述，指向事物、人物、特色与事件的共时交集[14]。它的窍门在于运用最单纯的真值表技巧，也就是布尔运算法。它通过在表格中添加新的要素来增加可能性，新的栏里包含正号和负号，表示吸引了分析者注意的要素。它比较的是组合而不是数字，看的是什么要素组合形成什么样的结果组合。它被用来找新的成因、新的影响以及新的结果。质性比较分析法通过被称为"最小化"的操作方式来减少复杂性：看哪个要解释的要素在研究现象中不起作用，就把这个要素从分析中剔除，这样就可以减少真值表中的栏位，因此也减少了需要处理的组合数量。和所有以数学为基础的概念一样，布尔法衍生的很多不同附属窍门，已经被研究出来了，并且被证明有效。比如说，如果你已经知道某一个要素组合会产生对你有用的结果，那么纯逻辑操作就可以产生一相反组合结果的组合。

分析性归纳法一心专注于一个结果，以及产生该结果的一组成因，这正是它的窍门的关键，能成功地减少复杂性。从它是被发展出来用于解释越轨行为这点来看，分析性归纳法的单纯执着是有道理的。研究这类问题的学者并不在乎所有可能结果的逻辑分析树图，他们只关注末端的一个节点，那才是他们想要解释的：

【214】

---

14 conjuncture，源自法国历史学家费尔南·布罗代尔（Fernand Braudel）对历史事件的分法。——译者注

比如成瘾者或盗用公款者。因此，分析性比较法表面上看起来不擅长增加可能性也是自然而然的。不过它事实上也可以制造出更多类型。当分析者发现一个反例时，便寻找可以解释其存在的新条件。这个新的条件当然就等于真值表中的一个新栏位，也就使可能的组合数翻了一番。分析性归纳法窍门的突出特点在于排除主要兴趣以外的所有可能性，这样做正是出于对下一步的考虑。它把那些组合重新定义为是不相关的，从而把它们排除。例如我发现某人即使没有享受到任何乐趣却仍继续抽大麻时，我便把分析重新聚焦到解释为追求愉悦而抽大麻的人的行为，并且忽略所有结果是维护社会声望的事件的可能组合。

不那么严谨的分析性归纳法，广泛应用于民族志与历史研究中，它坚持要研究者将目光放在那些无法融入所要阐述的研究图像的案例上。它直接提醒研究者寻找麻烦、例外、格格不入的东西，而当你找到时，不要抱怨，反而要高兴。因为你知道了如何深化你的分析，而不是陷入混乱。

尾　声

【215】　　现在，你知道了我所知道的所有窍门，哦，或者说是大部分，至少是很多。不过，光是读一读这些窍门，对你来说还得不到多大好处。你可能被我逗乐了，甚至也可能茅塞顿开。但你并不真正了解怎么用它们，它们还不真正属于你。

　　学会使用并拥有这些窍门的方式，就是把它们变为日常习惯。换句话说，你要多实践，就像钢琴师要练习音阶，高尔夫球手要练习挥杆。你得抓住每一天，认真练习每一个窍门。我十几岁时开始弹爵士乐，醒着的大部分时间都在思考音乐。而且我不是一般地随便想想音乐，或像一般粉丝那样只想着某些乐手。我是说我反复练习我已经知道或我想知道的歌曲，也反复练习我已经记住的独奏，这些独奏都是我拥有的唱片中我所欣赏的乐手演奏的。我在脑中重复这些旋律，听音符间的音程，细致地分辨那些音符，直到我能在乐谱上准确地把它们写出来，或在钢琴上弹奏出来。收音机放送的音乐、商店和电影中播放的背景音乐，都成了我要听的东西。然后我找出和声，确定和弦是否搭配旋律，直到我可以用这些和弦即兴演奏。

　　这种不断持续的脑力练习，很快造成一个后果——我在街上一边走，一边心不在焉地哼着歌，对别人说的话反应慢半拍，看起来有点古怪。最终的结果是，我能够在别人说话时听到背景乐里弹的歌曲，然后一坐下就可以用钢琴弹奏，不需要刻意做任何音乐分析。以至于到今天，对于餐厅或电梯里播放的背景音乐，我"听得见"而我的伙伴们却听不见，这时常让他们大吃一惊。

　社会学家的窍门：
当你做研究时你应该想些什么？

这种技巧就像戴维斯·沙德诺（Sudnow，1978）描述的，他的双手在学习弹钢琴时学到的那种东西，还有一些其他人把类似这种包含肢体成分的技巧，称为"内化的知识"。不管哪个名称，概念都很清楚，说的就是熟能生巧。

学音乐的方式看起来很容易明白，但怎么联系运用到思考窍门练习呢？这就是说，你要养成运用的习惯，把它们应用到日常生活的情景中。比如说，习惯社会学式思考的人会把发生的每件事都当作集体行为的例子，也就是每一件事都是很多人和组织一起行动的结果。我教书时，有时会指着挂在头顶的投影机，问大家："那东西竖在那儿干嘛？为什么要竖在那里？"（当然，你会发现这是"把研究对象看成是人们一起行动的余波"的一个例子，这个窍门我们在第2章讨论过。）这很自然地引导我们转到讨论大学采购部门及他们对各种采购物品的所有官僚作风要求。接下来我们不得不问为什么他们要采购这些东西？是谁这么需要投影机，甚至愿意忍受采购部门官僚作风的麻烦？这又引发另一个讨论：关于那些喜欢把东西写在学生能看到的地方的老师，还有喜欢把老师写下的东西简单地抄到笔记本上的学生，以及这样的教育过程有什么含义。我可能还会谈一下不喜欢衣服沾到粉笔灰的老师，这可能会让我们离题说一下过去二十年来教师邋遢的穿着习惯，接着回到我们的问题，讨论这些老师为何会在乎有没有沾到粉笔灰。从这里又可以转回分析主线，问是谁发明头顶上的这种机器，这些设备是借鉴了哪些之前的发明，包括电的发现与改良利用（这里可以适当引用 Kuhn［1970：13-14］讨论电的章节），以及光学的科学技术发展。我如法炮制，讨论教室里的学生大都流行穿蓝色牛仔裤，也相似地追溯故事的情节，能追溯到多少远，我就到多远，或者就到下课铃响为止。

这招我从哪里学来的？一部分来自观察埃弗里特·休斯的教学，另一部分则来自观看查尔斯·西格尔的精彩故事，这位伟大的民族音乐学家，在一场研讨课上回应一位有意研究美国"乡村音乐"的学生。西格尔接连说了长达两小时，都在讲乡村音乐首度灌制的故事。他描述了店里可以录唱片的店主，他还说了资金筹措，以及唱片销售的事。他举出一个个音乐家，描述他们的职业生涯，详细到我们可以清楚地知道他们如何在那一天去到那里，出现在店里录唱片。他从美国和英国早期民歌开始，追溯他们所录制的歌曲的演变。他简明扼要地说明图形音符记谱法（这个方法中的音调不是根据五线谱上的位置，而是所印音符本身的形状标示），因为以这种形式纪录的圣歌已变成传统的一部分，录音师也都靠这种记谱法做事。

我效仿休斯与西格尔示范给我的例子，每当有学生研究遇到瓶颈，无法对现有材料做出社会学式的思考，我就会对他们提出类似问题。每当我提出问题并进行超乎寻常的推测时，学生经常以为我施展了什么魔法，从帽子里抓出了一只理论的兔子，然后从他们的数据中找出他们从没发现的意义。他们看不到我的手法，因而他们自己就做不到。

于是，我解释了我是怎么施展魔法的。我拿他们提供的零碎数据，把我在这本书中所谈的窍门运用到他们的数据。仅此而已。

每个人都可以跟我一样做，但是需要练习，不断不断地练习。也就是对你所见所闻及所处理的每件事都提出这些问题，日复一日，直到你和你的小伙伴受不了为止。你穿的牛仔裤、墙上的照片、学校餐厅里的恶心食物、你刚去过的医生诊室、街角房屋的新花园，都是你的操练对象。认真去练，把我提出的窍门尽可能运用，越多越好。并且最重要的是，发明你自己的窍门，烂熟于心。

当然，你不需要一股脑儿把这些技巧全都用在你的研究里。面对你自己、你的朋友及同事的研究数据时，你将会从容地做好认真的思考和评价。如果你习惯了这种思考方式，并像我建议的那样系统练习，最终你会变成一个行家，社会科学的思考对你而言就会像呼吸一样自然。这就是钱布利斯（Cambliss，1989）所描述的游泳锦标赛冠军的心得，他们之所以是冠军并不是因为他们比较强壮，甚至也不是因为他们持之以恒地练习，而是因为以在竞赛中必须做的方式行事，已经是他们的第二天性。这种第二天性源自练习，但是也来自于他们一直认真地对待他们要做的事，绝不走捷径。当他们到达游泳池终点时，就算只是为了练习游泳，也总是按照竞赛规则，用双手推一下池壁。这样一来，真正比赛时他们就不用费力回忆正确的做法：不管怎样他们都会照做不误，这次也不例外。这一点就是他们异于许多游泳选手的地方，一般的选手不比赛时就会松懈，比赛时就必须用力回忆正确的做法。钱布利斯认为，就是这份认真造就他们成为冠军。

【218】

在日常生活中以社会科学的方式认真生活，可能会惹恼其他人，他们不会一直都欣赏你的执着，不理解你根据完整社会情境去理解他们的所想、所做和所说的执着。就如同我在别的地方说过的：

　　我们把大学系所或研究机构的日常生活中的事件当作社会学的现象而加以诠释，这对机构管理者和依靠机构谋生或获利的人而言，并不是一件愉快的事。因为像所有的机构一样，大学和研究所也有各种神圣不可侵犯的迷思和信仰，其成员不愿让它们接受具有质疑精神的社会学观点的检验。（Becker，1994：180-181）

　　我曾经听一位禅学大师讲过一个故事。他来自日本，英文说得不怎么好，但足以沟通。刚开始，他的幽默感令我印象深刻。尽管有语言障碍，但他经常微笑，有时还会大笑，他和我们聊天时的欢愉气氛很有感染力。后来，他说了下面这个故事，我想他的用意是要解释禅学中顿悟（satori）或觉悟（enlightment）的概念。而我所了解的这个寓言中的意思，和我认为应贯彻到骨髓中的社会科学式思考，心神贯通。因为我一直没有找到人能告诉我这个故事出自哪里，只能按照记忆重述：

大海中有一处特别的地方叫作龙门。龙门的精彩之处在于：任何游过这道门的鱼就会立刻变成龙。但是，龙门和大海其他任何地方看起来没有什么不同。因而你找也找不到。找到龙门的唯一方式就是注意鱼游过而变成龙的地方。然而鱼游过龙门，化身为龙，它看起来还是和原来做鱼时的样子一样。所以就算你仔细找鱼在哪里发生变化，也不知道龙门在哪里。而且，鱼游过龙门化身为龙，它们自己也感觉不到任何改变，不知道自己已经变成龙。但从那一刻起，它们就已经是龙了。

你也可以成为一条龙。

参考文献

Abbott, Andrew. 1992. What do cases do? Some notes on activity in social analysis. In *What is a case? Exploring the foundations of social inquiry,* ed. Charles C. Ragin and Howard S. Becker, 53–82. Cambridge: Cambridge University Press.

Agee, James, and Walker Evans. 1941. *Let us now praise famous men.* Boston: Houghton Mifflin.

Alicea, Marisa. 1989. The dual home base phenomenon: A reconceptualization of Puerto Rican migration. Ph.D. diss., Department of Sociology, Northwestern University.

Angell, Robert Cooley. 1936. *The family encounters the Depression.* New York: Charles Scribner's Sons.

Barker, Roger G., and Herbert F. Wright, in collaboration with Louise S. Barker and others. 1966. *One boy's day; a specimen record of behavior.* Hamden, Conn.: Archon Books.

Barton, Allen H. 1955. The concept of property-space in social research. In *The language of social research,* ed. Paul F. Lazarsfeld and Morris Rosenberg, 40–53. Glencoe, Ill.: Free Press.

Bateson, Gregory, and Margaret Mead. 1942. *Balinese character: A photographic analysis.* New York: New York Academy of Sciences.

Becker, Howard S. 1963. *Outsiders: Studies in the sociology of deviance.* New York: Free Press.

———. 1970. *Sociological work: Method and substance.* Chicago: Aldine.

———. 1982. *Art worlds.* Berkeley and Los Angeles: University of California Press.

———. 1986a. *Doing things together.* Evanston, Ill.: Northwestern University Press.

———. 1986b. *Writing for social scientists.* Chicago: University of Chicago Press.

———. 1994. Sociology: The case of C. Wright Mills. In *The democratic imagination: Dialogues on the work of Irving Louis Horowitz,* ed. Ray C. Rist. New Brunswick, N.J.: Transaction Publishers.

Becker, Howard S., Blanche Geer, and Everett C. Hughes. [1968] 1994. *Making the grade: The academic side of college life.* New Brunswick, N.J.: Transaction Publishers.

Becker, Howard S., Blanche Geer, Everett C. Hughes, and Anselm L. Strauss.

[1961] 1977. *Boys in white: Student culture in medical school.* New Brunswick, N.J.: Transaction Publishers.

Becker, Howard S., Andrew C. Gordon, and Robert K. LeBailly. 1984. Fieldwork with the computer: Criteria for assessing systems. *Qualitative Sociology* 7:16–33.

Becker, Howard S., and Michal McCall. 1990. Performance science. *Social Problems* 37:117–32.

Becker, Howard S., Michal McCall, and Lori Morris. 1989. Theatres and communities: Three scenes. *Social Problems* 36:93–112.

Bellos, David. 1993. *Georges Perec: A life in words.* Boston: David R. Godine, Publisher.

Bittner, Egon, and Harold Garfinkel. 1967. "Good" organizational reasons for "bad" organizational records. In *Studies in ethnomethodology,* ed. Harold Garfinkel, 186–207. Englewood Cliffs, N.J.: Prentice-Hall.

Blacking, John. 1967. *Venda children's songs: A study in ethnomusicological analysis.* Johannesburg: Witwatersrand University Press.

Blumer, Herbert. 1969. *Symbolic interactionism.* Englewood Cliffs, N.J.: Prentice-Hall.

Boudon, Raymond, ed. 1993. *Paul F. Lazarsfeld on social research and its language.* Chicago: University of Chicago Press.

Burawoy, Michael. 1979. *Manufacturing consent: Changes in the labor process under monopoly capitalism.* Chicago: University of Chicago Press.

Burroughs, William. 1966. *Naked lunch.* New York: Grove Press.

Cahnman, Werner. 1948. A note on marriage announcements in the New York *Times. American Sociological Review* 13:96–97.

Candido, Antonio. [1964] 1987. *Os parceiros do Rio Bonito: Estudo sobre o caipira paulista e a transformação dos seus meios de vida.* São Paulo: Livraria Duas Cidades Ltda.

Chambliss, Dan. 1989. The mundanity of excellence: An ethnographic report on stratification and Olympic athletes. *Sociological Theory* 7:70–86.

Chapoulie, Jean-Michel. 1996. Everett Hughes and the Chicago tradition. *Sociological Theory* 14:3–29.

Clifford, James, and George E. Marcus. 1986. *Writing culture.* Berkeley and Los Angeles: University of California Press.

Cohen, Patricia Cline. 1982. *A calculating people: The spread of numeracy in early America.* Chicago: University of Chicago Press.

Cole, Stephen. 1975. The growth of scientific knowledge: Theories of deviance as a case study. In *The idea of social structure: Papers in honor of Robert K. Merton,* ed. Lewis Coser, 175–220. New York: Harcourt Brace Jovanovich.

Conwell, Chic, and Edwin H. Sutherland. 1937. *The professional thief, by a professional thief; annotated and interpreted by Edwin H. Sutherland.* Chicago: University of Chicago Press.

Cressey, Donald R. 1951. Criminological research and the definition of crimes. *American Journal of Sociology* 56:546–51.

社会学家的窍门：
当你做研究时你应该想些什么？

————. 1953. *Other people's money.* New York: Free Press.

Danto, Arthur. 1964. The artworld. *Journal of Philosophy* 61:571–84.

David, Paul A. 1985. Clio and the economics of QWERTY. *AEA Papers and Proceedings* 75:332–37.

Davis, Allison, Burleigh B. Gardner, and Mary R. Gardner. 1941. *Deep South: A social anthropological study of caste and class.* Chicago: University of Chicago Press.

Davis, Kinglsey. 1937. The sociology of prostitution. *American Sociological Review* 2:744–55.

De Quincey, Thomas. 1971. *Confessions of an English opium eater.* Harmondsworth: Penguin.

Dexter, Lewis Anthony. 1964. On the politics and sociology of stupidity in our society. In *The other side: Perspectives on deviance,* ed. Howard S. Becker, 37–49. Glencoe, Ill.: Free Press.

Driscoll, James P. 1971. Transsexuals. *Trans-Action* 8 (March–April):28–37, 66–68.

Edwards, Lyford P. 1927. *The natural history of revolution.* Chicago: University of Chicago Press.

Elias, Norbert. 1970. *What is sociology?* London: Hutchinson and Co.

Foucault, Michel. 1965. *Madness and civilization.* New York: Random House.

Freidson, Eliot. 1994. *Professionalism reborn: Theory, prophecy and policy.* Chicago: University of Chicago Press.

Frisch, Max. 1969. *Biography: A game.* New York: Hill and Wang.

Gagnon, John H., and William Simon. 1973. *Sexual conduct.* Chicago: Aldine Publishing Co.

Garfinkel, Harold. 1967. *Studies in ethnomethodology.* Englewood Cliffs, N.J.: Prentice-Hall.

Geertz, Clifford. 1995. *After the fact: Two countries, four decades, one anthropologist.* Cambridge: Harvard University Press.

Giallombardo, Rose. 1966. *Society of women.* New York: John Wiley and Sons.

Glaser, Barney G., and Anselm L. Strauss. 1967. *The discovery of grounded theory.* Chicago: Aldine.

Goffman, Erving. 1961. *Asylums.* Garden City, N.Y.: Doubleday.

————. 1963. *Stigma: Notes on the management of spoiled identity.* Englewood Cliffs, N.J.: Prentice-Hall.

Goody, Jack. 1977. *The domestication of the savage mind.* Cambridge: Cambridge University Press.

Gordon, Andrew C., John P. Heinz, Margaret T. Gordon, and Stanley W. Divorski. 1979. Public information and public access: A sociological interpretation. In *Public access to information,* ed. Andrew C. Gordon and John P. Heinz, 280–308. New Brunswick, N.J.: Transaction Publishers.

Gould, Stephen Jay. 1989. *Wonderful world: The Burgess Shale and the nature of history.* New York: W. W. Norton.

Hatch, David A., and Mary Hatch. 1947. Criteria of social status as derived from marriage announcements in the *New York Times. American Sociological Review* 12:396–403.

Hennessy, Thomas. 1973. From jazz to swing: Black jazz musicians and their music, 1917–1935. Ph.D. diss., Department of History, Northwestern University.

Hennion, Antoine. 1988. *Comment la musique vient aux enfants: Une anthropologie de l'enseignement musical.* Paris: Anthropos.

Herndon, James. 1968. *The way it spozed to be.* New York: Bantam.

Hobsbawm, E. J. 1964. *Labouring men; Studies in the history of labour.* London: Weidenfeld and Nicolson.

Holt, John. 1967. *How children learn.* New York: Pitman.

Horowitz, Helen Lefkowitz. 1987. *Campus life: Undergraduate cultures from the end of the eighteenth century to the present.* New York: Alfred A. Knopf.

Hughes, Everett C. 1943. *French Canada in transition.* Chicago: University of Chicago Press.

————. [1971] 1984. *The sociological eye.* New Brunswick, N.J.: Transaction Books.

Hunter, Albert. 1990. Setting the scene, sampling, and synecdoche. In *The rhetoric of social research: Understood and believed,* ed. Albert Hunter, 111–28. New Brunswick, N.J.: Rutgers University Press.

Jackson, Philip W. 1990. *Life in classrooms.* New York: Teachers College, Columbia University.

Katz, Jack. 1979. Legality and equality: Plea bargaining in the prosecution of white-collar and common crimes. *Law and Society Review* 13:431–59.

————. 1982. *Poor people's lawyers in transition.* New Brunswick, N.J.: Rutgers University Press.

Kornhauser, Ruth Rosner. 1978. *Social sources of delinquency: An appraisal of analytic models.* Chicago: University of Chicago Press.

Korzenik, Diana. 1985. *Drawn to art: A nineteenth-century American dream.* Hanover, N.H.: University Press of New England.

Kuhn, Thomas. 1970. *The structure of scientific revolutions.* Chicago: University of Chicago Press.

Latour, Bruno. 1987. *Science in action.* Cambridge: Harvard University Press.

————. 1995. The "pédofil" of Boa Vista: A photo-philosophical montage. *Common Knowledge* 4:144–87.

Latour, Bruno, and Steve Woolgar. 1979. *Laboratory life: The social construction of scientific fact.* Beverly Hills, Calif.: Sage Publications.

Lazarsfeld, Paul. 1972. Some remarks on typological procedures in social research. In *Continuities in the language of social research,* ed. Paul F. Lazarsfeld, Anne K. Pasarella, and Morris Rosenberg, 99–106. Glencoe, Ill.: Free Press.

Lazarsfeld, Paul, and Allen H. Barton. 1951. Qualitative measurement in the social sciences: Classification, typologies, and indices. In *The policy sciences: recent developments in scope and method,* ed. Daniel Lerner and Harold D. Lasswell, 155–92. Stanford, Calif.: Stanford University Press.

Lazarsfeld, Paul, Bernard Berelson, and Hazel Gaudet. 1948. *The people's choice: How the voter makes up his mind in a presidential campaign.* New York: Columbia University Press.

Lewontin, R. C. 1994. A rejoinder to William Wimsatt. In *Questions of evidence: Proof, practice, and persuasion across the disciplines,* ed. James Chandler, Arnold L. Davidson, and Harry Harootunian, 504–9. Chicago: University of Chicago Press.

Lieberson, Stanley. 1980. *A piece of the pie: Blacks and white immigrants since 1880.* Berkeley and Los Angeles: University of California Press.

———. 1985. *Making it count.* Berkeley and Los Angeles: University of California Press.

———. 1992. Small n's and big conclusions: An examination of the reasoning in comparative studies based on a small number of cases. In *What is a case? Exploring the foundations of social inquiry,* ed. Charles Ragin and Howard S. Becker, 105–18. Cambridge: Cambridge University Press.

Lindesmith, Alfred. 1947. *Opiate addiction.* Bloomington: Principia Press.

———. 1952. Comment. *American Sociological Review* 17:492.

———. 1965. *The addict and the law.* Bloomington: Indiana University Press.

Lohman, Joseph D., and Deitrich C. Reitzes. 1954. Deliberately organized groups and racial behavior. *American Sociological Review* 19:342–44.

Ludlow, Fitz Hugh. 1975. *The hashish eater.* San Francisco: Level Press.

Lynch, Michael. 1985. *Art and artifact in laboratory science.* London: Routledge.

Marcus, George E. 1986. Ethnographic writing and anthropological careers. In *Writing culture,* ed. James Clifford and George E. Marcus. Berkeley and Los Angeles: University of Calfiornia Press.

McCall, Michal M., and Judith Wittner. 1990. The good news about life history. In *Symbolic interaction and cultural studies,* ed. Howard S. Becker and Michal M. McCall. Chicago: University of Chicago Press.

McEvoy, Arthur F. 1986. *The fisherman's problem: Ecology and law in the California fisheries.* Cambridge: Cambridge University Press.

Mead, George Herbert. 1917. Scientific method and individual thinker. In *Creative intelligence: Essays in the pragmatic attitude,* ed. John Dewey et al. New York: Henry Holt and Co.

Merton, Robert K. 1946. *Mass persuasion: The social psychology of a war bond drive.* New York: Harper and Brothers.

———. 1957. *Social theory and social structure.* New York: Free Press.

Molotch, Harvey. 1994. Going out. *Sociological Forum* 9:229–39.

Morgenstern, Oskar. 1950. *On the accuracy of economic observations.* Princeton, N.J.: Princeton University Press.

Morris, Lori Virginia. 1989. The casting process within Chicago's local theatre community. Ph.D. diss., Department of Sociology, Northwestern University.

Moulin, Raymonde. 1967. *Le marché de la peinture en France.* Paris: Editions de Minuit.

———. 1992. *L'artiste, l'institution, et le marché.* Paris: Flammarion.

Nunes, Marcia B. M. L. 1984. Professional culture and professional practice: A case study of psychoanalysis in the United States. Ph.D. diss., Department of Sociology, Northwestern University.

Parsons, Carole W. 1972. *America's uncounted people: A report of the National Research Council Advisory Committee on Problems of Census Enumeration*. Washington: National Academy of Sciences.

Peirano, Mariza G. S. 1995. *A favor da etnografia*. Rio de Janeiro: Relume Dumará.

————. 1991. *Uma antropologia no plural: Três experiências contemporâneas*. Brasilia: Editora Universidada de Brasília.

Peneff, Jean. 1988. The observers observed: French survey researchers at work. *Social Problems* 35:520–35.

————. 1995. Mesure et contrôle des observations dans le travail de terrain: L'exemple des professions de service. *Sociétés Contemporaines* 21:119–38.

Perec, Georges. 1980. Stations Mabillon (tentatives de description de quelques lieux parisiens, 5). *Action Poétique* 81:30–39.

Petersen, Osler, et al. 1956. An analytical study of North Carolina general practice, 1953–1954. *Journal of Medical Education* 31, part ii.

Rabinow, Paul. 1986. Representations are social facts: Modernity and postmodernity in anthropology. In *Writing culture*, ed. James Clifford and George E. Marcus. Berkeley and Los Angeles: University of California Press.

Ragin, Charles C. 1987. *The comparative method: Moving beyond qualitative and quantitative strategies*. Berkeley and Los Angeles: University of California Press.

————. 1994. *Constructing social research*. Thousand Oaks, Calif.: Sage Publications.

Ragin, Charles C., and Howard S. Becker. 1988. How microcomputers will affect our analytical habits. In *New technology in sociology: Practical applications in research and work*, ed. Grant Blank, James L. McCartney, and Edward Brent. New Brunswick, N.J.: Transaction, Inc.

Ragin, Charles C., and Jeremy Hein. 1993. The comparative study of ethnicity: Methodological and conceptual issues. In *Race and ethnicity in research methods*, ed. John H. Stanfield II and Rutledge M. Dennis, 254–72. Newbury Park, Calif.: Sage Publications.

Ragin, Charles C., Susan Meyer, and Kriss Drass. 1984. Assessing discrimination: A Boolean approach. *American Sociological Review* 49:221–34.

Robinson, W. S. 1951. The logical structure of analytic induction. *American Sociological Review* 16:812–18.

Roth, Julius. 1965. Hired hand research. *American Sociologist* 1:190–96.

Roy, Donald. 1952. Quota restriction and goldbricking in a machine shop. *American Journal of Sociology* 57:425–42.

————. 1953. Work satisfaction and social reward in quota achievement. *American Sociological Review* 18:507–14.

————. 1954. Efficiency and the "fix": Informal intergroup relations in a piecework machine shop. *American Journal of Sociology* 60:255–66.

Sacks, Harvey. 1972. On the analyzability of stories by children. In *Directions of sociolinguistics*, ed. J. J. Gumperz and Dell Hymes, 325–45. New York: Holt, Rinehart and Winston.

Sacks, Oliver W. 1987. *The man who mistook his wife for a hat and other clinical tales*. New York: Simon and Schuster.

Said, Edward. 1978. *Orientalism*. New York: Pantheon.

Schaps, E., and C. R. Sanders. 1970. Purposes, patterns and protection in a campus drug-using community. *Journal of Health and Social Behavior* 11:135–45.

Simmel, Georg. 1950. *The sociology of Georg Simmel*. Glencoe, Ill.: Free Press.

Spector, Malcolm, and John I. Kitsuse. 1977. *Constructing social problems*. Menlo Park, Calif.: Cummings Publishing Co.

Stouffer, Samuel A. et al. 1949. *The American soldier*. Princeton, N.J.: Princeton University Press.

Strong, Samuel. 1946. Negro-white relations as reflected in social types. *American Journal of Sociology* 52:23–30.

Sudnow, David. 1978. *Ways of the hand: The organization of improvised conduct*. Cambridge: Harvard University Press.

Sutherland, Edwin H. 1940. White collar criminality. *American Sociological Review* 5:1–12.

Suttles, Gerald D. 1972. *The social construction of communities*. Chicago: University of Chicago Press.

Sykes, Gresham. 1958. *The society of captives*. Princeton, N.J.: Princeton University Press.

Szasz, Thomas. 1961. *The myth of mental illness*. New York: Paul B. Hoebler, Inc.

Thorne, Barrie. 1993. *Gender play*. New Brunswick, N.J.: Rutgers University Press.

Turner, Ralph H. 1953. The quest for universals in sociological research. *American Sociological Review* 18:604–11.

Vaughan, Diane. 1986. *Uncoupling: Turning points in intimate relationships*. New York: Oxford University Press.

Velho, Gilberto. 1973. *A utopia urbana*. Rio de Janeiro: Zahar Editores.

————. 1974. *Desvio e divergência*. Rio de Janeiro: Zahar Editores.

Vianna, Hermano. 1988. *O mundo funk carioca*. Rio de Janeiro: Jorge Zahar Editor.

————. 1995. *O misterio da samba*. Rio de Janeiro: Jorge Zahar Editor.

von Wright, Georg Henrik. 1971. *Explanation and understanding*. Ithaca, N.Y.: Cornell University Press.

Walton, John, and Charles Ragin. 1990. Global and national sources of political protest: Third World responses to the debt crisis. *American Sociological Review* 55:876–90.

Ward, David, and Gene Kassebaum. 1965. *Women's prison: Sex and social structure*. Chicago: Aldine Publishing Co.

Waterman, Christopher Alan. 1990. *Jùjú: A social history and ethnography of an African popular music*. Chicago: University of Chicago Press.

Weschler, Lawrence. 1982. *Seeing is forgetting the name of the thing one sees: A life of contemporary artist Robert Morris*. Berkeley and Los Angeles: University of California Press.

Wildavsky, Aaron B. 1993. *Craftways: On the organization of scholarly work*. New Brunswick, N.J.: Transaction Publishers.

Wittgenstein, Ludwig. 1973. *Philosophical investigations: The English text of the third edition*. Englewood Cliffs, N.J.: Prentice-Hall.

Zinberg, Norman E. 1984. *Drug, set, and setting: The basis for controlled intoxicant use*. New Haven, Conn.: Yale University Press.

社会学家的窍门：
当你做研究时你应该想些什么？

索引

---

functionalist analysis，功能主义分析 160-62

status traits，论主要地位特性 180；on revolutions，论革命 41；sociological lineage of，~的社会学谱系 1

Hunter，Albert，艾伯特·亨特 52，67，69

I

Imagery 意象：Blumer's view of，布鲁默对于 ~ 的看法 10-13；how to improve，如何改善 ~ 15-17；of drug use，毒品滥用的 ~ 15，190；of ethnic differentiation，族群分化的 ~ 40；scientific，科学的 17-66；substantive，真实存在的 ~ 12-17

imperative voice，命令式语气 161

information，background，背景信息 57

institutions，机构，bastard，野生 103-8；total，全控 144

intelligence，智商，defined，定义 110

K

Kansas，University of，堪萨斯大学 51-52，54-55，210-11

Kassebaum，Gene，吉恩·卡斯鲍姆 141-43

Katz，Jack，杰克·卡茨 117

knowledge，知识，common，共同，sociologist's acceptance of 社会学对于 ~ 的接受 98-101

Korzenik，Diana，黛安娜·科赞尼克 135

Krasno，Richard，里奇·克拉斯诺 29

Kuhn，Thomas，托马斯·库恩 20，63，88，124

L

Latour，Bruno，布鲁诺·拉图尔 5，159；on how science works，论科学的运行 124；on objects，论物（或译客体、实体、对象，视脉络而定） 47-50

Lazarsfeld，Paul，保罗·拉扎斯菲尔德 8，164-65，172-83

Lewontin，Richard，理查德·莱旺顿 125

Lieberson，Stanley，斯坦利·利伯森，on ethnic differentiation，论族群分化 40，64，211

Lindesmith，Alfred，艾尔弗雷德·林德史密斯 8；theory of drug addiction，成瘾理论 40，46，85-87，190-91，197-201

译后记

2009 年冬，我初到法国不久，在斯特拉斯堡大学社会学系求学。某日坐火车南下到法国阿尔卑斯山脚，在格勒诺布尔二大旁听研讨会，第一次见到了贝克尔。那场关于艺术社会学的会议讲了什么内容，我已经记忆模糊。但贝克尔在报告结束后，临时起兴弹了几首爵士钢琴曲的场面，至今历历在目。那是我对贝克尔的社会学学说发生兴趣的开始。

法国社会学家们称贝克尔为老伙计，因为他从来不教条、刻板和无趣。他涉猎相当广泛，却从来没有流露过占领学术版图一方疆域的勃勃雄心。这使得他在美国主流建制学界中成为一位边缘化的学者，用他自己的话说，是"游民"。一方面他一直延续着芝加哥学派他的老师们在都市研究中坚持的人文主义精神，强调尊重人、说人话、用浅显易懂的方法研究社会问题，并对学术的权力生产机制保持了质疑。另一方面是他用文学、人类学、社会学、音乐和艺术等跨学科的整体视野研究问题，这在战后美国学界结构功能主义盛行，以及后来社会科学统计学化的大风潮下，无疑是另类。

贝克尔的书写风格既深入浅出又平易近人，再加上多学科视野，使得他除了都市社会学和民族志以外，在教育社会学、音乐社会学、艺术社会学以及社会学方法论等领域都大有斩获。而从人出发看社会学问题，也使他获得了坚守人文主义传统的欧陆社会学界的尊崇。贝克尔参加 2009 年冬的格勒会议，正是因为他和法国已逝著名社会学家阿兰·佩辛（Alain Pessin）的缘分，他们从1980年代开始合作艺术社会学的研究。已译成中文的《艺术界》一书，代表了贝克尔在这个领域的成就。

虽然在学术权力体系中处于边缘地位，但这并不影响贝克尔对自己学术脉络清晰的认识——那就是从被他奉为芝加哥学派先祖的乔治·齐美尔，到该学派的创始人罗伯特·帕克，再到他的授业老师埃弗里特·休斯。2013年9月到11月，贝克尔在法国社会科学高等研究院和丹尼尔·塞飞（Daniel Cefaï）共同主持了《再读芝加哥学派》课程。近些年来，贝克尔每年秋天都会到巴黎短居，讲学、访友。除了继续梳理芝加哥学派传统外，他还一直在欧陆推动戈夫曼研究。戈夫曼和贝克尔被视为芝加哥学派第二代主要代表人物，子夜出版社也系统再版了戈夫曼的主要著作法文版。

作为一位社会学研究者，我奔着法国社会学的伟大传统来到巴黎。这本书的翻译于我，是一个被吸引、沉浸、共鸣与再出发的过程。

格勒会议之后的2010年1月冬假，遇上冷冬，斯特拉斯堡冷到零下20多度。漫天雪地，我宅在住所中，点着蜡烛读起 *Outsiders*（《局外人》）。一章过后，就激动地萌生了翻译的想法，想以译代读来促进自己更深刻地理解这本书。于是，一个冬假都交付给了它。虽然因为版权迟来一步，导致那份译稿一直尘封在硬盘的某个角落中，但译读中时时遭遇的思想冲击，使我从此对他的文风和研究视角产生了共鸣感。他的《局外人》（我自己译为《圈外人》），真正激发了我对社会学者自身身份、观察与研究对象以及社会学写作风格的思考。

硕士毕业回国任教后，想继续译介贝克尔的作品，发现好几本的版权已经被捷足先登。于是我发邮件问贝克尔："嗨，先生，您自己觉得哪本书最值得给深受统计学影响的中国社会学界学习和借鉴啊？""哦，我推荐你读下 *tricks of the trade*，法文版也推出了。"

辗而转之，终于在 2014 年 7 月暑假，我开始正式动手翻译这本在斯特拉斯堡求学时被社会学系荐为本科生必读的经典之作。杭州西郊余杭崭新的杭师校园里，已经没什么人，我和考研的学生们一样，每天六点多进教室，晚上 9 点关门才走，时而兴奋、时而疲惫。开始了和译读《局外人》时一样的节奏，被贝克尔的文字带进了另外一个世界。最终，他的 *tricks of the trade*，成了现在大家看到的《社会学家的窍门》。

对于贝克尔的文字，有可能会产生两种反应。一种是藐视，习惯了定量研究的统计社会学者，或偏好用各种理论去阐释社会现象的理论家们，会认为这不是社会学研究——没有数据、没有行话、没有理论，这明明是文学作品嘛。还有一种是沉浸，他的文字对于某些人会产生一种难以言传的巨大吸引力，而我正是其中之一。

贝克尔用亦论亦叙的方式，记录了自己从在芝加哥大学做休斯的学生开始，到走上职业社会学家之路这个过程中，如何一点一滴地积累起了那些让他"灵光一现"的经验与方法论。令我感触尤深的是，正是在芝加哥大学的"后街"（一条各色人等混杂、小酒馆林立的小街）弹钢琴小曲营生的经历，促成了他的成名之作《局外人》。

贝克尔对 tricks 有自己的理解，最精妙之处在书末，他借用了日本禅宗的故事来阐释。我一直想对他说："嗨，先生，那是中国文化的鲤鱼跳龙门典故啊。"

贝克尔和中国并非全无关联。在《再读芝加哥学派》课程上，塞飞说自己在美国收集档案时，惊喜地发现原来民国时就已有很多中国学生在美国进修社会学和人类学，他列出了一堆名字和学术系谱，还展示了当年他们研究美国华人移民，以及在洗衣房做田野调查的资料和照片。

贝克尔随之聊起了吴景超，他讲述了业师休斯在学生面前提起与吴景超一起在帕克门下学习的往事。贝克尔最后的话语触动了我："他很积极地回到中国去了，我们最后收到他的消息是在1950年代，之后就没有了。"我未语，课后重新理了理谱系上的名字，认出了潘光旦和吴文藻。后来，我给塞飞和贝克尔写了一封短信，谈了我对贝克尔先生这句话的看法，信末我说："等到更合适的时候，我会向你们讲述他们回中国之后的故事。"

这个故事还没有讲，书的翻译往返多稿，时间倒是一下子过去了三年。翻译前，由于贝克尔本人希望翻译语言要尽量活泼和"不要学术化"，我特意请朋友从台湾买来繁体中文译本《这才是做研究的王道》进行阅读参考。在翻译的过程中，一些拿捏不准的专有名词译法，也对比了台版和其他各类中文文献。贝克尔摘录的其他著作的原文，有中文版的，有的觉得翻译够准确，就在书中直接采用并标明。

这里也要感谢一些人，是人与人的际遇和共同努力，让这本书得以在恰当的时间出现在中文世界。浙江大学冯钢老师——学生眼里爱酒、真正做学问的"冯头"，他在1980年代末就翻译了戈夫曼的《日常生活的自我呈现》，开博客以后也经常谈冲突论和戈夫曼，当时的我还未入社会学之门，对齐美尔和芝加哥学派的兴趣就是从冯老师的系统介绍开始的。在我负笈斯特拉斯堡大学前，冯头以一个资深学术网民对小网民的语气教诲道："要好好把齐美尔的理论学一学。"结果一晃八年多过去了，我仍在巴黎学习和漂泊，托人捎信给冯老师："理论没学好，没脸来见你。等贝克尔的书翻好，再带书来拜访你。"他回："研究不急，带酒就好。"一贯的冯头风格。

一直致力于推介贝克尔艺术社会学研究的巴黎政治学院博士何蒨，翻译了《艺术界》的东南大学教师卢文超，法国社会科学高等研究院教授塞飞，以及当年在格勒诺布尔二大社会学系学习的陈垦，在与他们的互动中，我更丰富了对贝克尔风格的理解。

在互联网上偶遇重庆大学出版社编辑邹荣，落实了这本书的版权事宜。交稿之后，责编林佳木工作严谨负责、尊重作者译者，使此书保留了最大的宽松度。她实际上承担了一定程度的审校工作，也使得本书的翻译瑕疵减到了最少。负责初校的浙江大学博士生张楠为文句的通顺付出了努力。浙江工商大学法语教师陈剑，为本书精心设计的插画，被呈现于封面之上。在此一并感谢。

贝克尔这套不那么理论化的方法论，如他所说，是可以内化到日常生活的。这本小书，翻译不免未能尽善呈现贝克尔的原意，但仍期待它能够帮助中文世界那些困于理论迷宫的研究者、那些对社会学心怀畏惧的入门者、那些愿意用理性思维观察与思考社会的人文社科爱好者，品尝到"运用窍门思考"的美妙滋味。

陈振铎
2017 年 8 月 10 日于巴黎杜普莱斯街区

推荐相关中文读物

书　名	主要作者	主要译者
An Introduction to Qualitative Research 质性研究导引	Uwe Flick	孙进
Basics of Qualitative Research 质性研究的基础	Anselm Strauss	朱光明
Constructing Grounded Theory 建构扎根理论：质性研究实践指南	Kathy Charmaz	边国英
Designing and Conducting Mixed Methods Research 混合方法研究：设计与实施	John W. Creswell	游宇
Designing Qualitative Research 设计质性研究：有效研究计划的全程指导	Catherine Marshall	何江穗
Discourse Studies 话语研究：多学科导论	Teun van Dijk	周翔
Doing Qualitative Research Using Your Computer 质性研究中的资料分析——计算机辅助方法应用指南	Chris Hahn	乐章
Doing Qualitative Research: A Practical Handbook 如何做质性研究	David Silverman	李雪　卢晖临
Educational Research: Quantitative, Qualitative, and Mixed Approaches 教育研究：定量、定性和混合方法	R.Burke Johnson Larry B. Christensen	马健生
Engaging in Narrative inquiry 进行叙事探究	Jean Clandinin	徐泉
Narrative Research: Reading, Analysis, and Interpretatio 叙事研究：阅读、倾听与理解	Amia Lieblich	王红艳
Qualitative Data Analysis: A Methods Sourcebook 质性资料的分析：方法与实践（第2版）	Matthew B. Miles Michael Huberman	张芬芬　卢晖临
Qualitative Interviewing 质性访谈方法	Herbert J. Rubin	卢晖临

图书在版编目（CIP）数据

社会学家的窍门：当你做研究时你应该想些什么？/
（美）霍华德·S.贝克尔（Howard S. Becker）著；陈振
铎译.--重庆：重庆大学出版社，2017.8（2023.10重印）
（万卷方法）
书名原文：Tricks of the Trade: How to Think
about Your Research While You're Doing It
ISBN 978-7-5689-0743-9

Ⅰ.①社… Ⅱ.①霍… ②陈… Ⅲ.①社会科学—
研究方法 Ⅳ.①C3

中国版本图书馆CIP数据核字（2017）第194153号

社会学家的窍门：当你做研究时你应该想些什么？

霍华德·S.贝克尔（Howard S.Becker） 著

陈振铎 译
策划编辑：林佳木
责任编辑：林佳木 版式设计：林佳木
责任校对：邹 忌 责任印制：张 策

*

重庆大学出版社出版发行
出版人：陈晓阳
社址：重庆市沙坪坝区大学城西路21号
邮编：401331
电话：（023）88617190 88617185（中小学）
传真：（023）88617186 88617166
网址：http://www.cqup.com.cn
邮箱：fxk@cqup.com.cn（营销中心）
全国新华书店经销
重庆市国丰印务有限责任公司印刷

*

开本：940mm×1360mm 1/32 印张：9.25 字数：235千
2017年9月第1版 2023年10月第3次印刷
ISBN 978-7-5689-0743-9 定价：42.00元

版贸核渝字（2014）第 38 号